FinTech時代の貿易代金決済電子化

失敗事例からの教訓と示唆

花木正孝［著］

文眞堂

目　次

序章 はじめに

第1節　本研究の目的―貿易取引電子化の必要性

Ⅰ．貿易代金決済方法

現在の貿易代金決済には，5つの代表的決済方法がある。5つとは，①前払送金（Advance Payment），②後払送金（Open Account），③D/P（支払時書類渡し条件：Documents against payments）取引，④D/A（引受時書類渡し条件：Documents against acceptance）取引，⑤信用状（Letter of Credit：L/C）取引である。①，②は，送金取引のバリエーションであり，③，④は，荷為替手形取引のバリエーションである。ここで，輸出者，輸入者それぞれの立場から優劣を比較してみたい。

輸出者の立場で考えると，最も有利な決済方法は前払送金である。輸出契約の決済条件として，これを採用できればいうことはないが，取り扱う輸出商品に相応の競争力が無ければ，輸出者に一方的に有利な決済条件で契約交渉を行うのは困難が伴う。輸入者と取引開始から日が浅い等，輸入者の信用リスクを回避する必要が高い場合等，信用状取引を採用することとなる。

反面，最も不利な決済方法は後払送金である。輸入者優位の契約交渉では，往々にして，荷物受領を代金決済より先行するよう要求され，更に信用状の発行すら認められないことがある。後払送金の場合，信用リスクの他に，契約後の不当な値引き等のトラブルに直面する恐れがあり，極力避けるべき決済条件である。このような場合，契約獲得の為に，安易に後払送金を採用せず，D/A取引での契約とし，輸入者の要求を満たしつつ，不当値引き等のトラブル防止を図る。

輸入者の立場で考えると，決済方法の優劣は，輸出者の場合と真逆となる。輸入契約の決済条件として，後払送金を採用できればいうことはないが，相応の購買力が無ければ，輸入者に一方的に有利な決済条件で契約交渉を行うのは困難が伴う。

反面，最も不利な決済方法は前払送金である。輸出者優位の契約交渉では，往々にして確実な代金回収（輸入者の信用リスク回避）を，強く要求される。このような場合，安易に前払送金を採用せず，輸出者の要求を満たしつつ，輸出者が契約条件（信用状条件）通りの船積を行うようにする為に，信用状取引での輸入契約とする。

このように輸出者，輸入者間の力関係により，信用状取引や荷為替手形取引が採用されるが，これらは船荷証券（Bill of Lading：B/L）を中心とした書類取引を前提に行われる。一方で，1970 年代以降のコンテナ輸送の普及に伴い，物流の大幅スピードアップが実現したが，これに対応する為に，貿易取引全体のスピードアップを図る必要性が指摘されるようになった。これに対して 1980 年代から，貿易取引のスピードアップ化を図る為，B/L を始めとした書類取引を基礎とした運送・通関手続きや外国為替取引を電子化（ペーパレス化）する試み（貿易取引電子化）が各国で検討されてきた。

Ⅱ．貿易取引電子化の流れ

貿易電子化は主に，①外国為替取引の電子化，②通関手続きの電子化，③B/L を始めとする貿易書類の電子化，の 3 つを対象とするものだった。前二者は，①銀行によるエレクトリックバンキング（Electric Banking：EB）の実用化，②わが国の「輸出入・港湾関連情報処理システム（Nippon Automated Cargo and Port Consolidated System：NACCS)」等に代表される通関システムの実用化により，概ね実現した。

しかし，B/L を始めとする貿易書類の電子化は結果として実用化段階には進まなかった。この停滞の理由は，下記の 3 点であると考える。①輸出者，輸入者，船会社，銀行，電子 B/L の登録機関等の関係当事者の多さゆえ，広範囲をカバーするシステム整備に大きなコストがかかった。②国境を超える B/L を電子化する際の法的位置づけの難しさを克服できなかった。③電子 B/L 登録機関の中立性を維持するのが困難であり，また，監督官庁をどこにするのか当事者全員の合意を得られなかった。

貿易書類の電子化は，現在に至るまで停滞しており，これが貿易取引全体の電子化，つまりスピードアップ化のボトルネックとなっている。

第２節　本研究の意義―TSU-BPO 失敗の研究

Ⅰ．TSU-BPO 取引への期待

2002 年，国際銀行間金融通信協会（Society for Worldwide Interbank Financial Telecommunication：SWIFT）は，次世代の貿易書類電子化および，そのデータ照合システム（Transaction Matching Application：TMA）を開発する方針を決定した。その後 2007 年に単純な TMA である，貿易データ照合システム（Trade Services Utility：TSU）を開始，翌 2008 年には，輸入側銀行の輸出者に対する支払保証である，バンク・ペイメント・オブリゲーション（Bank Payment Obligation：BPO）を追加した TSU-BPO 取引を開始した。第１章では，TSU-BPO 取引の概要についてまとめたい。

SWIFT は TSU-BPO 取引の位置づけとして，単純に信用状取引の代替決済方法ではなく，送金取引とも異なる新たな貿易代金決済方法として位置づけ，信用状取引のみならず，送金取引をも，その代替対象としていた。

また売主，買主に対しては，既存の決済方法である，信用状取引がローリスク・ハイコスト・ロースピード，送金取引がハイリスク・ローコスト・ハイスピードであるのに対して，TSU-BPO 取引は，ローリスク・ローコスト・ハイスピードという，既存の決済方法に対して優位性を持っていると宣伝した。

また銀行業界は，TSU-BPO 取引を，①事務処理コストの低減や迅速化という送金取引のメリット，②顧客の貿易取引情報を把握することによる輸出入金融の与信リスク低減および，高い収益率という信用状取引のメリット，の２つを同時に達成するスキームと期待を寄せた。

2007年のイトーヨーカ堂と三菱UFJ銀行の行ったTSU取引は，初の本格的取引事例であった。当初SWIFTの意図通りTSU-BPO取引は，送金取引を代替するケースや，単に信用状取引の代替に留まらず，フォーフェイティングと融合させる新しいスキームや，中小企業向けTSU-BPO取引や，国内取引へのTSU-BPO取引採用等，各国で様々な試みが実施された。

更に2013年には，国際商業会議所（International Chamber of Commerce：ICC）により『バンク・ペイメント・オブリゲーション統一規則（Uniform Rules for Bank Payment Obligation Version 1.0, ICC Publication No. 750：URBPO750)』が発効し，これを契機に本格的に普及していくものと期待された。

Ⅱ．TSU-BPO取引の失敗

第2章，第3章では，TSU-BPO取引について，大企業から中小企業に至るまで普遍的な決済方法となる為の要件として，対象取引および顧客セグメントの拡大が重要であると指摘した。

しかし，TSU-BPO取引の利用企業は大企業中心に留まり，SWIFTやICCが意図する，既存の決済方法を代替するまで普及しているとは言い難い状況であった。結果的に，2018年12月時点でTSU-BPO取引を活用する銀行グループは21行，企業グループの数も60社余りと採用実績は伸び悩んだ。

2019年4月，SWIFTが2020年末でTSUのサービス提供を終了するとの報道があった[1)]。同年11月に，米国のessDOCS社によるサービス継承が公表され[2)]，SWIFTのTSU推進は一旦頓挫した。essDOCS社は，従来からTSU-BPO取引に追加する形で，電子B/L（eBL）サービスを提供していたが，SWIFTの運営していたTSU用TMAを事実上引き継ぐ形で，新たなTMAであるCargoDocs Match（Cmatch）のサービス開始を発表した。三菱UFJ銀行を始めとするTSU-BPO取引の主要利用金融機関は，これに参加をする旨表明し，SWIFTのサービス提供停止による混乱は，ひとまず回避されることとなった。

一方，TSU-BPO取引利用企業は，Cmatchまたは新たな貿易代金決済電子化スキームを採用するか，その実用化が間に合わない場合，信用状取引や送金取引といった，既存の貿易代金決済方法に戻す必要に迫られる。早くからTSU-BPO 取引を採用してきたイトーヨーカ堂等の大企業にとっては，取引銀行からの与信も容易に受けることが可能であると予想され，大きな影響は回避できると思われるが，送金取引に戻した場合，BPO が発行されなくなる為，特に中小輸出者については，輸出金融が受けられなくなる懸念がある。性急なサービス提供停止は，中長期的にはSWIFT やICC に対する貿易当事者からの信頼低下という悪影響を招く恐れがあると指摘したい。

Ⅲ．TSU-BPO 失敗の研究が示唆するもの

本書は10 年余にわたるTSU-BPO 取引の推進状況と失敗を研究することにより，今後の新しい貿易代金決済電子化を普及させる為に，必要な要件を示すことを目的とする。

まず，TSU-BPO 取引の実績から，貿易代金決済電子化が実現した場合の，様々な効用を指摘した。

第４章ではTSU-BPO 取引失敗から，① TSU-BPO 取引普及を阻んだ要因を指摘し，②この失敗がFinTech を活用した次世代の貿易代金決済電子化スキームに与える示唆，③ SWIFT，ICC が実現したURBPO750 等，TSU-BPO 取引の遺産といえる国際規則の内容を，どのように継承していくべきか，の３点について検討する。

中でもTSU-BPO 取引失敗の原因から，今後の貿易代金決済電子化スキームに必要とされる要件を検討し，本研究が与える示唆として，９つの要件を指摘した。具体的には，(1)迅速且つ確実な資金決済，(2)銀行間の取扱情報に関する真正性確保，(3)輸出者に対する取消不能な支払確約，(4)輸出入者に対するスムーズなファイナンス，(5)統一された規則，(6)銀行への信用補完，(7) B/L に代わるスムーズな荷物引渡，(8)公的機関も含む貿易当事者の参入が容易であること，(9)マネー・ローンダリング防止等コンプライアンス対策，の９つである。

Ⅳ．FinTech 時代の貿易代金決済電子化

ポスト TSU-BPO 時代－FinTech 時代を展望し，第 5 章では，FinTech 時代の貿易代金決済電子化について説明する。第 1 節では，新時代の電子商取引国際規則である，『デジタル貿易取引統一規則』（ICC Uniform Rules for Digital Trade Transactions Version 1.0, ICC Publication No. KS102E：URDTT1.0，以降，和文は全て花木仮訳）について説明したい。第 2 節では，進まぬ電子化に対する PlanB 的なアプローチとして，信用状取引における荷為替手形の Pdf ファイル化について，『電子呈示に関する〈UCP600〉への追補第 2.0 版（UCP600 Supplement for Electronic Presentation Version 2.0：eUCP2.0)』・SWIFT 等活用による実現可能性を検討したい。第 3 節では，近時の貿易プラットフォーム開発の方向性について，ブロックチェーン技術（Blockchain：BC）と呼ばれる，分散台帳技術（Distributed Ledger Technology（DLT，以降 BC（DLT）技術とする）を利用した貿易プラットフォーム―TradeWaltz の挑戦を紹介し，その傾向について指摘したい。第 4 節では，NACCS システムについて紹介し，API 連携による貿易金融電子化推進の可能性を指摘したい。

注

1）Global Trade Review HP, "Exclusive: Swift calls time on TSU", at https://www.gtreview.com/news/global/exclusive-swift-calls-time-on-tsu/ (as of January 31, 2022).

2）essDOCS 社 HP, "Cmatch to enable Bank Payment Obligation (BPO) continuity & facilitate fully digital trade finance", at https://www.essdocs.com/press-room/cmatch-enable-bank-payment-obligation-bpo-continuity-facilitate-fully-digital-trade (as of January 31, 2022).

第1章
TSU-BPO 取引の概要

本章では，TSU-BPO 取引の概要を説明する。第1節では，過去の貿易電子化の取組み状況と，それに続く TSU-BPO 取引の開発経緯について説明したい。第2節では，URBPO750 について，既存の ICC 規則との類似点，相違点を指摘したい。第3節では，TSU-BPO 取引が貿易金融に与える影響について，SWIFT，ICC，輸出入者，銀行の立場で説明したい。

第1節　TSU-BPO 取引の開発経緯

I．貿易取引電子化の取組み状況

1980 年代から，貿易取引のスピードアップ化を図るうえで，従来型の船荷証券を始めとした書類取引を基礎とした，運送・通関手続きや，外国為替取引を電子化（ペーパレス化）する試みである貿易取引電子化は，各国で検討されてきたが，その主要な3つの電子化対象，①外国為替取引の電子化，②通関手続きの電子化，③船荷証券を始めとする貿易書類の電子化の内，前二者は，①銀行によるエレクトリックバンキングの実用化，②わが国における「輸出入・港湾関連情報処理システム」(Nippon Automated Cargo and Port Consolidated System：NACCS) に代表されるシステムの実用化により，実現した。

1．貿易取引電子化

(1)　貿易取引電子化の意義

貿易取引電子化とは，貿易取引のスピードアップ化を図る上で，従来型の船荷証券を始めとした，船積書類を基礎とした，運送・通関手続きや，外国為替取引を電子化（ペーパレス化）する試みのことである。電子化の対象となるのは，主に，船荷証券を始めとする貿易書類の電子化，通関手続きの電子化，外国為替取引の電子化の3つとなる。これらの試みは，1980年代より行われてきた。以下に代表的なプロジェクトを紹介したい。

(2)　貿易書類電子化の試み

①　SeaDocs Project

SeaDocs Projectとは，1986年に，船荷証券の電子化を初めて試みた計画であり，Chase Manhattan Bank（現JP Morgan Chase Bank）と，国際タンカー船主協会（INTERTANKO）の共同プロジェクトである。荷送人は，船荷証券発行後，SeaDocsの登録機関に，これを預託し，SeaDocsは，船荷証券に関する，所有権の移転（裏書権限），最終の荷受人に対する船荷証券引渡し手続き等を代行するものである。

②　BOLERO

BOLERO（Bill of Lading Electronic Registry Organization）とは，初の電子船荷証券を発行するプロジェクトであり，1995年より，英国，オランダ，香港，米国等9か国26の企業（輸出入業者，船会社，銀行）が，実証実験を開始した。1999年9月に実用段階に達し，現在も一部大手企業が利用している。

(3)　通関手続きの電子化

①　輸出入・港湾関連情報処理システム

NACCSとは，わが国に，入出港する船舶・航空機および，輸出入される貨物について，税関その他の関係行政機関に対する手続等を，オンラインで処理するシステムである。NACCSは，1978年8月の航空貨物通関情報処理システム（Air-NACCS)，1991年10月の海上貨物通関情報処理システム（Sea-

図表 1-1　NACCS 業務概念図（海上貨物の輸出入等関連手続イメージ）

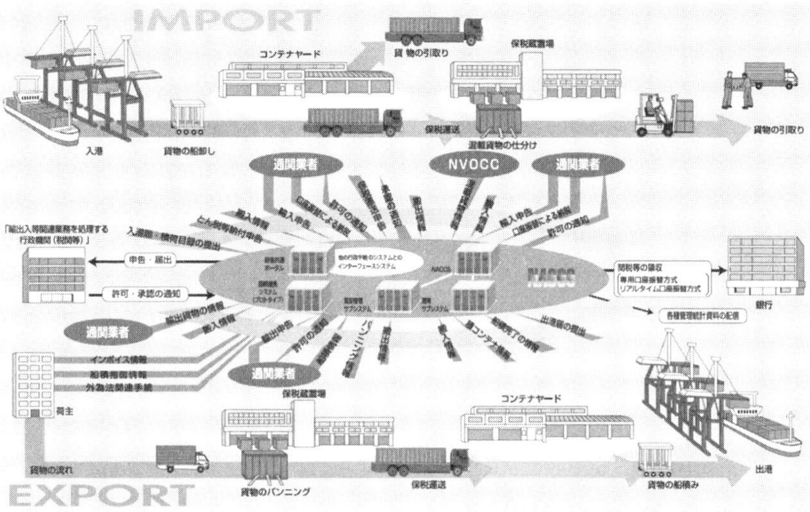
IMPORT
コンテナヤード
貨物の引取り
保税蔵置場
入港
貨物の船卸し
保税運送
混載貨物の仕分け
貨物の引取り
通関業者
NVOCC
通関業者
輸入申告
口座振替による納税
許可の通知
申告・届出
許可・承認の通知
関税等の領収
専用口座振替方式
リアルタイム口座振替方式
銀行
各種管理統計資料の配信
出港届の提出
通関業者
輸出申告
許可の通知
インボイス情報
船積指図情報
外為法関連手続
荷主
通関業者
保税蔵置場
コンテナヤード
貨物の流れ
貨物のバンニング
保税運送
貨物の船積み
出港
EXPORT

出典：NACCS 資料[1)]

NACCS）稼働開始の後，2008 年の Sea-NACCS，2010 年の Air-NACCS 更改により，入出港手続シングルウィンドウ業務が本格的に開始された。同時に Air-NACCS と Sea-NACCS を統合し，国土交通省，経済産業省等の関連省庁システムとも統合した，新 NACCS として稼動している。

国際物流では，輸出入者，運送業者，倉庫業者，通関業者，銀行，行政機関等，多くの関係当事者間で様々な情報がやりとりされるが，NACCS は，関連当事者や行政機関をオンラインで結ぶことにより，情報を一元管理し，必要な行政手続や，貨物積載や引取りを一括処理し，国際物流に関する情報の一元的管理や共有化を全国的に，標準化・統一化した手続の処理を実現した[1)]（図表 1-1 参照）。

NACCS の整備により，貿易業務における「ヒト」を除く「モノ」「カネ」に関する「情報」を一元的に保管，管理するシステムが整ったことになる。この中には，貿易金融の与信判断に必要不可欠な，顧客企業の荷物所在地，通関を始めとする各種手続状況を始め，リアルタイムの情報も含まれる。

(4) 外国為替取引の電子化

エレクトロニックバンキング（EB）とは，銀行と顧客の間の銀行取引を，通信回線を介して行うもので，1980年代から，内国為替業務を対象としたEBが実用化した。1990年代にSWIFTの本格的な普及により，外国為替取引用EBが実現した。現在，外国為替業務の大多数をEBで受け付け可能となった[2)]（図表1-2参照）。

図表1-2　三菱UFJ銀行の外為EBサービス

(1) 仕向送金	外国送金依頼，取引状況照会，計算明細照会，取引実行明細照会，送金先事前登録
(2) 被仕向送金	被仕向送金の到着案内，入金指図，計算明細照会
(3) 輸出ドキュメンタリー	輸出L/C接受，買取計算明細，取立支払計算明細，買取・取立一覧，輸出取立手形の入金予約・入金指図，輸出手形経過情報，輸出OA債権買取依頼
(4) 輸入ドキュメンタリー	L/C発行・条件変更依頼，発行依頼内容の事前登録，発行結果などのL/C取引状況照会，L/C残高照会，船積書類到着案内，輸入手形決済指図，決済計算明細
(5) 外貨預金	外貨振替，残高照会，明細照会，取引状況照会
(6) 外為利息手数料一覧	外為利息手数料一覧照会
(7) 外為取引通知	全銀形式でのデータダウンロード（外貨預金入出金明細，外為取引明細（会計性／非会計性），外国為替関連情報）

出典：三菱UFJ銀行HP[2)]に基づき筆者作成

(5) 貿易書類電子化の停滞

① 貿易書類電子化の現状

NACCSによる通関手続き，EBによる外国為替取引の電子化については，一定の進捗があるのに比べて，有価証券である船荷証券を中心とした運送書類の電子化は，未だに実験段階に留まり，広く活用されるに至っていない。

② 貿易書類電子化停滞の原因

貿易書類電子化停滞の原因は，様々な要因が指摘されている。まず，関係当事者の多さが挙げられる。輸出者，輸入者，船会社，銀行，電子船荷証券の登録機関等，多くの関係当事者を，あまねく網羅するシステムを整備するのは困難である。また，国境を超える船荷証券を電子化する際の，関係当事国における法令整備や，電子船荷証券登録機関の中立性維持等，乗り越えなければならない問題が多く，これらのことから貿易書類の電子化については，目途が立っておらず，貿易取引電子化を進める上での，ボトルネックになっている。

八尾（2007）[3]，奈良（2015）[4] は，1980年代からの船荷証券を始めとする貿易書類の電子化が実用化段階には進まなかった理由は，下記の3点であると指摘する。①輸出者，輸入者，船会社，銀行，電子船荷証券の登録機関等の関係当事者の多さゆえ，広範囲をカバーするシステム整備に大きなコストがかかった。②国境を超える船荷証券を電子化する際の法的位置づけの難しさを克服できなかった。③電子船荷証券登録機関の中立性を維持するのが困難であり，また，監督官庁をどこにするのか当事者全員の合意を得られなかった。

Ⅱ．SWIFTの挑戦

1．SWIFTの取組み

2002年SWIFTは「貿易サービス諮問グループ」を組織，同グループの提言に基づき，次世代の貿易書類電子化および，そのデータ照合システムとして，TSUの開発を決定し，2007年にTrade Services Utility Release 1.0（TSU1.0）を開始した。その後，2008年には，買主側銀行の輸出者に対する支払保証機能である，BPOを追加したTrade Services Utility Release 2.0（TSU2.0）を開始した[5]。以下に，これらシステムの概要と，その技術的基盤であるISO20022について俯瞰したい。

2．TSUの技術的基盤―ISO20022の概要

2004年，国際標準化機構―ISOの金融サービス専門委員（Technical Committee 6：TC68）が，ISO20022を制定した。ISO20022の目的および対象分野は，金融取引全般のメッセージに関する標準を作成することとされ，その特徴は，データ記述言語としてXML（eXtensible Markup Language）を採用している点である。XMLは，1998年にWorld Wide Web Consortium（W3C）が制定したものである。その後，わが国を含む，多くの国で決済システムにおけるメッセージ標準として採用または，検討されている[6]。

SWIFTは，そもそも従来のテレックスを代替するネットワークとして開発された経緯から，メッセージ（通信文，電文）標準として，メッセージタイプ（Message Type：MT）を利用していた。これは，金融機関の間で取り交わされるメッセージについて，使用される取引種類別にメッセージの雛形を予め作成し，実際の取引時にメッセージを発信する際に，取引ごとの個別情報をFieldと呼ばれる雛形内のデータ入力欄に入力すれば，メッセージが完成するというもので，代表的なメッセージとして，顧客送金支払指図に利用されるMT103と呼ばれる，単一の顧客送金（Single Customer Credit Transfer）用のメッセージや，荷為替信用状発行に利用されるMT700と呼ばれる，荷為替信用状発行（Issue of a Documentary Credit）用のメッセージ等がある。

2004年，SWIFTは，次世代メッセージ標準として，ISO20022に基づく，XMLメッセージタイプ（XML Message Type：MX）の採用決定を発表した。その採用理由として，従来のMTに比べて高い柔軟性（メッセージの拡張性，変形が可能である点）を評価したとし，2010年代以降，MTからMXへ順次切替える方針である。TSUは，このISO20022をその技術的基盤としており，そのデータ記述言語としてXMLを採用している。

Ⅲ．TSU-BPO取引の構造

1．TSU1.0—照合システムの概要

(1)　TSU1.0の流れ

TSU1.0の取引の流れは，図表1-3の通りである。輸出者，輸入者間で，輸出入契約（Purchase order：P/O）が締結されると，両者は各々の取引金融機関（売主側銀行（Seller's Bank），買主側銀行（Buyer's Bank），これらを総称して参加銀行（Involved Bank）という）を経由して，各々の持つP/OデータをTSUに提出する。これを，輸出入契約のデータのことであるベースライン（Baseline）の提案（proposed）という。尚，この際に使用されるデータ照合システムを，Transaction Matching Application（TMA）といい，URBPO750では，データの作成については，ISO 20022貿易メッセージ標準（Trade Services Management messages：TSMT）に基づき作成することを要求し

図表1-3　TSU1.0の流れ

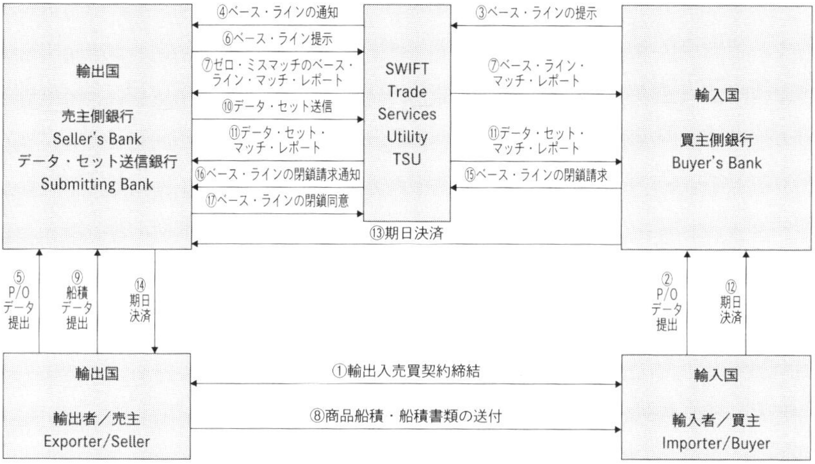
④ベース・ラインの通知
⑥ベース・ライン提示
⑦ゼロ・ミスマッチのベース・ライン・マッチ・レポート
⑩データ・セット送信
⑪データ・セット・マッチ・レポート
⑯ベース・ラインの閉鎖請求通知
⑰ベース・ラインの閉鎖同意
③ベース・ラインの提示
⑦ベース・ライン・マッチ・レポート
⑪データ・セット・マッチ・レポート
⑮ベース・ラインの閉鎖請求
⑬期日決済
輸出国
売主側銀行
Seller's Bank
データ・セット送信銀行
Submitting Bank
SWIFT
Trade
Services
Utility
TSU
輸入国
買主側銀行
Buyer's Bank
⑤P/Oデータ提出
⑨船積データ提出
⑭期日決済
②P/Oデータ提出
⑫期日決済
輸出国
輸出者／売主
Exporter/Seller
①輸出入売買契約締結
⑧商品船積・船積書類の送付
輸入国
輸入者／買主
Importer/Buyer

出典：SWIFT資料を基に筆者作成

ている。現状，ISO20022に基づくデータを取り扱うTMAを実現しているのは，TSUのみである。TSUは，輸出入双方の参加銀行が提出したベースラインをマッチングする。相互のデータ間に不一致がないことを，ゼロ・ミスマッチ（Zero Mismatches）といい，この場合，TSUはその旨を，輸出入双方の参加銀行に通知する。これをベースライン確立（Established Baseline）という。輸出者は，契約通り船積みを行った後，コマーシャル・データ（取引・商品・請求金額），トランスポート・データ（運送），保険データ（貨物保険），証明書データ（原産地証明書等）といった船積データおよび，TSUからの通知等からなるTSU関連データの集合体，データ・セット（Data Set）を売主側銀行経由，TSUに送信する。

データ・セットを受信したTSUは，既に確立しているベースラインとデータ・セットをマッチングする。マッチングされるデータ・セットが確立したベースラインと一致することを，データ・マッチ（Data Match），一致しないことを，ミスマッチ（Mismatch）といい，TSUはマッチング結果を輸出入双方の参加銀行に送信する。データ・マッチすれば，データ・セットの到着案内が買主側銀行から輸入者宛に行われる。データ・セットの到着案内を受けた輸入者は，輸入者側銀行に輸入代金の決済を行い，決済完了後，ベースラインの閉鎖手続きが行われ，取引全体が完了する。尚，ミスマッチの場合は，ミスマッチの内容について輸出者，輸入者いずれかが，その取引金融機関を経由して，ミスマッチの承諾を送信することにより，データ・マッチ状態になる。

(2) TSU1.0 の導入事例

ここで，TSU1.0 の導入事例として，株式会社イトーヨーカー堂のケースを紹介したい（図表 1-4 参照）。同社の対象取引は，中国・香港からの輸入仕入れ取引で，日本側では三菱東京 UFJ 銀行，中国側では中国銀行が窓口となって，2011 年より試行したもので，導入効果として輸出者の書類呈示後，資金受領迄の期間が従来の信用状取引の 2 週間程度に比べ，3 日間程度，つまり 5 分の 1 に短縮できたとの報告が，SWIFT の会合などで報告されている[7]。取引コストは，荷為替手形取立，つまり D/P 取引や D/A 取引に準ずる水準とされているが，取引スピードの大幅アップにより，支払金利等は削減できたという。

一方で，適用規則は，SWIFT の定める TSU Rulebook と共に，D/P 取引，

図表 1-4　イトーヨーカー堂のケース

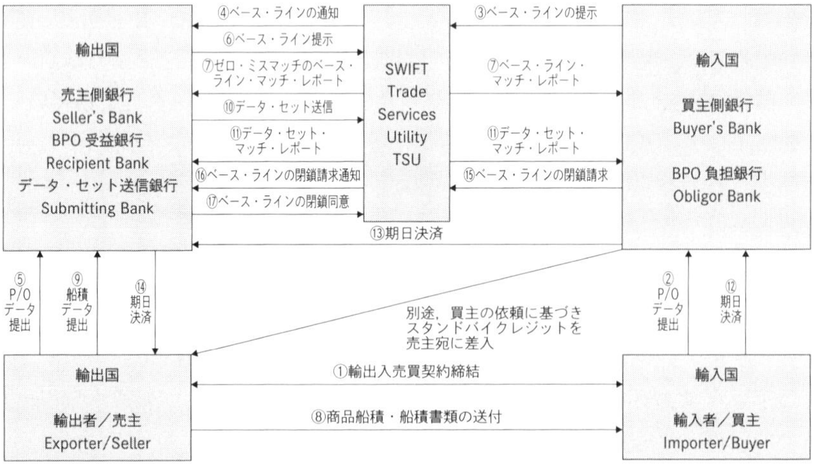
輸出国
売主側銀行
Seller's Bank
BPO 受益銀行
Recipient Bank
データ・セット送信銀行
Submitting Bank
④ベース・ラインの通知
⑥ベース・ライン提示
⑦ゼロ・ミスマッチのベース・ライン・マッチ・レポート
⑩データ・セット送信
⑪データ・セット・マッチ・レポート
⑯ベース・ラインの閉鎖請求通知
⑰ベース・ラインの閉鎖同意
SWIFT
Trade
Services
Utility
TSU
③ベース・ラインの提示
⑦ベース・ライン・マッチ・レポート
⑪データ・セット・マッチ・レポート
⑮ベース・ラインの閉鎖請求
⑬期日決済
輸入国
買主側銀行
Buyer's Bank
BPO 負担銀行
Obligor Bank
⑤P/O データ提出
⑨船積データ提出
⑭期日決済
別途，買主の依頼に基づきスタンドバイクレジットを売主宛に差入
②P/O データ提出
⑫期日決済
輸出国
輸出者／売主
Exporter/Seller
①輸出入売買契約締結
⑧商品船積・船積書類の送付
輸入国
輸入者／買主
Importer/Buyer

出典：SWIFT 資料を基に筆者作成

D/A 取引等に適用される，取立統一規則（Uniform Rules for Collections, ICC Publication No. 522：URC522）に準拠する形となっている。また，中国側（輸出者）の要望により，輸出代金回収リスクヘッジの目的で，三菱東京 UFJ 銀行のスタンドバイクレジット（信用状の一形式で，請求払保証と同様の機能を果たす）を発行している。これは，既存の信用状取引同様に，輸出者側に輸入者側からの支払保証を必要とするニーズが高いことを物語っている。また，次に挙げる TSU2.0 開発のモチベーションに繋がったことも容易に想像できる。

2．TSU2.0-BPO による支払確約の概要

(1)　TSU2.0 の流れ

TSU2.0 の取引の流れは，図表 1-5 の通りである。輸出者，輸入者間で，契約が締結されると輸入者は，BPO 負担銀行（Obligor Bank）に対して，P/O データを提出するとともに，BPO の発行を依頼する。これを受けて BPO 負担銀行は，TSU に BPO が含まれるベースラインの提案を行う。これを受領した BPO 受益銀行（Recipient Bank）は，輸出者にこれを通知するとともに，輸出者側から P/O データの提出を受ける。TSU は BPO 受益銀行から提案を受

図表 1-5　TSU2.0 の流れ

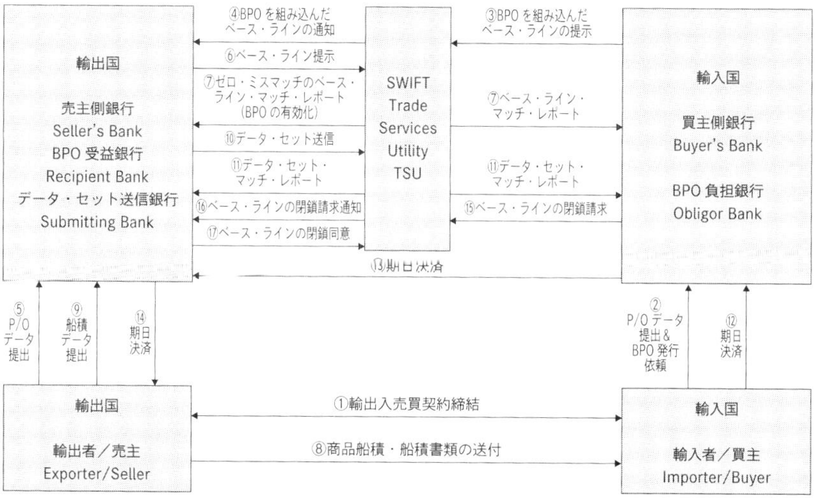
④BPO を組み込んだ
ベース・ラインの通知
③BPO を組み込んだ
ベース・ラインの提示
輸出国
売主側銀行
Seller's Bank
BPO 受益銀行
Recipient Bank
データ・セット送信銀行
Submitting Bank
⑥ベース・ライン提示
⑦ゼロ・ミスマッチのベース・
ライン・マッチ・レポート
(BPO の有効化)
⑩データ・セット送信
⑪データ・セット・
マッチ・レポート
⑯ベース・ラインの閉鎖請求通知
⑰ベース・ラインの閉鎖同意
SWIFT
Trade
Services
Utility
TSU
⑦ベース・ライン・
マッチ・レポート
⑪データ・セット・
マッチ・レポート
⑮ベース・ラインの閉鎖請求
⑬期日決済
輸入国
買主側銀行
Buyer's Bank
BPO 負担銀行
Obligor Bank
⑤
P/O
データ
提出
⑨
船積
データ
提出
⑭
期日
決済
②
P/O データ
提出＆
BPO 発行
依頼
⑫
期日
決済
輸出国
輸出者／売主
Exporter/Seller
①輸出入売買契約締結
⑧商品船積・船積書類の送付
輸入国
輸入者／買主
Importer/Buyer

出典：SWIFT 資料を基に筆者作成

けたベースラインとBPO負担銀行から既に提出されたBPOが含まれるベースラインをマッチングし，ゼロ・ミスマッチであれば，ベースライン確立と共に，BPOが有効に成立したことを輸出入双方の参加銀行に通知する。

輸出者は，契約通り船積みを行った後，データ・セットをBPO受益銀行に提出する。BPO受益銀行は，BPOによるBPO負担銀行の保証を見返りに，このデータ・セットを買取ることも可能である。これにより，BPO受益銀行は，信用状取引における買取銀行の役割，つまり輸出荷為替手形の買取りと同様，輸出者の資金ニーズに応える役割を果たすこととなる。買取り後，BPO受益銀行はデータ・セットをTSUに送信する。TSUは，既に確立しているBPOおよびベースラインとこれをマッチングし，データ・マッチすれば，データ・セットの到着案内がBPO負担銀行から輸入者宛に行われる。データ・セットの到着案内を受けた輸入者は，BPO負担銀行に輸入代金の決済を行うか，必要に応じて，輸入ユーザンスの提供を受ける。決済完了後，ベースラインの閉鎖手続きが行われ，取引全体が完了する。

⑵　TSU2.0の導入事例

ここで，TSU2.0の導入事例として，BP Petrochemicals社の，中国・インド・中近東宛輸出取引事例を採り上げてみたい。これは，初のBPOを利用した事例であり，導入効果として，TSU1.0同様，輸出者の書類呈示後，資金受領迄の期間が，14～16日から4日程度に短縮できたこと。そして，これによって，銀行輸入与信枠の利用サイクルが3倍となったことを挙げている。取引コストは，信用状取引に準ずるが銀行輸入与信枠利用効率の大幅改善，スピードアップ化で輸出者側50%，輸入者側40%削減できたと報告されている[8)]。尚，適用規則については，報告時点ではBPOにかかわる規定を含め，SWIFTの定める TSU Rulebookに準拠しているものの，URBPO750制定後はこれを適用する方針とされた。また，別の事例として，Siam Commercial Bankが，タイ最大のポリマー販売企業である，PTT Polymer Marketing（PTTPM社）との信用状付輸出取引のTSU-BPO取引への切替においても，同様に取引期間が，7営業日から3営業日に短縮できたとの報告がなされた[9)]。本件も，URBPO750制定後はこれを適用する方針であった。

第2節　ICC バンク・ペイメント・オブリゲーション統一規則

Ⅰ．ICC による統一規則制定

1．URBPO750 制定

前節の通り，当初，BPO は SWIFT の定める TSU Rulebook を準拠規則としていたが，2011 年 9 月，SWIFT は ICC と協働して，BPO に関する新たな統一規則の制定を行うと発表，新統一規則名称は，URBPO とされた。これを受けて ICC 内に URBPO 起草委員会が立ち上げられ，2012 年 6 月 Draft1，同年 9 月 Draft2，同年 12 月 Draft3，2013 年 2 月 Final Draft の作成を経て，2013 年 4 月 17 日採択され，ICC 出版物番号として，750 を与えられた[10)]。ICC によれば，URBPO750 は，既に制定された他の ICC 制定の統一規則，例えば 2007 年発効の『荷為替信用状に関する統一規則および慣例（The Uniform Customs and Practice for Documentary Credits, ICC Publication No. 600：UCP600）』，2010 年発効の『請求払保証に関する統一規則（Uniform Rules for Demand Guarantees, ICC Publication No. 758：URDG758）』，1998 年発効の『国際スタンドバイ規則（International Standby Practices, ICC Publication No. 590：ISP98）』等に親和性のある条文構成とする方針に基づき制定され，例えば，定義，解釈を明確化し条文を簡素化，使用する用語・概念に可能な限り統一感を与えたとされる。一方，URBPO750 は既存の ICC 制定の統一規則が専ら書類を取り扱うのに対して，データを取り扱う規則の為，これら規則とはかなり異なる概念も数多く導入することとされている（条文構成は図表 1-6 参照）。

2．ICC 規則化の意義

URBPO750 制定に ICC が関わる意義であるが，既に述べた通り ICC は，1920 年の設立以来一貫して貿易取引に纏わる規則の制定活動を通じて国際商取引促進に資する活動を行ってきた。ICC 傘下の銀行技術実務委員会が手掛けた，ICC 規則は既に挙げた銀行が発行する保証取引に関する規則の他にも多数あり，代表的な規則として 1995 年発効の D/P 取引，D/A 取引等に適用

図表 1-6　URBPO750，UCP600（eUCP1.1 含む），URDG758 条文対比

URBPO750（2013 年）	UCP600（2007 年）
第1条　範囲	第1条　UCP の適用
第2条　適用	第2条　定義★
第3条　一般定義★	第3条　解釈★
第4条　メッセージ定義◎	第4条　信用状と契約☆
第5条　解釈	第5条　書類と物品，サービスまたは履行○
第6条　バンクペイメントオブリゲーションと契約☆	第6条　利用可能性，有効期限および呈示地
第7条　データと書類，物品，サービスまたは履行○	第7条　発行銀行の約束
第8条　BPO の有効期限◎	第8条　確認銀行の約束
第9条　参加銀行の役割	第9条　信用状および条件変更の通知
第10条 BPO 負担銀行の約束★	第10条　条件変更
第11条 条件変更	第11条　テレトランスミッションによる信用状・条件変更
第12条 データの有効性に関する責任排除◎	第12条　指定
第13条 不可抗力	第13条　銀行間補償の取決め
第14条 取引データ・マッチング・システム（TMA）の利用不能◎	第14条　書類点検の標準○
第15条 適用法	第15条　充足した呈示
第16条 代わり金の譲渡	第16条　ディスクレパンシーのある書類，権利放棄および通告
	第17条　書類の原本およびコピー
	第18条　商業送り状
	第19条　少なくとも2つの異なった運送形態を対象とする運送書類
	第20条　船荷証券
	第21条　流通性のない海上運送状
	第22条　傭船契約船荷証券
	第23条　航空運送書類
	第24条　道路，鉄道または内陸水路の運送状
	第25条　クーリエ受領書，郵便受領書または郵送証明書
	第26条　"On Deck"，"Shipper's Load and Count" 等
	第27条　無故障運送書類
3つの準拠規則の主な類似点	第28条　保険書類および担保範囲
	第29条　有効期限または最終呈示日の延長
☆　独立抽象性（無因性）の原則	第30条　信用状金額，数量および単価の許容範囲
★　取消不能の支払確約	第31条　一部使用または一部船積
	第32条　所定期間ごとの分割使用または分割船積
	第33条　呈示の時間
3つの準拠規則の主な相違点	第34条　書類の有効性に関する銀行の責任排除
	第35条　伝送および翻訳に関する銀行の責任排除
○　『データ取引の原則』『書類取引の原則』	第36条　不可抗力
◎　URBPO750 特有の代表的規定	第37条　指図された当事者の行為に関する銀行の責任排除
●　URDG758 にあるが，URBPO750 に無い代表的規定	第38条　譲渡可能信用状
	第39条　代わり金の譲渡

出典：筆者作成

される，『取立統一規則（Uniform Rules for Collections, ICC Publication No. 522：URC522)』や，『フォーフェイティングに関する統一規則（ICC Uniform Rules for Forfaiting, ICC Publication No. 800, 2012 Edition：URF800)』等が挙げられる。元々 SWIFT は，自らが定めた TSU Rulebook に BPO に関する規定も盛り込んでいた[11]。しかし，システムベンダーである SWIFT としては，貿易取引における国際的なルール作りにおいて，ICC の持つ豊富なノウハウ，実績と，それに加えて銀行を含む貿易当事者への絶大な影響力を活用することによって，TSU-BPO の実用化に弾みをつけたいものと思われる。次に，URBPO750 の特徴をいくつか挙げてみたい。

eUCP1.1（2007年）	URDG758（2010年）
第 e1 条　eUCP の適用範囲	第 1 条　URDG の適用
第 e2 条　eUCP の UCP に対する関係	第 2 条　定義
第 e3 条　定義	第 3 条　解釈★
第 e4 条　フォーマット	第 4 条　発行および有効性★
第 e5 条　呈示	第 5 条　保証および裏保証の独立性☆
第 e6 条　点検	第 6 条　書類と，物品，サービスまたは履行○
第 e7 条　拒絶の通知	第 7 条　ノンドキュメンタリーコンディション○●
第 e8 条　オリジナルとコピー	第 8 条　指図と保証書の内容
第 e9 条　発行日	第 9 条　採り上げられない発行依頼●
第 e10 条　運送	第 10 条 保証書または条件変更の通知
第 e11 条　呈示後の電子記録の損傷	第 11 条 条件変更
第 e12 条　eUCP に基づく電子記録呈示にかかわる追加免責	第 12 条 保証書に基づく保証人の責任の範囲
	第 13 条 保証書金額の変動●
	第 14 条 呈示
	第 15 条 請求の要件
	第 16 条 請求についての通報●
	第 17 条 一部請求と２つ以上の請求
	第 18 条 個々の請求の独立性
	第 19 条 点検
	第 20 条 請求を点検する為の時間
	第 21 条 支払通貨●
	第 22 条 充足した請求のコピーの伝送●
	第 23 条 Extend or Pay ●
	第 24 条 充足しない請求，権利放棄および通告
	第 25 条 減額と終了●
	第 26 条 不可抗力
	第 27 条 書類の有効性に関する責任排除
	第 28 条 伝送および翻訳に関する責任排除
	第 29 条 別の当事者の行為に関する責任排除
	第 30 条 免責の制限
	第 31 条 外国の法律および慣習による損失の補償
	第 32 条 手数料の支払義務
	第 33 条 保証書の譲渡と代わり金の譲渡
	第 34 条 準拠法
	第 35 条 裁判管轄

Ⅱ．URBPO750 の特徴

1．既存の規則との類似点

(1)　銀行保証としての BPO の性質

URBPO750 第 3 条「一般的定義（General Definitions)」では，BPO は次の通り定義されている。"Bank Payment Obligation" or "BPO" means an irrevocable and independent undertaking of an Obligor Bank to pay or incur a deferred payment obligation and pay at maturity a specified amount to a Recipient Bank following Submission of all Data Sets required by an Established

Baseline resulting in a Data Match or an acceptance of a Data Mismatch pursuant to sub-article 10 (c).

これにより，BPOはその条件通りのデータ提出，若しくは，仮にミスマッチがあったとしても，URBPO750第10条c項に規定するミスマッチに対する承諾（acceptance of a Data Mismatch）があれば，これを条件としたBPO負担銀行の取消不能な支払確約であることを示しており，前半部分については信用状取引におけるUCP600第2条「信用状（Credit）」，「オナー（Honour）」とほぼ同一の定義といえる。後半部分についても，UCP600の条文として明文化されていないものの，銀行間の実務慣行として確立しているケーブル・ネゴに相当する規定[12]であり，両者の間に，基本的な相違はない。

(2)　独立抽象性の原則

URBPO750第6条「BPOと契約（Bank Payment Obligation v. Contracts）」では，UCP600第4条「信用状と契約」，URDG758第5条「保証および裏保証の独立性」等と同様に，その取引の基礎となる売買契約その他の契約とは別個の取引であるとの規定があり，BPOが信用状等，既存の銀行保証と同様に独立抽象性を具備していることを明示している。

2．既存の規則との相違点

銀行保証の性格としては，既存の規則と相違ないBPOであるが，データを取り扱うことから，従来とはかなり性格の異なる規定もある。

(1)　受益者の位置づけ

UCP600を始めとする既存の規則では，受益者は銀行以外の当事者であることを認め，実際の信用状でも大半の受益者が輸出者である。これに対して，URBPO750第3条では，BPO受益銀行がBPOの受益者である旨規定されており，輸出者はURBPO750の当事者ではないことを明示している。

(2)　TMAに関する規定

URBPO750第2条c項「適用」では，BPOはデータのやり取りであることから，その TSMT として ISO20022 に基づく，XML メッセージタイプを指定する等，ISO の提供する技術的基盤によって支えられていることを明確に規定している。前述の通り，現状では SWIFT-TSU のみが，これを満たす TMA を提供していることから，事実上 TSU によって利用されることとなる。

(3)　データ取引の原則

銀行が取り扱うのは，書類（documents）のみであり，物品（goods），サービス（services），履行（performance）は取り扱わないとする，UCP600 第5条に代表される，従来型規則における「書類取引の原則」と異なり，URBPO750 第7条「データと書類，物品，サービスまたは履行」では，銀行が取り扱うのはデータ（data）のみであり，物品，サービス，履行はもとより，書類すらもその取扱い対象外であることが規定されている。また，データを取り扱うことから，新たに URBPO750 第4条「メッセージの定義（Message Definitions）」という条文が加えられ，前述の TMA，TSMT に関わる，独特な用語の定義もなされている。

(4)　BPO の有効期限

URBPO750 第8条「BPO の有効期限（Expiry Date of a BPO）」には，BPO に基づくデータ・セットの提出期限，つまり BPO の有効期限は，銀行営業日または営業時間に関わりなく，協定世界時（Universal Time Coordinated：UTC）で判断すると規定されている。これは，銀行営業日且つその営業時間中に，書類の呈示を行うことを前提に規定された既存の ICC 制定の規則と大きく異なる点である。これは，データを取扱うことから，世界中同一の時刻で運行管理するという，システムに関する標準的な考え方を反映していると思われる。

第3節　TSU-BPO取引が貿易金融に与える影響

Ⅰ．貿易当事者の期待

1．SWIFT，ICCの期待

SWIFTは，TSU-BPO取引を単なる信用状取引（または荷為替手形）の代替決済方法ではなく，図表1-7のように，Open Account（後払送金）とも異なる第3の決済方法として位置づけており，信用状取引のみならず，送金取引をもその代替対象としており，TSU-BPO取引に寄せる期待の大きさが窺えた[13]。

図表1-7　SWIFTのTSU-BPOに対する位置づけ

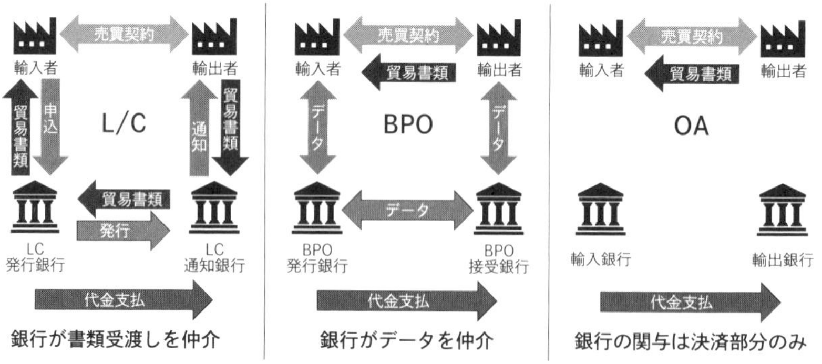
売買契約
輸入者
輸出者
貿易書類
申込
L/C
通知
貿易書類
貿易書類
発行
LC 発行銀行
LC 通知銀行
代金支払
銀行が書類受渡しを仲介
売買契約
輸入者
貿易書類
輸出者
データ
BPO
データ
データ
BPO 発行銀行
BPO 接受銀行
代金支払
銀行がデータを仲介
売買契約
輸入者
貿易書類
輸出者
OA
輸入銀行
輸出銀行
代金支払
銀行の関与は決済部分のみ

出典：SWIFT[13]

ここで，TSU-BPO取引と既存の貿易決済方法との比較検討を通じて，貿易金融に与える影響を考えていきたい。既存決済方法とは，前払送金，後払送金，D/P取引，D/A取引，信用状取引の5つである。

2．貿易当事者からみた既存決済方法との比較

(1)　取引リスクに関する比較

まず，貿易当事者からみた取引リスク，具体的には輸出者の代金回収リスク，輸入者の商品受領リスクについて比較する。輸出者，輸入者の立場からみてリスクの大小の順に並べると，図表1-8のようになる。資金と商品の流れが

図表 1-8　輸出入者の取引リスク比較

決済方法	輸出者	輸入者
送金取引（前払送金）	リスク小	リスク大
信用状取引	↓	↑
TSU-BPO 取引		
荷為替手形取引（D/P 取引）		
荷為替手形取引（D/A 取引）		
送金取引（後払送金）	リスク大	リスク小

出典：筆者作成

独立している送金取引が輸出者または輸入者のどちらかに，一方的な取引リスクを負担させるのに対して，荷為替手形という書類を利用することで，この2つの流れを紐付けるドキュメンタリー取引は，貿易当事者にとって商取引契約上の妥協点を見出しやすい決済方法である。一方，TSU-BPO 取引は，書類を介在させない点で，ドキュメンタリー取引に劣後する点も否めないが，BPO 負担銀行の保証が付く点から，図表 1-8 では信用状取引と，D/P 取引，D/A 取引，の間に入る決済方法であることがわかる。

(2)　取引スピードに関する比較

TSU-BPO 取引は，信用状取引とほぼ同様の効果を狙った決済方法であるが，取組み事例等からみて明らかのように，TSU のスピードが既存の決済方法対比，圧倒的に早いことは明白である。取引金融機関に対して行う手続きも，ベースライン，データ・セットの提出となり，自ずと電子データの形となることから，輸入者側は，煩雑な信用状発行申込手続きが省け，必要に応じた機動的な発注が可能となる。これは，サプライチェーンの高速化に資するTSU-BPO 取引の利点であろう。また，輸出者側も同様に，荷為替手形作成と，信用状条件と船積書類の内容をチェックするという手間も省ける。

(3)　金融コストに関する比較

また，貿易当事者からみた金融コストについて，その有無を比較すると，図表 1-9 のようになる。TSU-BPO 取引は，信用状取引とほぼ同様の銀行取引条

図表1-9　輸出入者の金融コスト比較

決済方法	手数料	金利	保証料
送金取引（前払送金）	少額	なし	なし
送金取引（後払送金）			
荷為替手形取引（D/P取引）	多額	あり	なし
荷為替手形取引（D/A取引）			
信用状取引	多額	あり	あり
TSU-BPO取引	**中程度**	**あり**	**あり**

出典：筆者作成

件が適用されるが，取組み事例等からみて明らかのように，TSUのスピードが圧倒的に早く，銀行の与信期間も大幅に短縮されることを考慮に入れれば，金利，保証料に代表される，金融コストの大幅削減に繋げることが可能であるといえよう。また，与信期間の短縮は，貿易当事者にとって，取引金融機関における貿易金融取引枠（荷為替手形買取を行うための輸出金融取引枠，信用状発行や輸入ユーザンス取組みといった，輸入金融取引枠）の圧縮効果がある。これにより，取引金融機関に対する担保提供などの負担も減らせるといえよう。

3．取引金融機関からみた既存決済方法との比較

(1)　輸出取引における与信リスクに関する比較

輸出者の取引金融機関における与信リスクに関しては図表1-10のように，BPOのないTSU1.0でのデータ・セット買取は，D/P，D/A手形買取と，TSU-BPO取引，つまりTSU2.0でのデータ・セット買取は，信用状付輸出手形買取とほぼ同様の与信リスクが発生する。また，BPO付のデータ・セット買取は，ないものより与信リスクが小さいと考えられるのは，BPO負担銀行の支払保証があるためである。また，ドキュメンタリー取引に対して，TSUでのデータ・セット買取が，与信リスクが高いと判断されるのは，通常荷為替手形の買取時に，これに含まれる船積書類や，輸出者の取扱商品が，銀行に対する譲渡担保と契約上，位置づけられているためである[14]。TSU-BPO取引でも荷為替手形買取と同様に，輸出者と輸出手形買取銀行の間に，譲渡担保契

図表1-10　輸出与信取引のリスク比較

決済方法	与信リスク	担保
送金取引	なし	なし
D/P・D/A取立	なし	なし
D/P・D/A買取	大	あり
信用状付輸出手形買取	小	あり
TSU-BPOなし（TSU1.0）	大	なし
TSU-BPOあり（TSU2.0）	小	なし

出典：筆者作成

約が締結されることとなろう。しかし，TSU-BPO取引では荷為替手形の買取と異なり，船積書類，特にそれに含まれる船荷証券が，輸出者から輸入者に直接送付されることから，輸入者が商品を代金決済前に取得してしまう。商品を取得した輸入者は，通常，直ちに商品を売却するので，譲渡担保権15）の行使が事実上不可能である点が，その理由である。

(2)　輸入取引における与信リスクに関する比較

輸入者の取引金融機関における与信リスクに関しては，支払保証（BPO）を発行するTSU-BPO取引は，信用状発行とほぼ同様の与信リスクが発生することとなる。しかし，図表1-11のように，信用状発行に対して，BPO発行が担保面で見劣りする，つまり与信リスクが高いと判断されるのは，前述の輸出与信と同様の理由により，契約上の譲渡担保権の行使が事実上不可能である点が，その理由である。

図表1-11　輸入与信取引のリスク比較

決済方法	与信リスク	担保
送金取引	なし	なし
D/P・D/A	なし	なし
信用状取引	あり	あり
TSU-BPO取引	あり	あり

出典：筆者作成

(3) 事務処理効率に関する比較

取引金融機関の事務手続きにおける TSU-BPO の効果として，人手をかけず全自動処理（straight through processing：STP）化できるという点が挙げられる。現在，STP 化が進んでいるのは，主に送金取引である。既に述べた通り，SWIFT の MT による通信メッセージの標準化が 1980 年代末に達成されたことにより，1990 年代後半より EB 化が実用化され，現在，送金取引，信用状発行の申込受付に活用されている。現状，ドキュメンタリー取引は EB 化の対象にはなっていないが，TSU-BPO 取引の実用化が進めば，TSU-BPO 取引の諸手続きも，基本的には STP 化の対象となり，金融機関における事務効率向上に繋がるものと期待される。

(4) 与信管理業務に関する比較

取引金融機関における輸出者，輸入者宛の与信管理業務において，TSU-BPO 取引は，与信取引先の商取引内容をリアルタイムに把握することが可能となる。これは，与信取引先の業況の変化を迅速にモニタリングすることを意味する。また，電子データは，それ自体が金融機関内部での与信稟議手続を行う際の資料として容易に転用できることから，与信管理をよりシステマチックに効率化できるという点が挙げられる。信用状取引の利用率の低下と，それに伴う送金取引への切替が進んだことにより，取引金融機関は，商取引内容把握が困難になってきたといわれて久しいが，TSU-BPO 取引はこれの歯止めとなることが期待される。加えて，取引自体のスピードアップに伴う，与信取引枠の縮減も可能となることも併せて考慮すれば，取引金融機関にとり TSU-BPO 取引は，譲渡担保権の問題を除けば，輸出入金融における与信リスク削減効果があるといえよう。

(5) コンプライアンスに関する比較

現在，金融機関におけるコンプライアンス管理体制は，強化の一途を辿っている。わが国外為法による適法性の確認義務のみならず，米国財務省外国資産管理室（Office of Foreign Assets Control：OFAC）の定める，資産凍結規制等，輸出者，輸入者を始め，船会社，保険会社，原初依頼人，最終受益者に至るまで，広範囲な取引の関係当事者について，規制対象者あるいは規制対象取引でないことを確認した上で，取引に応じている16)。送金取引のように専らSWIFTで通信のみで行う取引であれば，メッセージを規制対象者リストと，システム上で自動チェックする体制を取ることが可能であるが，荷為替手形取引では，取引依頼書上の情報だけではなく，船荷証券，保険証券等，書類上に記載されている情報まで，目視確認の上，マニュアルでチェックする必要に迫られる。TSUは，コマーシャル・データ，トランスポート・データ，保険データ，証明書データといった船積データを網羅するデータ・セットを取り扱うので，自動チェック化の推進による，コンプライアンス体制強化に資するといえよう。

注

1）輸出入・港湾関連情報処理センター㈱「海上貨物の輸出入等関連手続イメージ」同社HP, https://www.naccs.jp/aboutnaccs/naccs_gyoumu.pdf（最終閲覧日：2022年1月31日）。

2）三菱UFJ銀行「BizSTATION」三菱UFJ銀行HP, https://bizstation.bk.mufg.jp/service/index.html#gaitame（最終閲覧日：2022年1月31日）。

3）八尾晃（2007）『貿易取引の基礎』東京経済情報出版社，131-138頁。

4）奈良順司（2015）「貿易金融電子化の系譜」『日本貿易学会誌』第52号，28-38頁。

5）佐藤武男（2013）『貿易電子化で変わる中小企業の海外進出』中央経済社，183-190頁。

6）森毅（2007）「金融業務で利用される通信メッセージの国際標準化動向—XML標準ISO20022（UNIFI）による統合化の動き」『IMES DISCUSSION PAPER SERIES』No. 2007-J-5，1-26頁，および，柳原將男・木下智博（2010）「国内主要決済機関及び金融機関のISO20022対応」『金融情報システム』No. 307，27-55頁。

7）イトーヨーカ堂の実証実験については，多数の報告，先行研究がなされている。佐藤（2013），前掲注5），191-205頁；小林二三夫（2009）「小売業の国際調達と電子L/Cの方向性」『日本貿易学会「年報」』第46号，177-183頁。

8）SWIFT, "Bank Payment Obligation (BPO) Case study - Getting paid on time and increase competitiveness using the BPO and SWIFT's TSU".

9）SWIFT, Siam Commercial Bank, "Bank Payment Obligation-Trade Finance Goes Digital-Case Study -First BPO Service in Southeast Asia".

10）URBPO/750採択までの過程については，以下を参照。釜井大介（2013）「BPO統一規則（URBPO）の概要」『金融法務事情』1974号，60-61頁。

11）釜井（2013），前掲著，60-61頁。

12）ケーブル・ネゴについては，平野英則（2010）「外為法務入門講座 第32回 ディスクレパンシーへの実務対応」『銀行法務21』720号，58-63頁を参照。

13）ICC, "Bank　Payment Obligation".

14）輸出手形買取を行う際，輸出者とその取引金融機関間で，『外国向為替手形取引約定書』が締結され，その第3条（担保）に，「付帯荷物および付属書類は，外国向荷為替手形の買取によって負担する手形上，手形外の債務ならびにこれに付随する利息，割引料，損害金，手数料および諸費用の支払の担保として貴行に譲渡します」とある。

15) 信用状の発行を行う際，輸入者とその取引金融機関間で，『信用状取引約定書』が締結され，その第3条（担保）に，「付帯荷物および付属書類は，信用状取引によって私が負担する債務ならびにこの取引に付随する利息，割引料，損害金，手数料，保証料および諸費用の支払の担保として，貴行に譲渡します」とある。

16) OFAC 規制については，以下の米国財務省公開情報を参照。http://www.treasury.gov/about/organizational-structure/offices/Pages/Office-of-Foreign-Assets-Control.aspx (as of January 31, 2022).

参考文献

佐藤武男（2008）「貿易の電子化で進む新しい貿易決済」『金融法務事情』No. 1846，10-20頁。

中島真志（2009）『SWIFT のすべて』東洋経済新報社。

西口博之（2013）「新しい貿易金融サービス―SWIFT/ICC による電子信用状の行方―」『国際金融』1250号，外国為替貿易研究会，66-73頁。

檜垣拓也（2013）「L/C に代わる TSU/BPO の動向，有効性，並びに推進課題の考察」『国際商取引学会年報』第15号，34-47頁。

檜垣拓也（2013）「「銀行支払確約」付 TSU の仕組み・現状と SME 利用への考察」『国際金融』1249号，外国為替貿易研究会，74-81頁。

渡部吉昭（2012）「SWIFT のサービスとその新展開」『金融ジャーナル』60-63頁。

第2章
貿易代金決済電子化の可能性

本章では，貿易代金決済電子化の応用事例を紹介する。第1節では，フォーフェイティングとTSU-BPO取引との融合事例を取り上げ，両者が非常に親和性の高いことを説明したい。第2節では，同様にTSU-BPO取引と親和性の高いと考える，請求払保証との融合を提言したい。第3節では，国内取引への応用事例を取り上げると共に，NACCSと連携した関税ユーザンスを提言し，これが「事業性評価に基づく融資」,「担保・保証に依存しない融資」を資することを説明したい。

第1節　フォーフェイティングとの融合

I．TSU-BPO取引とフォーフェイティングとの融合事例

1．Vale International S.A.の取組み事例

本事例は，ブラジルの総合資源開発企業のスイス販売部門である，Vale International S.A.（以下，Vale社）と，三菱東京UFJ銀行（当時）との間で行われた事例であり，2013年のSWIFT年次総会（SIBOS）等で報告されたものである[1)]。その導入効果であるが，従来年間180億米ドルの中国向け信用状付覧払手形取引を輸出していた際，資金受領迄の期間が概ね25～30日程度であったのが，10日間程度短縮が実現し，これに伴い3.7百万米ドルの取引コスト削減が実現できたとのことである。本事例の取引の流れは，図表2-1の通りである。

Vale社，輸入者間で，契約が締結されると輸入者は，三菱東京UFJ銀行バ

図表 2-1　Vale International S.A. の取組み事例

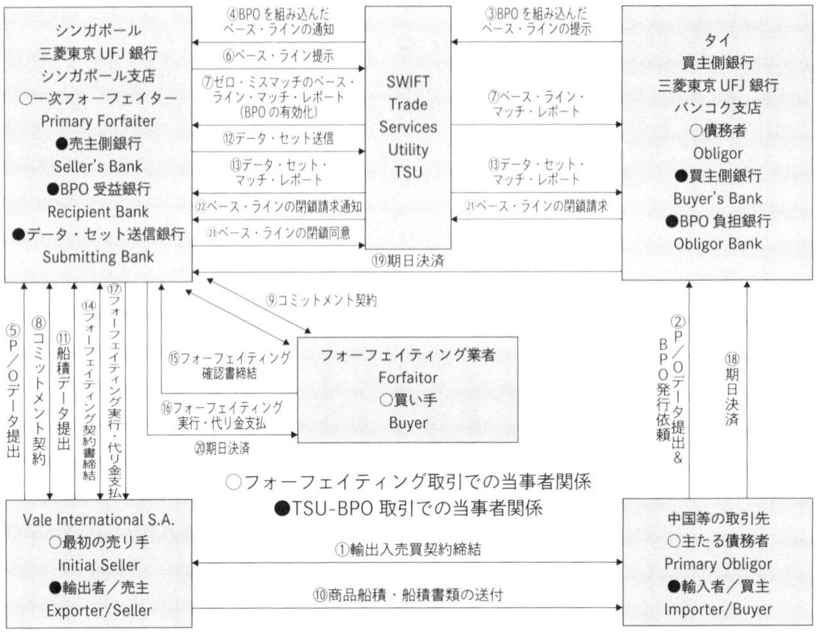
シンガポール
三菱東京 UFJ 銀行
シンガポール支店
○一次フォーフェイター
Primary Forfaiter
●売主側銀行
Seller's Bank
●BPO 受益銀行
Recipient Bank
●データ・セット送信銀行
Submitting Bank
SWIFT
Trade
Services
Utility
TSU
タイ
買主側銀行
三菱東京 UFJ 銀行
バンコク支店
○債務者
Obligor
●買主側銀行
Buyer's Bank
●BPO 負担銀行
Obligor Bank
③BPO を組み込んだベース・ラインの提示
④BPO を組み込んだベース・ラインの通知
⑥ベース・ライン提示
⑦ゼロ・ミスマッチのベース・ライン・マッチ・レポート（BPO の有効化）
⑦ベース・ライン・マッチ・レポート
⑫データ・セット送信
⑬データ・セット・マッチ・レポート
⑬データ・セット・マッチ・レポート
㉒ベース・ラインの閉鎖請求通知
㉑ベース・ラインの閉鎖請求
㉓ベース・ラインの閉鎖同意
⑲期日決済
⑨コミットメント契約
⑮フォーフェイティング確認書締結
⑯フォーフェイティング実行・代り金支払
⑳期日決済
フォーフェイティング業者
Forfaitor
○買い手
Buyer
⑤P/Oデータ提出
⑧コミットメント契約
⑪船積データ提出
⑭フォーフェイティング契約書締結
⑰フォーフェイティング実行・代り金支払
②P/Oデータ提出＆BPO発行依頼
⑱期日決済
○フォーフェイティング取引での当事者関係
●TSU-BPO 取引での当事者関係
Vale International S.A.
○最初の売り手
Initial Seller
●輸出者／売主
Exporter/Seller
中国等の取引先
○主たる債務者
Primary Obligor
●輸入者／買主
Importer/Buyer
①輸出入売買契約締結
⑩商品船積・船積書類の送付

出典：SWIFT，三菱東京 UFJ 銀行報告資料1）より筆者作成

ンコク支店（以下，BPO 負担銀行：Obligor Bank）に対して，P/O データを提出するとともに，BPO の発行を依頼する。これを受けて BPO 負担銀行は，TSU に BPO が含まれるベースラインの提案を行う。これを受領した三菱東京 UFJ 銀行シンガポール支店（以下，BPO 受益銀行：Recipient Bank）は，Vale 社にこれを通知するとともに，Vale 社側から P/O データの提出を受ける。TSU は BPO 受益銀行から提案を受けたベースラインと BPO 負担銀行から既に提出された BPO が含まれるベースラインをマッチングし，ゼロ・ミスマッチであれば，ベースライン確立と共に，BPO が有効に成立したことを輸出入双方の参加銀行に通知する。ここまでは，通常の TSU2.0 の流れと同一である。

Vale 社は，契約通り船積みを行った後，データ・セットを BPO 受益銀行に提出し，BPO 受益銀行はこれを TSU に送信する。TSU は，既に確立して

いるBPOおよびベースラインとデータ・セットをマッチングし，データ・マッチすれば，BPO受益銀行は，これをWithout recourseで買取る。これにより，BPO受益銀行は，フォーフェイティング取引における一次フォーフェイターの役割を果たすこととなる。尚，本事例では，Vale社の輸出債権が，二次マーケットで転売されたかどうか言及されていないが，図表2-1は別のフォーフェイティング業者に転売されたと想定して作成している。BPO負担銀行からデータ・セットの到着案内を受けた輸入者は，期日にBPO負担銀行に輸入代金の決済を行い，決済完了後，ベースラインの閉鎖手続きが行われ，取引全体が完了する。

2．本事例におけるVale社等の取引メリット

本事例において，TSU-BPOとフォーフェイティングを組み合わせる主なメリットとして，図表2-2の通り3つの点があったとの報告されている。1つ目は合理化効果である。2つ目は，スピード向上および安全性向上であり，最後に，前述のコスト削減効果であった。同報告では，輸出者だけではなく，輸入者サイドにも大きなメリットがあったと報告されている。

図表2-2　Vale社等の取引メリット

	輸出者のメリット	輸入者のメリット
合理化	①煩雑な書類作成業務からの解放 ②L/Cと船積書類のチェック業務からの解放	①簡便なBPO発行手続き ②L/Cと船積書類のチェック業務からの解放 ③決済方法多様化による輸出者との関係向上
スピード向上および安全性向上	①TSUの自動処理化，L/C取引に多発するディスクレパンシー削減による回収期間短縮 ②フォーフェイティングとの融合によりL/C，単純なBPOに比べて，輸入者の信用リスクを完全に回避	①前払送金取引と同様のスピードで荷物引取リスクを削減 ②契約後の早期BPO発行が可能 契約変更に対してL/Cより柔軟且つ臨機応変な対応が可能
コスト削減	①売掛期間削減による，資金調達コストの削減 ②ディスクレパンシー発生に関連する追加手数料の発生回避	①L/G等，銀行との取引回数の削減による手数料負担削減 ②荷物の早期引取による物流コスト削減

出典：SWIFT，三菱東京UFJ銀行報告資料[1]より筆者作成

Ⅱ．両者の融合による新しい貿易金融

1．両者の融合効果

貿易代金決済電子化スキーム（事例ではTSU-BPO取引）とフォーフェイティング取引の2つのスキームを組み合わせることは，以下の2点から効果的なものである。

まず，この2つのスキームに親和性があることである。従来型フォーフェイティング取引は，信用状取引が基本であり，書類作成，点検業務の煩雑さ，時間とコストがかさむだけでなく，ディスクレパンシー発生時に引受拒絶が発生し，予定していたフォーフェイティング取引が行われないという，信用状取引に起因するデメリットがそのまま残って，フォーフェイティング取引を取り組む際のリスクとして留意されていた。一方，TSU-BPO取引は，データ取引であることから，書類点検業務からの解放，取引のスピードアップ化という貿易電子化自体によるメリットは無論のこと，信用状取引に比べて，BPOの内容変更が臨機応変に行うことが可能で，データ・セットのマッチングも即時完結できる等，上記リスクを大幅に削減する効果が見込めるものと考えられる。上記効果はフォーフェイティングを恒常的に利用している輸出者側から，信用状取引のTSU-BPO取引への切替インセンティブに繋がるものと期待される。

2点目は，フォーフェイティングの機能も併せ持つことにより，輸出者のみならず，その取引銀行自体の与信管理強化に効果が期待できる点である。これは，売主側銀行，つまり一次フォーフェイターであるデータ・セット送信銀行自体が，買い入れた輸出債権について，二次マーケットで別の買い手に債権譲渡することにより，オフバランス化が可能となるからである。

2．フォーフェイティング取引の活性化

また，貿易代金決済電子化スキーム（事例ではTSU-BPO取引）は，フォーフェイティング取引も活性化させる効果が期待できる。その理由として，3点指摘したい。

1つ目は，TSU-BPO取引によって，フォーフェイティング利用条件を多様化させる効果があるという点である。現在の信用状取引に基づくフォーフェイ

ティングでは，100万米ドル程度以上の大口取引で，手形サイトも半年から1年以上となっているのに対して，TSU-BPO取引の場合，輸出債権の管理が容易であることから，取引金額の小口化や，一覧払は無理としても取引期間の短縮を図ることが可能になる。

2つ目は，SWIFTにアクセス可能な金融機関を通して提供することにより，国内TSU-BPO取引に基づく国内販売債権のフォーフェイティングといったように，国内取引にも応用可能であることである。これを発展させれば，外国為替と内国為替の垣根を越え，国内外一体となった債権流動化サービスが可能になる。

3つ目は，TSU-BPO取引により，フォーフェイティング二次マーケットの活性化効果が期待できることである。URF800制定により，一次，二次両マーケットを網羅し，当事者間の責任の明確化したことが，輸出債権を買い入れる買い手にとって，従来対比より安全な取引となる点が挙げられる。これを応用すれば，特定の買主側銀行，ここではBPO負担銀行，または主たる債務者が支払保証する輸出債権をまとめて債権譲渡の上，運用商品として組成する等，二次マーケットの活性化が図れる。

貿易代金決済電子化スキーム（事例ではTSU-BPO取引）とフォーフェイティング取引を融合させることにより，書類点検業務からの解放と，取引のスピードアップ化という貿易電子化自体によるメリットを享受するのは無論のこと，従来の荷為替手形取引に基づくフォーフェイティング取引に比べて，フォーフェイティング取引の取組みが，より安全確実に，且つ柔軟に行うことができるというメリットもある。これは，両者がいわゆるWin-Winの関係を築き上げることができることを意味し，両者の融合は，フォーフェイティング取引自体の利便性向上に資するものであると同時に，貿易代金決済電子化スキーム（事例ではTSU-BPO取引）の更なる利用促進につながることが期待された。今後，わが国の金融機関には，両者のメリットを生かした新しい貿易代金決済電子化スキームの開発が一層期待される。

第2節　請求払保証との融合

Ⅰ．TSU-BPO 取引と請求払保証の融合効果

本節では，入札保証や契約履行保証等の目的で広く利用されている請求払保証取引（請求払保証取引）に関し，その現状を紹介したい。ICC は初の URDG（1992 年 URDG458）発効から 18 年目にして初めて改訂を行い（2010 年 URDG758），多くの実務的な課題を解決した。しかし，URDG 改訂後もカウンターギャランティーや，Extend or Pay への対応等，幾つかの実務的な課題が残っており，これらを指摘したい。

次に，TSU-BPO 取引のインフラを活用する電子請求払保証取引（請求払保証として発行される BPO）の導入を提言したい。電子請求払保証取引が既存の請求払保証取引に残る実務的課題解決に有効であると同時に，貿易代金決済電子化スキーム（本節では TSU-BPO 取引を題材に）の普及にも資することを指摘し，導入に必要な，個別の電子請求払保証（BPO）条件，規定改訂やシステム改良等を検討したい。

Ⅱ．請求払保証取引の現状と課題

1．URDG 改訂後の請求払保証取引

第2章で述べたように，入札保証，前受金返還保証，契約履行保証等の目的で広く利用されている，請求払保証取引であるが，ICC による規則制定は当初大変難航した。1978 年に最初に発行した規則である『契約保証統一規則（Uniform Rules for Contract Guarantees, ICC Publication No. 325：URCG325)』の失敗および，1980 年代に請求払保証取引が浸透したことを踏まえ，URDG の起草作業に入った。この間，請求払保証取引の持つ無因性に対し危機感を抱いた，わが国より ICC に対して，規則に付従性を具備するように申し入れたが認められず，1992 年 URDG458 を発効させた[2)]。この経緯から URDG458 は，わが国に永年受け入れられず，これ以降大多数の請求払保証取引が準拠規則を明示しないまま発行されていた。これに対し，ICC は 2010

年の改訂版URDG（URDG758）により局面打開を図った。

まず，UCP600との平仄を合わせる改訂を行った。主なものとして，①定義と解釈の新設（第2，3条），②独立抽象性，書類取引の二大原則（第5，6条），③通知人の義務の明確化（第10条），④条件変更ルールの明確化（第11条），⑤5Daysルールの導入（第20条）等があり，使用する用語や，条文の表現などに至るまで，貿易取引関係者になじみ深いUCP600に合わせた内容とした。

他にも実務に合わせた規則の新設，改訂があった。主なものとして，①ノンドキュメンタリーコンディション規定新設（第7条），②請求払保証金額変動規定新設（第13条），③呈示に関する規定明確化（第14条），④支払通貨規定新設（第21条），⑤Extend or Pay規定明確化（第23条），⑥保証減額，終了規定新設（第25条），⑦不可抗力規定明確化—30Daysルールの新設（第26条），⑧準拠法／裁判管轄規定新設（第34，35条）が挙げられる。

請求払保証取引の浸透に加え，上記改訂内容が評価され，現在準拠規則としての利用率が着実に向上している。しかしURDG改訂後も請求払保証取引において，いくつかの実務的な問題が残っている。代表例として，①カウンターギャランティー，②使用済み請求払保証の回収，③Extend or Payへの対応，④ノンドキュメンタリーコンディションおよび不当請求，⑤書面での請求払保証発行の5つを紹介したい。

2．請求払保証取引の実務的問題

(1)　カウンターギャランティー（裏保証）

海外での公共工事受注に際して，施主である相手国公共団体から，現地銀行発行の請求払保証（表保証）差し入れを求められることがある。このような場合，わが国工事業者は，取引銀行に対して現地銀行宛のカウンターギャランティー（裏保証）発行を依頼する。その際（表）請求払保証の内容について，当事者間で事前の意思疎通が必要不可欠である。仮に不十分であれば，請求払保証（表保証）の発行遅延や最悪の場合拒否されるリスクがある。特に請求払保証取引に疎い中小企業の案件では注意が必要である。また，カウンターギャランティーは，通常個別の請求払保証（表保証）ごとに発行される為，プロジェクトファイナンス契約等の契約書面保証といった一部例外を除き，複数の裏保証人または保証人によるシンジケーションは行われていない。

⑵　使用済み請求払保証の回収

実務上，使用済み請求払保証回収が困難になるケースがあり，問題となっていたことから，URDG758では保証の終了規定が新設され，仮に期限の明記のない請求払保証であっても，発行日から３年の期間経過後に終了することとなった。しかし相手国により，受益者から請求払保証が未回収のままだと，保証期間経過後も一定のリスクが残る為，対応に苦慮したケースがある[3)]。

⑶　Extend or Payへの対応

従来から保証期限の延長か補償履行の二者択一を迫るExtend or Pay条件付の呈示が請求払保証取引実務として確立していた。これに対し，URDG758では規定が明確化され，Extend or Pay条件付の呈示がなされた場合，保証人は呈示の翌30暦日を超えない範囲で支払を停止し，どちらに応じるか確認することができるようになった。しかし，未に残るURDG758に準拠しない請求払保証ではExtend or Pay通知後，日を置かず受益者が請求を行うというトラブルの可能性が残っている[4)]。

⑷　ノンドキュメンタリーコンディションおよび不当請求

URDG758ではノンドキュメンタリーコンディション規定が新設され，保証人自身の記録や明確な指標等から請求払保証条件が充足されているかどうか決定できない条件が，記載されていたとしてもそれを無視することとなった。これは書類取引の原則を補強する本来有益な条項であるが，その反面，不当請求事例で問題となるケースがある。例えば，売主側から請求払保証発行後に，買主側の信用不安が発生し，信用状発行遅延や不発行等の契約違反が発生するケースで，売主側に本来船積等の義務はないにもかかわらず，買主側から請求払保証条件を盾に補償履行請求されるケースである。

(5) 書面での請求払保証発行

昨今，銀行間では署名鑑の交換が廃れつつある。この為電信で発行される請求払保証や信用状では，偽造や変造防止の為に，通信内容の真正性が担保されているSWIFTにより専ら発行している。しかし，現在も一定割合の請求払保証取引で書面発行ニーズが残っており，偽造や変造のリスクが今後高まると予想される。

Ⅲ．TSU-BPO取引のインフラを活用した電子請求払保証取引

1．BPO，請求払保証，信用状の準拠規則比較

(1) 準拠規則の類似点

TSU-BPO取引，請求払保証取引の現状および課題を踏まえて，TSU-BPO取引のインフラを活用した電子請求払保証取引について考えてみたい。図表2-3は，TSU-BPO取引，請求払保証取引，信用状取引に関するICC制定の準拠規則の条文である。URBPO750，URDG758，UCP600を比較すると，幾つかの類似点がある。まず独立抽象性（無因性）を備えている点で，BPO，請求払保証，信用状の三者には，いずれも元となる契約と独立した別個の取引と規定される。次に，いずれも発行した時点で取消不能の支払確約と規定される。この2つの規定により，BPO負担銀行，保証人，信用状発行銀行は，補償履行請求に対して，一義的な支払義務を負う。他にも，条件に合致した呈示に対してのみ支払義務を負う点や，個別のBPO，請求払保証，信用状条件による規則の除外，修正が可能などの点がある。

(2) 準拠規則の相違点

一方，3つの規則には相違点もある。URBPO750と，他の2つの規則を比較すると，まず，受益者が異なる点が挙げられる。TSU-BPO取引では，専ら銀行（BPO受益銀行）が受益者になるのに対して，請求払保証取引および信用状取引では，銀行以外の買主等商取引契約の当事者も受益者になり得る。これは，TSU-BPO取引の性格上，銀行以外の当事者がデータ・マッチング・システムに参加できない為である。

図表 2-3 URBPO750, URDG758, UCP600 条文対比

URBPO750	URDG758	UCP600
第1条 範囲	第1条 URDG の適用	第1条 UCP の適用
第2条 適用	第2条 定義	第2条 定義★
第3条 一般定義★	第3条 解釈★	第3条 解釈★
第4条 メッセージ定義◎	第4条 発行および有効性★	第4条 信用状と契約☆
第5条 解釈	第5条 保証および裏保証の独立性☆	第5条 書類と物品、サービスまたは履行○
第6条 バンクペイメントオブリゲーションと契約☆	第6条 書類と、物品、サービスまたは履行○	第6条 利用可能性、有効期限および呈示地
第7条 データと書類、物品、サービスまたは履行○	第7条 ノンドキュメンタリーコンディション○●	第7条 発行銀行の約束
第8条 BPO の有効期限◎	第8条 指図と保証書の内容	第8条 確認銀行の約束
第9条 参加銀行の役割	第9条 採り上げられない発行依頼●	第9条 信用状および条件変更の通知
第10条 BPO 負担銀行の約束★	第10条 保証書または条件変更の通知	第10条 条件変更
第11条 条件変更	第11条 条件変更	第11条 テレトランスミッションによる信用状・条件変更
第12条 データの有効性に関する責任排除◎	第12条 保証書に基づく保証人の責任の範囲	第12条 指定
第13条 不可抗力	第13条 保証書金額の変動●	第13条 銀行間補償の取決め
第14条 取引データ・マッチング・システム（TMA）の利用不能◎	第14条 呈示	第14条 書類点検の標準○
第15条 適用法	第15条 請求の要件	第15条 充足した呈示
第16条 代わり金の譲渡	第16条 請求についての通報●	第16条 ディスクレパンシーのある書類、権利放棄および通告
	第17条 一部請求と2つ以上の請求	第17条 書類の原本およびコピー
	第18条 個々の請求の独立性	第18条 商業送り状
	第19条 点検	第19条 少なくとも2つの異なった運送形態を対象とする運送書類
	第20条 請求を点検する為の時間	第20条 船荷証券
	第21条 支払通貨●	第21条 流通性のない海上運送状
	第22条 充足した請求のコピーの伝送●	第22条 傭船契約船荷証券
	第23条 Extend or Pay ●	第23条 航空運送書類
	第24条 充足しない請求、権利放棄および通告	第24条 道路、鉄道または内陸水路の運送状
	第25条 減額と終了●	第25条 クーリエ受領書、郵便受領書または郵送証明書
	第26条 不可抗力	第26条 "On Deck"、" Shipper' s Load and Count" 等
	第27条 書類の有効性に関する責任排除	第27条 無故障運送書類
	第28条 伝送および翻訳に関する責任排除	第28条 保険書類および担保範囲
	第29条 別の当事者の行為に関する責任排除	第29条 有効期限または最終呈示日の延長
	第30条 免責の制限	第30条 信用状金額、数量および単価の許容範囲
	第31条 外国の法律および慣習による損失の補償	第31条 一部使用または一部船積
	第32条 手数料の支払義務	第32条 所定期間ごとの分割使用または分割船積
	第33条 保証書の譲渡と代わり金の譲渡	第33条 呈示の時間
	第34条 準拠法	第34条 書類の有効性に関する銀行の責任排除
	第35条 裁判管轄	第35条 伝送および翻訳に関する銀行の責任排除
		第36条 不可抗力
		第37条 指図された当事者の行為に関する銀行の責任排除
		第38条 譲渡可能信用状
		第39条 代わり金の譲渡

3つの準拠規則の主な類似点

☆ 独立抽象性（無因性）の原則
★ 取消不能の支払確約

3つの準拠規則の主な相違点

○ 『データ取引の原則』『書類取引の原則』
◎ URBPO750 特有の代表的規定
● URDG758 にあるが、URBPO750 に無い代表的規定

出典：筆者作成

次に，取扱対象がデータか書類かという違いがある。URBPO750では，TSU-BPO取引はデータのみ扱い，書類，物品，サービス，履行は取り扱わないとする『データ取引の原則』が規定されている。一方請求払保証取引や信用状取引は『書類取引の原則』を採る。

更に，有効期限や，呈示期限の規定にも大きな違いがある。TSU-BPO取引では，協定世界時（UTC：Coordinated Universal Time）ベースで判断され，マッチング結果は瞬時に判定される。一方請求払保証取引や信用状取引は，いずれも呈示された書類は銀行営業日／時間内に点検され，呈示後翌5銀行営業日以内に充足した呈示か否か判断する，いわゆる5daysルールが規定されている。

2．想定される電子請求払保証取引スキーム

上記の比較を通して，電子請求払保証取引を導入する際の前提条件を2つ指摘することができる。まず，TSU-BPO取引が銀行間で完結する取引であることから，電子請求払保証は専らカウンターギャランティーとなる。図表2-4のように，電子請求払保証発行銀行（BPO負担銀行）が裏保証人として，電子

図表 2-4　想定される電子請求払保証取引図

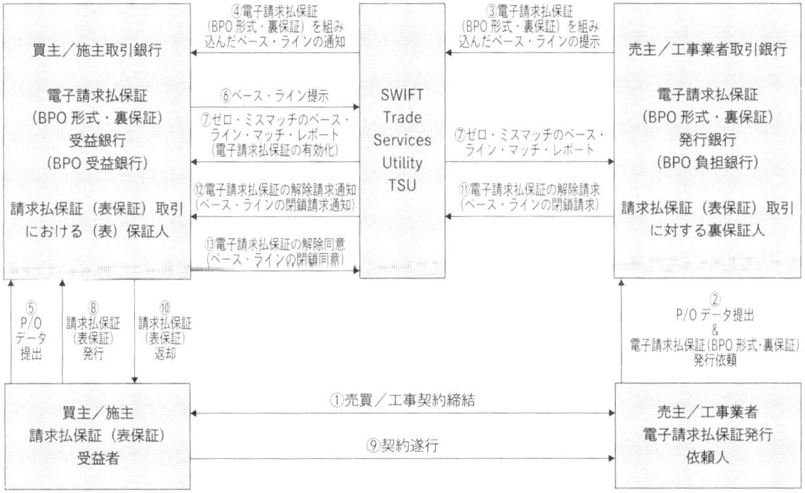
買主／施主取引銀行
電子請求払保証
（BPO形式・裏保証）
受益銀行
（BPO受益銀行）
請求払保証（表保証）取引
における（表）保証人
④電子請求払保証
（BPO形式・裏保証）を組み
込んだベース・ラインの通知
⑥ベース・ライン提示
⑦ゼロ・ミスマッチのベース・
ライン・マッチ・レポート
（電子請求払保証の有効化）
⑫電子請求払保証の解除請求通知
（ベース・ラインの閉鎖請求通知）
⑬電子請求払保証の解除同意
（ベース・ラインの閉鎖同意）
SWIFT
Trade
Services
Utility
TSU
③電子請求払保証
（BPO形式・裏保証）を組み
込んだベース・ラインの提示
⑦ゼロ・ミスマッチのベース・
ライン・マッチ・レポート
⑪電子請求払保証の解除請求
（ベース・ラインの閉鎖請求）
売主／工事業者取引銀行
電子請求払保証
（BPO形式・裏保証）
発行銀行
（BPO負担銀行）
請求払保証（表保証）取引
に対する裏保証人
⑤
P/O
データ
提出
⑧
請求払保証
（表保証）
発行
⑩
請求払保証
（表保証）
返却
②
P/Oデータ提出
&
電子請求払保証（BPO形式・裏保証）
発行依頼
買主／施主
請求払保証（表保証）
受益者
①売買／工事契約締結
⑨契約遂行
売主／工事業者
電子請求払保証発行
依頼人

出典：筆者作成

請求払保証（裏保証）を発行する。これを受けた電子請求払保証受益者（BPO受益銀行）が（表）保証人として，請求払保証（表保証）を受益者（買主／施主）宛に発行する。2つ目は，請求払保証（表保証）の受益者から請求払保証（表保証）に基づく補償履行請求があった場合，（表）保証人である電子請求払保証受益者（BPO受益銀行）が，裏保証人である電子請求払保証発行銀行（BPO負担銀行）に対し，電子請求払保証（BPO）条件通りのデータ・セットを送信することにより補償履行請求する。

3．電子請求払保証取引の効果

電子請求払保証取引の導入効果であるが，TSU-BPO取引のインフラおよびURBPO750の規定を活用することにより，請求払保証取引に係る実務的問題解決の有効なツールとなる。

(1)　カウンターギャランティー

電子請求払保証取引では，請求払保証（表保証）の内容を含む電子請求払保証の内容を，ベースラインとして売主，買主側双方の銀行からTSUに送信し，そのマッチングとベースライン確定が電子請求払保証の成立条件となる。このマッチングプロセスから，売主，買主側双方に対して電子請求払保証および請求払保証（表保証）の条件に関する意思疎通は，より不可欠なものとなり，既存の請求払保証取引対比，意思疎通を促進する効果が期待できる。

また，URBPO750では，複数のBPO負担銀行によるBPO発行が可能である旨明文化している（第9条）。このことから，BPOと同様に電子請求払保証も複数の電子請求払保証発行銀行によるシンジケーションが可能となり，巨額のプロジェクト案件等，巨額の請求払保証（表保証）発行ニーズに対して，複数の電子請求払保証発行銀行間で保証依頼人宛の与信リスクを分散させることや，取引シェアの調整を図る等，臨機応変な対応が可能になる等の効果が期待できる。

(2)　使用済み請求払保証の回収

電子請求払保証取引では，（表）保証人である電子請求払保証受益者（BPO

受益銀行）が請求払保証（表保証）を回収した後に，電子請求払保証の取消に同意する形となる。物理的に請求払保証（表保証）の回収が困難になるケースについては問題が残るものの，請求払保証（表保証）の受益者（買主）と同一国に（表）保証人が存在することで，請求払保証（表保証）の回収手続きおよび管理は，既存の書面発行される請求払保証に比べれば容易である。また（表）保証人が電子請求払保証に基づく請求払保証（表保証）を敢えて発行せず，買主との間で，①補償履行請求の意思表示を行い，②必要な請求データを提出すれば，電子請求払保証発行銀行宛の請求を行うという取り決めを交わすことが可能であれば更に効果が期待できる。

⑶　Extend or Pay への対応

Extend or Pay の問題については，原則 URBPO750 に準拠する，TSU-BPO 取引を利用することにより，現在も数多く残っている準拠規則の明示がない請求払保証取引割合を引き下げる効果が期待できる。加えて，個別の電子請求払保証条件で Extend or Pay 規定を明示すれば，より大きな効果が期待できる。

⑷　ノンドキュメンタリーコンディションおよび不当請求

輸出入取引の決済も TSU-BPO 取引で行うことにより，輸出入取引用 BPO と電子請求払保証が，同じ TSU システム上で発行されることとなる。この為，電子請求払保証の補償履行請求の条件として，当該 BPO の発行した事実を含め，その管理を行うことも可能となる。これにより，買主側の責任に帰す商取引の遅延やキャンセルにより BPO の発行が遅延または行われなかった場合，電子請求払保証は成立せず，不当請求抑止効果が期待できる。

⑸　書面での請求払保証発行

電子請求払保証は，TSU-BPO 取引のインフラを活用する為，（国境を越える）裏保証である電子請求払保証についてはペーパレス化を図ることができ，且つ（表）保証人は，裏保証の偽造変造リスクを回避でき，安全に請求払保証（表保証）を発行できる。

4．電子請求払保証に対応したBPO条件・規則・TSUシステム改訂

次に電子請求払保証として利用する為に必要なBPOの条件や規則，TSUシステムの改訂について検討したい。既存のTSU-BPO取引のインフラをそのまま活用して，電子請求払保証を発行する際には，URBPO750では不足する請求払保証関連の規定を補うために，個別の電子請求払保証（BPO）条件として明示する必要がある。その際，URDG758の規定を参考にする必要がある。主なものとして，①ノンドキュメンタリーコンディション（第7条），②採り上げられない発行依頼（第9条），③保証書金額の変動（第13条），④請求についての通報（第16条），⑤支払通貨（第21条），⑥充足した請求のコピーの伝送（第22条），⑦Extend or Pay（第23条）等が挙げられる。

しかし，個別のBPO条件で対応する場合，どうしても解釈相違等の混乱発生のリスクがあるので，長い目で見れば電子請求払保証取引に関するICC規則を整備するのが望ましい。その方法については，①次のURBPO改訂に併せて，電子請求払保証取引の機能を持たせる改訂，②次のURDG改訂に際して，既に電子呈示の規定／追補があるUCP600やISP98といったStand-by信用状の準拠規則のように，TSU-BPO取引のインフラを利用する場合の規定を追加する改訂，③URBPOやURDGとは別に，銀行以外の受益者を規定する等，より現状の請求払保証取引に近い形にした電子請求払保証取引専用規則の制定，の3つが考えられる。

加えて，TSUシステム自体についても，例えばExtend or Payに関するTSUメッセージのフォーマットの新設等，必要なTSUメッセージの追加，改訂を行えば，より円滑な電子請求払保証取引が可能となる。

5．電子請求払保証取引による請求払保証取引発展の可能性

電子請求払保証取引は，請求払保証取引の実務的な課題を解決するだけではなく，貿易代金決済電子化スキーム（事例ではTSU-BPO取引）のインフラと機能を生かすことにより，請求払保証取引自体の使途拡大や利便性向上につながる可能性がある。以下に3スキームを挙げ，電子請求払保証取引のポテンシャルの高さを指摘したい。まず，図表2-5のように，請求払保証（前受金返還保証または契約履行保証）と信用状の機能を1つの電子請求払保証兼BPO

図表 2-5　電子請求払保証兼 BPO スキーム

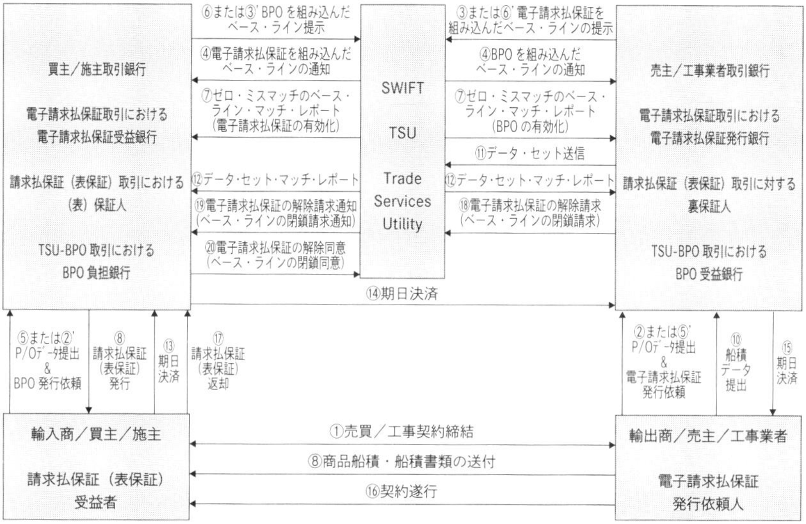

買主／施主取引銀行
電子請求払保証取引における
電子請求払保証受益銀行
請求払保証（表保証）取引における
（表）保証人
TSU-BPO 取引における
BPO 負担銀行
SWIFT
TSU
Trade Services Utility
売主／工事業者取引銀行
電子請求払保証取引における
電子請求払保証発行銀行
請求払保証（表保証）取引に対する
裏保証人
TSU-BPO 取引における
BPO 受益銀行
⑥または③' BPO を組み込んだベース・ライン提示
④電子請求払保証を組み込んだベース・ラインの通知
⑦ゼロ・ミスマッチのベース・ライン・マッチ・レポート（電子請求払保証の有効化）
⑫データ・セット・マッチ・レポート
⑲電子請求払保証の解除請求通知（ベース・ラインの閉鎖請求通知）
⑳電子請求払保証の解除同意（ベース・ラインの閉鎖同意）
③または⑥' 電子請求払保証を組み込んだベース・ラインの提示
④BPO を組み込んだベース・ラインの通知
⑦ゼロ・ミスマッチのベース・ライン・マッチ・レポート（BPO の有効化）
⑪データ・セット送信
⑫データ・セット・マッチ・レポート
⑱電子請求払保証の解除請求（ベース・ラインの閉鎖請求）
⑭期日決済
⑤または②' P/Oデータ提出 & BPO 発行依頼
⑧請求払保証（表保証）発行
⑬期日決済
⑰請求払保証（表保証）返却
②または⑤' P/Oデータ提出 & 電子請求払保証発行依頼
⑩船積データ提出
⑮期日決済
輸入商／買主／施主
請求払保証（表保証）受益者
輸出商／売主／工事業者
電子請求払保証発行依頼人
①売買／工事契約締結
⑧商品船積・船積書類の送付
⑯契約遂行

出典：筆者作成

にまとめ，売主／買主側銀行が，それぞれ電子請求払保証発行銀行／BPO 負担銀行として支払確約を行うことにより，従来個々に行われていた請求払保証および信用状取引の一本化が可能になる。この際，同一銀行の本国拠点および海外拠点が売主・買主双方と取引することで，1つの銀行が売主・買主双方に対して，貿易金融サービス全体を一貫して提供することも可能となる。

2つ目は，売主が集荷資金を調達する際の担保目的に発行される請求払保証と，信用状を包含した電子請求払保証兼 BPO を発行するスキームで，過去発行されていたレッドクローズ信用状のような機能を果たすことが可能である。これにより，買主は必要に応じて，親密な売主や重要な売主に対して，売主側銀行を通して船積前金融の支援を行うことが可能となる。

3つ目は，海外子会社に対する母社貸付に電子請求払保証取引を利用するスキームである。母社貸付の実施に先行して電子請求払保証を担保に，現地銀行（電子請求払保証受益銀行）から子会社への貸し出しを行わせ，金利，為替相場状況や，母社の資金調達スケジュールに合わせて，後日現地銀行に対して支払（返済）を行う。これにより母社，子会社双方の銀行与信額（請求払保証発行額，借入額）を必要最小限とすることで金融コスト削減が期待できる。

貿易代金決済電子化スキーム（事例ではTSU-BPO取引）は，売主・買主にとり書類点検業務からの解放と，取引のスピードアップ化という直接的なメリットの他，貿易手続き全体電子化推進に大きく貢献できるスキームである。また，銀行にとっても顧客の商取引情報を把握し，その与信管理に利用できるというメリットも非常に大きい。貿易代金決済電子化スキーム（事例ではTSU-BPO取引）普及策の1つとして，請求払保証取引にこれを活用することは，その普及の一助に留まらない。既存の請求払保証取引に残る実務的な課題の解決のみならず，新しい貿易金融サービスの開発等，請求払保証取引およびTSU-BPO取引双方の，利用方法拡大と利便性向上に資すると考える。

第3節　国内取引への応用

Ⅰ．国内商取引への利用事例

1．国内BPO発行事例

2015年4月にChina Merchants Bankが，TSU-BPO取引を始めて国内商取引に利用したと報告した[5)]。同行は，中国のイースト菌メーカーである，Angel Yeast Co. Ltd.と，中国国内（揚子江および珠江デルタ地域，渤海湾岸）販売先との国内取引にTSU-BPO取引を活用した（図表2-6参照）。URBPO750第5条後段では，「参加銀行の，異なる国に所在する支店は，別個の銀行と解される」と規定され，同一国内の支店は同一銀行と解釈する。これはUCP600（第3条5段），URDG758（第3条a項）と同様の規定であり，平仄を併せた規定である。本取引事例では，同一国内，同一銀行の2支店（YichangおよびWuhan支店）がBPO負担銀行およびBPO受益銀行となっている為，本条を修正して，TSU-BPO取引を実施しているものと思われる[6)]。

図表 2-6　国内商取引への活用事例

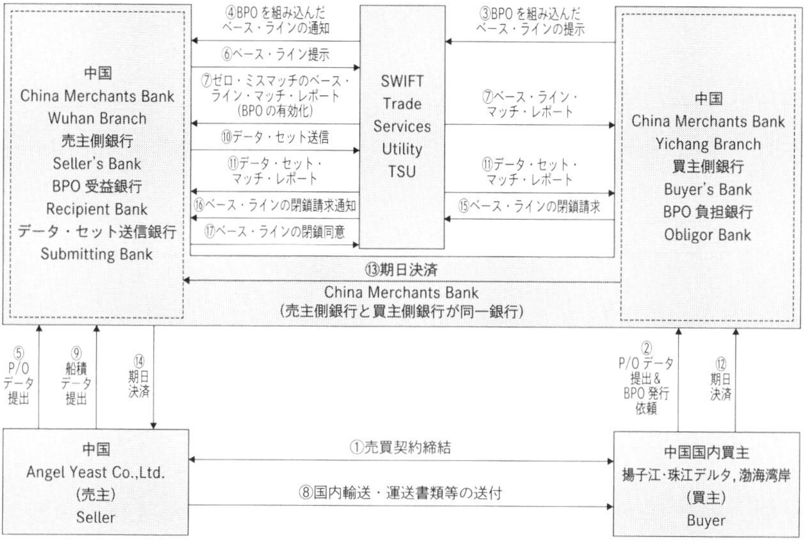
中国
China Merchants Bank
Wuhan Branch
売主側銀行
Seller's Bank
BPO 受益銀行
Recipient Bank
データ・セット送信銀行
Submitting Bank
④BPO を組み込んだベース・ラインの通知
⑥ベース・ライン提示
⑦ゼロ・ミスマッチのベース・ライン・マッチ・レポート(BPO の有効化)
⑩データ・セット送信
⑪データ・セット・マッチ・レポート
⑯ベース・ラインの閉鎖請求通知
⑰ベース・ラインの閉鎖同意
SWIFT
Trade
Services
Utility
TSU
③BPO を組み込んだベース・ラインの提示
⑦ベース・ライン・マッチ・レポート
⑪データ・セット・マッチ・レポート
⑮ベース・ラインの閉鎖請求
中国
China Merchants Bank
Yichang Branch
買主側銀行
Buyer's Bank
BPO 負担銀行
Obligor Bank
⑬期日決済
China Merchants Bank
(売主側銀行と買主側銀行が同一銀行)
⑤P/O データ提出
⑨船積データ提出
⑭期日決済
②P/O データ提出＆BPO 発行依頼
⑫期日決済
中国
Angel Yeast Co.,Ltd.
(売主)
Seller
①売買契約締結
⑧国内輸送・運送書類等の送付
中国国内買主
揚子江・珠江デルタ, 渤海湾岸
(買主)
Buyer

出典：SWIFT, China Merchants Bank 報告資料5) を基に筆者作成

Ⅱ．NACCS との連携

1．NACCS 連携強化による担保・保証に依存しない貸出スキームの実現

(1)　貿易金融に対する与信管理能力向上策

金融庁が企図する「事業性評価に基づく融資」,「担保・保証に依存しない融資」の推進を行う為に必要な貿易金融の与信管理能力向上策として，①信用状付輸出手形買取時の，信用状発行銀行の信用リスク，カントリーリスクの管理（森山 2009）7)，②顧客企業の事業内容把握や，金融機関の内部管理体制整備（井上 2010）8)，③中小金融機関による顧客企業との関係性重視（高砂・本多 2011）9) が指摘されている。これらの内，②では，貿易金融における荷物の存在の重要性から，「物流面からの事後チェックの必要性」が指摘されており，本節では，これを更に進めて NACCS と連携を強化することにより，実現可能と考えられる与信取引スキームを２つ提言したい。１つ目は，既存の貿易与信取引への NACCS 物流情報活用による与信管理高度化により，既存の貿易金融

取引の，「事業性評価に基づく貿易金融取引」，「担保・保証に依存しない貿易金融取引」推進策であり，２つ目は，従来行われてきた関税延納手続きに代わる「関税ユーザンス」取引スキームの開発による，事業性評価に基づく融資増強策である。

(2)　NACCS 物流情報等の活用による担保・保証に依存しない貸出スキームの実現

輸出手形買取や輸入ユーザンス等の，既存の貿易金融取引では，顧客企業の取扱商品を動産担保／譲渡担保として取り扱うが，従来担保物件となる輸出入商品の物流情報－所謂「商流」をリアルタイムで把握できないという，与信管理上の大きな弱点であった。この点は，先行研究（井上 2010）で指摘されており，金融機関側も通関情報の活用が貿易金融取引の与信管理上有益であると認識はしていたものの，通関情報の具体的な共有方法の検討まで進まず，その活用は現在まで進んでいない。

この為，「商流」の把握が必要不可欠な，低い債務者評価の顧客企業へ貿易金融取引を実行する場合，図表2-7のような管理票を作成し，顧客企業の商取引スケジュールを予め届出させた上，実際の与信取引の実行時期を記入，検証し，取引の異常値，例えば商取引の遅れ等の早期発見が可能な体制を作った。しかし，これらは必然的にマニュアルで情報管理を行う必要もあり管理上大変煩雑であった。

加えて，担保物件である輸出入商品が，善意の第三者に譲渡される，金融機関は当該第三者に対して担保権の行使ができないという，譲渡担保特有の問題[10]もあり，実際の担保物件処分に当たって，その所在が最悪不明となるケースがある等，実務上の困難が伴った[11]。この為，多くの金融機関では，事実上，顧客企業の取扱商品を確保する努力をせずに，別途担保や保証を徴求することで，貿易金融取引を実行しようする傾向があった。

一方で，NACCS に集中されている情報は，金融機関にとってリアルタイムで担保荷物の所在を確認できないという点を克服できる極めて有益な情報である。そこで，NACCS 上の物流情報等を顧客企業並びに，税関当局を始めとした貿易取引の関係当事者に同意を取得した上で，貿易金融取引を実行する金融

図表 2-7　輸入与信申込書（兼輸入金融与信管理表）の事例

○○銀行御中
年　月　日
輸入与信取引申込書
輸入金額
輸入商品販売先
輸入商品名
輸入商品数量
お名前
顧客企業名
顧客企業取引印
輸入商取引スケジュール
銀行使用欄
輸入金融実行日
検印
1．契約締結日
年　月　日
1．信用状発行日
年　月　日
与信管理担当者確認印
2．船積予定日
年　月　日
2．引取保証実行日
年　月　日
与信管理担当者確認印
3．陸揚予定日
年　月　日
3．輸入書類到着日
年　月　日
与信管理担当者確認印
4．販売先納入予定日
年　月　日
4．輸入ユーザンス取組日
年　月　日
与信管理担当者確認印
5．代金回収日・方法
年　月　日
5．輸入ユーザンス決済日
年　月　日
与信管理担当者確認印
太枠内にご記入ください
チェックポイント
契約日と信用状発行日にズレがないか確認
陸揚予定日（≒輸入通関予定日）と引取保証発行日、輸入ユーザンス取組み日にズレがないか確認
販売先からの代金（≒輸入与信取引の決済資金）回収状況の管理

出典：過去の取引事例から筆者作成

機関に開放することを提言したい。これによって，貿易金融取引の与信判断を，主に「商流」，つまり顧客企業の「事業性評価」により判断することが可能となる。これにより，貿易金融取引に関しては，金融庁の企図する担保・保証に依存しない貿易金融取引がより取り組みやすくなるものと期待される。

更に，従来の貿易金融取引は，基本的に信用状取引に代表される，荷為替手形取引をベースとしていた。これは，荷為替手形に含まれる各種貿易書類上に記載された取引データが，与信判断に活用できる一方で，貿易書類の提示がない送金取引では，金融機関が直接顧客企業の商取引データを入手できないことから，一部の高い債務者評価をされた顧客企業を除いて，貿易金融取引（送金取引資金の貸出—所謂送金ユーザンス）の対象になりにくかったという背景がある。しかし，NACCSの情報は決済方法の如何によらず全ての貿易取引を網羅するので，個の情報を活用することによって，荷為替手形取引だけではなく，送金ユーザンスを本格的に取り組むことも可能となる。これにより貿易金融取引の対象拡大（荷為替手形取引から送金取引への対象拡大）も期待できる。

(3)　関税ユーザンスによる「事業性評価に基づく融資」増強

次に，従来関税延納手続き[12]を行う際，金融機関は税関宛に専ら関税延納保証を発行するのみであった。これに伴い，金融機関は輸入企業の安定的な資金ニーズである関税納付資金に対して紐付きで貸出を行うことはなく，結果として貸出機会を逸していたといえる。全関税納付額の内，関税延納制度を活用している割合は公表されていない為，詳細な資金需要金額は不明であるが，仮に全ての関税が延納手続きされたと仮定すると，関税延納期間が通常３か月であることと，2020 年度の関税納付額が 756,018 百万円[13]であることを考慮すれば，想定される潜在的資金需要は最大 189,005 百万円となる。これは貸出残高で，下位の第二地方銀行若しくは中堅信用金庫の貸出残高に匹敵する規模であり，無視できない規模といえる。

よって，図表 2-8 のような，NACCS の情報に基づき，地域金融機関から，地元税関に関税納付額そのものを直接立替える，「関税ユーザンス」のスキー

図表 2-8　関税ユーザンス想定図

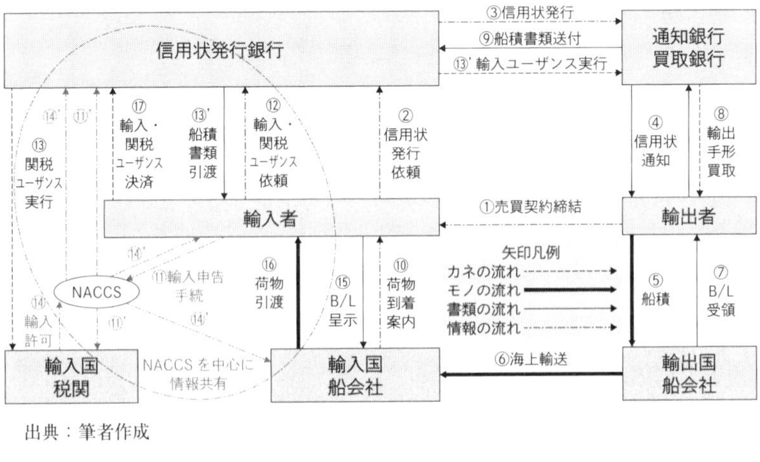

信用状発行銀行
通知銀行
買取銀行
③信用状発行
⑨船積書類送付
⑬' 輸入ユーザンス実行
⑭'
⑪'
⑬
関税
ユーザンス
実行
⑰
輸入・
関税
ユーザンス
決済
⑬'
船積
書類
引渡
⑫
輸入・
関税
ユーザンス
依頼
②
信用状
発行
依頼
④
信用状
通知
⑧
輸出
手形
買取
①売買契約締結
輸入者
輸出者
⑭'
⑪輸入申告
手続
⑭'
NACCS
⑭
輸入
許可
⑪'
⑯
荷物
引渡
⑮
B/L
呈示
⑩
荷物
到着
案内
矢印凡例
カネの流れ
モノの流れ
書類の流れ
情報の流れ
⑤
船積
⑦
B/L
受領
⑥海上輸送
輸入国
税関
NACCS を中心に
情報共有
輸入国
船会社
輸出国
船会社

出典：筆者作成

ムをシステム構築できれば，輸入ユーザンス取引等の貿易金融取引同様に，地域金融機関にとって，「事業性評価に基づく貸出」機会の増強に資すると思われる。

(4) 貿易代金決済電子化との関連

ここで採り上げた「関税ユーザンス」は，信用状取引をベースに想定しているが，NACCSとの連携は，荷為替手形取引より貿易代金決済電子化スキームの方が，より親和性が高いと考えられる。例えば，関税延納保証を国内TSU-BPO取引で対応することや，信用状取引をTSU-BPO取引等，貿易代金決済電子化スキームに代替することは，何ら制限はない。現にTSU-BPO取引の後継スキームでNACCS等各国の税関システムとの連携が試行されている[14]。

(5) NACCSとの連携強化の意義

地方創生，一億総活躍社会の実現は，わが国の港湾機能の発展や，SCM等物流の高度化にとっても真に必要な施策と考えられる。その中で，地域金融機関に期待される役割は大きなものであり，「事業性評価に基づく貸出」増強を図る意義は大きい。しかし，一方で与信取引を行う以上，銀行も徒に与信規定の緩和による安易な貸出はできない。このような状況下で，NACCSとの連携強化の実現によるスムーズな金融仲介機能（=「事業性評価に基づく貸出」）を発揮することは，この困難な問題に対する簡便且つ有効な解決方法として更に検討していく必要があると考える。

注

1）SWIFT, Vale International S.A., The Bank of Tokyo Mitsubishi UFJ, Ltd., "Trade Services Utility (TSU) Bank Payment Obligation (BPO) Case Study - First Forfaiting on TSU/BPO in the world", MUFG HP (https://www.bk.mufg.jp/global/newsroom/featuredarticle/pdf/trade_case_study_vale_bank_of_tokyo_mitsubishi.pdf, as of January 31, 2022).

2）高柳一男（1992）「ICC URDGの成立過程と今後の対応について」『ICC請求払保証に関する統一規則』国際商業会議所日本委員会，61-90頁。

3）藤井俊正（2008）「イラク未回収ボンド（銀行保証状）問題総括報告」日本機械輸出組合『JMCジャーナル』56巻8号，53-56頁。

4）柴崎暁（2000）「ディマンド・ギャランティーまたはスタンドバイ信用状における "extend or pay" による請求と発行委託契約の機能」『山形大学法政論叢』19号，1-67頁。

5）SWIFT, "Case Study Inaugural BPO Transaction by China Merchants Bank".

6）URBPO750 第5条後段「参加銀行の異なる国に所在する支店は，別個の銀行と解される。」の規定をそのまま適用すれば，同一国内の支店は同一銀行と解され，BPO 負担銀行と BPO 受益銀行が同一銀行となる。しかし第2条 a 項「本規則は，確定済ベースラインまたは別個の契約によって明示的に修正または除外されない限り，参加銀行を拘束する。」の規定により，同一国内支店が別個の銀行として取り扱うという BPO 条件による明示的修正が加えられているものと推測されている。

7）森山佳夫（2009）「信用状付荷為替手形の決済リスク評価に基づく輸出与信戦略の見直し」『国際商取引学会年報』第11号，155-172頁。

8）井上泰伸（2010）「貿易金融の事例検証と銀行の与信管理」『国際商取引学会年報』第12号，99-109頁。

9）高砂謙二・本多康作（2011）「中小企業の効率的な国際化と金融機関選択に関する一考察―発話行為論の観点から見た中小金融機関とメガバンクにおける与信審査条件の相違―」『国際商取引学会年報』第13号，34-46頁。

10）民法の譲渡担保に関する根拠条文として，662条（寄託者による返還請求）「当事者が寄託物の返還の時期を定めたときであっても，寄託者は，いつでもその返還を請求することができる」および，466条（債権の譲渡性）「債権は，譲り渡すことができる。ただし，その性質がこれを許さないときは，この限りでない。2　前項の規定は，当事者が反対の意思を表示した場合には，適用しない。ただし，その意思表示は，善意の第三者に対抗することができない」が挙げられる。

11）平野英則（2008）「外為法務入門講座（第43-45回）輸入担保荷物の貸渡し（その1-3）」『銀行法務21』734，737-738号，各66-71頁。

12）関税の延納手続きおよび，関税延納保証については，以下を参照，
税関「1302 関税等の納期限延長制度の概要（カスタムスアンサー）」税関 HP（https://www.customs.go.jp/tetsuzuki/c-answer/imtsukan/1302_jr.htm，最終閲覧日：2022年1月31日）。

13）財務省統計表一覧「令和2年度　3年3月末租税及び印紙収入，収入額調」財務省 HP（https://www.mof.go.jp/tax_policy/reference/taxes_and_stamp_revenues/202103.pdf，最終閲覧日：2022年1月31日）。

14）わが国の TSU-BPO 取引後継スキームの1つ，株式会社トレードワルツの運営する貿易プラットフォーム「TradeWaltz®」においても，NACCS との連携が予定されている。㈱トレードワルツ HP（https://www.tradewaltz.com/ecosystem/，最終閲覧日：2022年1月31日）。

参考文献

ICC (2014), "The ICC Guide to the Uniform Rules for Bank Payment Obligations".

石原伸志・小林二三夫・佐藤武男・吉永恵一（2014）『新貿易取引―基礎から最新情報まで』経済法令研究会。

釜井大介（2013）「BPO 統一規則（URBPO）の概要」『金融法務事情』No. 1974。

釜井大介（2014）「貿易データマッチング基盤への参加により最短3日で決済可能に」『金融財政事情』2014年7月21日号。

釜井大介（2015）「BPO 発展に向けた実務面からの考察―商品性，リスクおよびその発展性について―」『金融法務事情』2016号。

中島真志（2009）『SWIFT のすべて』，東洋経済新報社。

中村中・佐藤武男（2013）『貿易電子化で変わる中小企業の海外進出』中央経済社。

西口博之（2013）「貿易取引の変化と代金決済方法の多様化―ICC による銀行支払保証統一規則

URBPO750に関連して」『NBL』1015号。
西口博之（2013）「新しい貿易金融サービス―SWIFT/ICCによる電子信用状の行方―」『国際金融』1250号，外国為替貿易研究会，66-73頁。
橋本喜一（2010）『銀行保証状論』中央公論事業出版。
橋本喜一（2015）『荷為替信用状・スタンドバイ信用状各論』九州大学出版会。
檜垣拓也（2013）「L/Cに代わるTSU/BPOの動向，有効性，並びに推進課題の考察」『国際商取引学会年報』第15号，34-47頁。
檜垣拓也（2013）「「銀行支払確約」付TSUの仕組み・現状とSME利用への考察」，『国際金融』1249号，外国為替貿易研究会，74-81頁。
檜垣拓也（2014）「TSU/BPO取引の概要と「銀行支払確約に関する統一規則」」『国際商事法務』Vol. 42, No. 1（通巻619号），国際商事法務研究所，49-60頁。
檜垣拓也（2015）「ICCによる銀行支払確約に関する統一規則（URBPO）の特徴とその推進」『国際商事法務』Vol. 43, No. 1。

第3章
貿易代金決済電子化の推進体制

本章では，貿易代金決済電子化の推進体制について提言したい。TSU-BPO取引は，信用状取引等既存の貿易金融に比べ，与信管理面で難点がある。TSU-BPO取引を代表とする貿易代金決済電子化を推進する為には，その顧客セグメントを，中小企業まで拡大する必要性がある。第1節では，与信管理上の弱点を補強する為に，海上運送状の活用を提言したい。第2節では，中小企業宛の与信取引を得意とする地域金融と，大手金融機関間の外為事務委託を参考に，貿易代金決済電子化推進策を提言したい。第3節では，更にこれを進めて貿易金融共通インフラ設立を提言したい。

第1節　与信上の課題

I．中小企業への拡大の必要性

本節では，主として中小企業に対する銀行側における与信管理の観点から，貿易代金決済電子化スキーム（事例ではTSU-BPO取引）上で貿易金融を行う上での問題点をいくつか指摘し，TSU-BPO取引および信用状取引に内包される与信リスクを比較したい。次に，この与信リスクを適切に管理する為のツールとして運送書類，中でも海上運送状（Sea-Waybill：SWB）を活用することに着目し，TSU-BPO取引を行う際の与信リスクを低減させることにより，TSU-BPO取引推進のインセンティブを銀行に与え，これを大企業に留まらず中小企業も含めた汎用性の高い貿易代金決済方法に成長させる為の利用促進策を提言したい。

図表 3-1　TSU-BPO 取引採用状況（2016 年 7 月現在）

項目	2016 年 7 月	2015 年 8 月	2015 年 4 月	2014 年 11 月	2014 年 9 月	2014 年 4 月	2013 年 4 月
BPO 利用銀行グループ数	21	20	19	16	13	8	5
BPO 利用企業数	60+	50+	50+	45	35	25	非公表
BPO 利用テスト中の銀行グループ数	22	21	19	15	16	16	11
TSU 接続銀行グループ数	80	82	83	81	84	83	82
TSU 接続 BIC8（SWIFT アドレス）数	194	183	178	168	169	152	131
TSU 接続 BIC8,11（SWIFT アドレス）数	290+	281	271	256	253	235	204
TSU 接続国数	51	47	47	47	48	47	43

注：BIC8 銀行本店および主要海外支店の数，BIC11 はこれに加えその他の支店数も含む
出典：SWIFT 資料[1] より筆者作成

図表 3-2　複数の BIC8 で TSU-BPO 取引が可能な銀行グループ（2016 年 7 月現在）

銀行グループ名	BIC 数	BIC 所在国　（内）：BIC が複数ある国
Bank of Tokyo Mitsubishi	25	AE, AR, AU, BE, BR, CL, CN(2), DE, FR, GB, HK, ID, JP, KR, MY, PH, PK, SG, TH(2), TW, US, VN(2)
Standard Chartered Bank	22	AE, CN, GB, GH, HK, ID, IN, JP, KE, LK, MY, NG, OM, PH, PK, QA, SG, TH, TW, US, VN, ZA
HSBC	12	AE, AU, CN, GB(2), HK(2), JP, KW, OM, QA, SG
BNP Paribas	9	BE, DE, FR, HK, IT, QA, SG, TR, NL
UniCredit	8	AT, BG, DE, HK, HR, IT, RO, SG
National Australia Bank	7	AU, CN(2), HK, IN, JP, SG
ANZ	5	AU, CN, GB, HK, SG
Bank of America	5	GB, HK, SG, US(2)
Commerzbank	5	AT, BE, DE, GB, NL
Bank of China	4	BR, CN, HK, US
CIMB Bank	4	ID, MY, SG, TH
Deutsche Bank	4	DE, GB, SG, US
J.P. Morgan	4	GB, HK, SG, US
Maybank	3	CN, MY, SG
Mizuho	3	HK, JP, SG
Qatar National Bank	3	GB, QA, SG
Bangkok Bank	2	TH, ID
Citi	2	HK, US
First Gulf Bank	2	AE, SG
National Bank of Greece	2	GR, TR
Rand Merchant Bank	2	IN, ZA
RHB Bank	2	MY, SG
SMBC	2	JP, SG
Westpac Banking Corporation	2	AU, SG
小計	139	
総計	194	
BIC 一つの金融機関数	55	

注：上記銀行グループの他に利用銀行グループ（BIC8 一つ）が 8 グループある。国名表示は，SWIFT の採用する 2 桁の国コード（ISO 3166 規格）による
出典：SWIFT 資料[1] より筆者作成

図表 3-3　国別 TSU-BPO 取引対応 BIC8 数（2016 年 7 月現在）

地域				BIC 数				
	国			地域別	国別	内本邦３メガバンク		
		コード	国数			MUFJ	MIZUHO	SMBC
Ameicas	United States	US	6	18	9	1		
	Brazil	BR			4	1		
	Argentina	AR			2	1		
	Canada	CA			1			
	Chile	CL			1	1		
	Peru	PE			1			
Asia	China	CN	14	94	19	2		
	Hong Kong	HK			13	1	1	
	Singapore	SG			18	1	1	1
	Thailand	TH			7	2		
	Japan	JP			6	1	1	1
	Australia	AU			5	1		
	Indonesia	ID			5	1		
	Malaysia	MY			5	1		
	India	IN			4			
	South Korea	KR			4	1		
	Vietnam	VN			3	2		
	Philippines	PH			2	1		
	Taiwan	TW			2	1		
	Sri Lanka	LK			1			
EMEA	United Kingdom	GB	31	82	11	1		
	United Arab Emirates	AE			6	1		
	Germany	DE			6	1		
	Italy	IT			6			
	Spain	ES			5			
	France	FR			5	1		
	Qatar	QA			5			
	Turkey	TR			5			
	Belgium	BE			3	1		
	Netherlands	NL			3			
	South Africa	ZA			3			
	Austria	AT			2			
	Oman	OM			2			
	Pakistan	PK			2	1		
	Sweden	SE			2			
	Bulgaria	BG			1			
	Switzerland	CH			1			
	Denmark	DK			1			
	Finland	FI			1			
	Ghana	GH			1			
	Greece	GR			1			
	Croatia	HR			1			
	Jordan	JO			1			
	Kenya	KE			1			
	Kuwait	KW			1			
	Lebanon	LB			1			
	Morocco	MA			1			
	Nigeria	NG			1			
	Romania	RO			1			
	Saudi Arabia	SA			1			
	Slovenia	SI			1			
合計			51	194		25	3	2

注：BIC 数合計は図表 3-1，2 のものと誤差がある
出典：SWIFT 資料[1)] より筆者作成

1．TSU-BPO 取引の導入状況

2013年7月のURBPO750発効から3年が経過した，2016年7月時点で，世界の貿易金融メッセージ取扱件数上位15行の中の6行を含む，21の銀行がTSU-BPO取引を利用し，その利用可能地域も，欧州，米州，日本を含むアジア，中近東に51か国にまで拡大を見せ，揺籃期から実用段階に進んできた[1]（図表3-1～3参照）。

2．TSU-BPO 取引の主要な採用事例

SWIFTはTSU-BPO取引の構想段階から，これを単なる荷為替手形を電子化することによる，信用状取引の代替決済方法とは位置づけてはおらず，信用状取引は勿論のこと，送金取引とも異なる第3の決済方法として位置づけていた。

その目的は，銀行の関与する部分が，資金決済の部分に限定される送金取引では，輸出入契約内容や荷物船積情報を始めとする，銀行にとって有益な顧客情報が得られないため，信用状取引における書類のように，TSU-BPO取引ではデータの形でこれら顧客情報を入手し，銀行の営業推進や与信管理に活用しようというものである。

TSU-BPO取引の主な取引事例は，図表3-4の通りであるが，SWIFTの意図通り，単に信用状取引を代替するに留まらず，送金取引の代替，国内取引への適用，フォーフェイティングとの融合スキームや，中小企業宛TSU-BPO取引等，広がりを見せていた。

3．中小企業宛 TSU-BPO 取引の取引事例

ここで，2014年10月にCommerzbank（ドイツ）が発表した，中小企業宛TSU-BPO取引の取引事例について紹介したい[2]。同行はその取引先である，同国の中小企業Polytrade GMBHが，タイのPTT Polymer Marketing Company Ltd.から，ポリマー化学製品およびその添加物の輸入案件に対し，BPOを発行するBPO負担銀行として参加した（図表3-5参照）。

Commerzbankによれば，本取引を通じて，①取引の迅速化，②支払の保証，③金融コスト削減，④参加銀行のTSU-BPO取引実務習熟，といった効

図表 3-4　主要な TSU-BPO 取引事例（2007～15 年）

発表時期		案件内容	参加銀行
2007年8月		送金取引の TSU 切替案件を成約 世界初の TSU 取引（BPO なし）	J.P. Morgan Chase Bank
2007年9月	◎	イトーヨーカ堂の中国輸入案件に対する TSU 取引開始 アジア初の TSU 取引（BPO なし）	三菱東京 UFJ 銀行
2011年9月		ICC と SWIFT による BPO に関する新規則起草の発表	
2012年5月		BP Aromatics Limited（ベルギー）と OCTAL 社（オマーン）への輸出取引で，TSU 決済実行	Standard Chartered Bank
2012年12月	◎	PTT Polymer Marketing 社（タイ）が石油製品輸出案件で東南アジア初の BPO 取引を実施	Siam Commercial Bank
2013年7月		URBPO750 の発効	
2013年7月	◎	Vale International S.A.（スイス）と中国輸入者間の BPO 取引に対してフォーフェイティングを実施	三菱東京 UFJ 銀行 シンガポール，バンコク支店
2014年5月		BP Aromatics Limited（ベルギー）と Köksan 社（トルコ）間の欧州初の multi-bank BPO	Türkiye İş Bankasi BNP Paribas Fortis
2014年7月		CIMB Bank（マレーシア）によるマレーシア初の multi-bank BPO	ANZ CIMB Bank
2014年7月		COFCO International 社（中国）による東南アジアからの穀物（米）調達案件	China CITIC Bank CIMB Bank
2014年9月		Cargill 社による穀物調達案件	
2014年10月	◎	Commerzbank（ドイツ）によるドイツ初の中小企業（Polytrade GMBH）向け BPO 取引（タイ PTT Polymer Marketing Company Ltd. からのポリマー化学製品，添加物輸入案件）	Commerzbank Bangkok Bank
2015年3月		イタリア初の OA 取引の切替案件成約（イタリア SPIG S.p.A. 社からドイツ向け冷却塔輸出案件）	UniCredit UniCredit ドイツ拠点
2015年4月	◎	中国国内で初の国内 TSU-BPO 取引成約	China Merchants Bank Wuhan Branch BPO 受益銀行 Yichang Branch BPO 負担銀行
2015年4月	◎	中国向け豪州産鉄鉱石輸出案件に，essDOCS 社の提供する電子船積書類（CargoDocs）と共に利用	ANZ Westpac
2015年8月		中近東向け自動車輸出案件で，貿易手続きの完全電子取引を達成	Standard Chartered Bank

◎ 本論文で紹介した事例

出典：SWIFT・各銀行資料より筆者作成

図表 3-5　Polytrade GMBH のタイ輸入案件

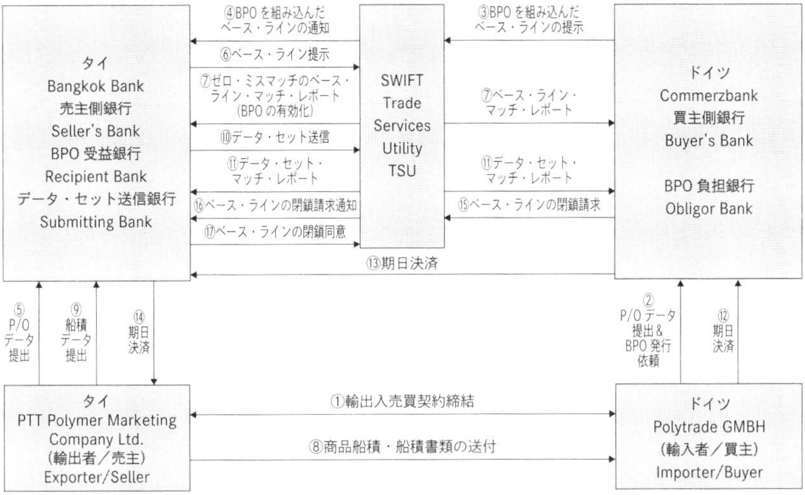
④BPO を組み込んだ ベース・ラインの通知
③BPO を組み込んだ ベース・ラインの提示
⑥ベース・ライン提示
タイ
Bangkok Bank
売主側銀行
Seller's Bank
BPO 受益銀行
Recipient Bank
データ・セット送信銀行
Submitting Bank
⑦ゼロ・ミスマッチのベース・ライン・マッチ・レポート (BPO の有効化)
SWIFT
Trade
Services
Utility
TSU
⑦ベース・ライン・マッチ・レポート
ドイツ
Commerzbank
買主側銀行
Buyer's Bank
BPO 負担銀行
Obligor Bank
⑩データ・セット送信
⑪データ・セット・マッチ・レポート
⑪データ・セット・マッチ・レポート
⑯ベース・ラインの閉鎖請求通知
⑮ベース・ラインの閉鎖請求
⑰ベース・ラインの閉鎖同意
⑬期日決済
⑤ P/O データ提出
⑨ 船積データ提出
⑭ 期日決済
② P/O データ提出& BPO 発行依頼
⑫ 期日決済
タイ
PTT Polymer Marketing Company Ltd.
(輸出者／売主)
Exporter/Seller
①輸出入売買契約締結
⑧商品船積・船積書類の送付
ドイツ
Polytrade GMBH
(輸入者／買主)
Importer/Buyer

出典：SWIFT・Commerzbank 資料[2] より筆者作成

果があり，Polytrade 社の輸入決済に係る支払手続き最適化が達成された。更に，Polytrade 社は，他行（UniCredit）とも積極的に TSU-BPO 取引を開始する方針であると伝えられた。

4．電子船荷証券を利用した TSU-BPO 取引事例

また，TSU-BPO 取引に係る新しいスキームとして，essDOCS 社による，CargoDocs Bank Payment Obligation の取引事例を紹介したい[3]。2005 年に設立された米国のベンチャー企業である同社は，輸出入者および運送人双方のユーザーに対して，船積データおよび荷物引渡指図の送信を，同社が運用する CargoDocs システムを通して行うことにより，船荷証券を始めとする貿易書類の電子化プロジェクトを試行している。また図表 3-6 の通り 2015 年 4 月にオーストラリアから中国向けの鉄鉱石輸出案件で，BHP Billiton（売主），Westpac（BPO 受益銀行），Cargill（買主），ANZ（BPO 負担銀行）による TSU-BPO 取引に初めて利用された。

図表 3-6　essDOCS 社による CargoDocs Bank Payment Obligation 取引事例

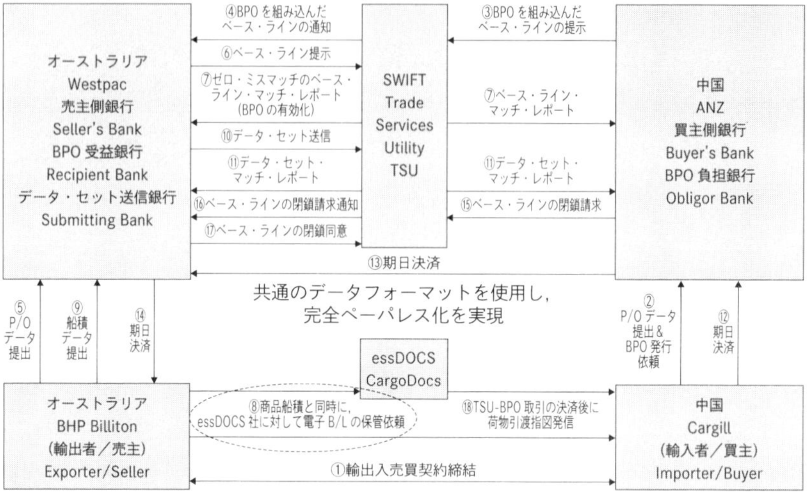
オーストラリア
Westpac
売主側銀行
Seller's Bank
BPO 受益銀行
Recipient Bank
データ・セット送信銀行
Submitting Bank
④BPO を組み込んだ ベース・ラインの通知
⑥ベース・ライン提示
⑦ゼロ・ミスマッチのベース・ライン・マッチ・レポート (BPO の有効化)
⑩データ・セット送信
⑪データ・セット・マッチ・レポート
⑯ベース・ラインの閉鎖請求通知
⑰ベース・ラインの閉鎖同意
SWIFT
Trade
Services
Utility
TSU
③BPO を組み込んだ ベース・ラインの提示
⑦ベース・ライン・マッチ・レポート
⑪データ・セット・マッチ・レポート
⑮ベース・ラインの閉鎖請求
中国
ANZ
買主側銀行
Buyer's Bank
BPO 負担銀行
Obligor Bank
⑬期日決済
⑤ P/O データ 提出
⑨ 船積 データ 提出
⑭ 期日 決済
共通のデータフォーマットを使用し，完全ペーパレス化を実現
② P/O データ 提出＆ BPO 発行 依頼
⑫ 期日 決済
essDOCS
CargoDocs
オーストラリア
BHP Billiton
(輸出者／売主)
Exporter/Seller
⑧商品船積と同時に，essDOCS 社に対して電子 B/L の保管依頼
⑱TSU-BPO 取引の決済後に 荷物引渡指図発信
中国
Cargill
(輸入者／買主)
Importer/Buyer
①輸出入売買契約締結

出典：SWIFT・essDOCS 社資料3)より筆者作成

5．TSU-BPO 取引の浸透度合

一方，図表 3-7 の通り SWIFT そのものにアクセスする金融機関等のメンバーが全体で 2,421 行（社），ライブユーザー数が 11,642 であるのに対し，TSU-BPO 取引を行う銀行グループは 21 行，BIC 数も 290 程度であり少数であった。また，TSU-BPO 取引の利用企業も BP 社，CARGILL 社等の大手企業が中心であり，一部の大手金融機関グループが，それぞれの主要顧客である大手企業宛に，カスタムメイド化されたスキームを開発して提案されている様子が窺える。そんな中，中小企業を主な対象とした TSU-BPO 取引事例は，前述の Commerzbank のケースがあるのみであり，加えて Polytrade 社自体も，企業業績等のディスクローズはなされていないものの，広く中国，ロシア，中央アジア，東欧，南米等に多数営業拠点を展開していることから，中堅以上の企業であると推測され，典型的な中小企業とは言い難い点もある[4]。

このことから，TSU-BPO 取引は，既存の決済方法に比肩する，広く中小企業も利用する，汎用性の高い決済方法に成長しているとは，現状言い難い。この原因として TSU-BPO 取引自体の認知が進んでいないことに加えて，TSU

図表 3-7　SWIFT ユーザー数（2021 年 12 月 31 日）

ライブ稼働（国）	200
ライブ稼働（メンバー）	2,421
ライブ稼働（サブメンバー）	3,087
ライブ稼働（パーティシパント）	6,134
ライブユーザー合計	11,642

注：ライブユーザーは BIC11 とほぼ同数
出典：SWIFT 資料を基に筆者作成5)

にアクセスするためのシステム投資に，多くの銀行が未だ躊躇していることが挙げられよう。また，従来型の信用状を発行する信用状発行銀行に比べ，BPO 負担銀行は，より慎重な与信判断を行わざるを得ない点が，銀行の与信行動により大きな制約を課していると考える。以下に，既存の貿易金融における銀行の与信管理手法，顧客である輸出入者との契約関係を通して，この点について指摘していきたい。

Ⅱ．海上運送状活用による中小企業宛貿易金融推進

1．中小企業宛 TSU-BPO 取引における与信管理上の問題点

貿易金融等の与信取引を行う銀行が重視するのは，顧客である輸出入者の信用状態と，与信取引の見返り－担保物件の有無とその評価額である。通常，信用状態が良好である大企業取引では，与信取引に際して担保物件の有無は大きな問題にならない。

しかし，中小企業取引では，信用力が相対的に見劣りする分，与信取引を採り上げる際，担保物件の有無とその評価額が，より重要な判断材料となる。一般的に担保物件として評価されるものには，各都道府県所在の信用保証協会を始めとする公的機関等が銀行に対して差し入れる借入保証や，不動産，有価証券，預金等に対する担保設定と共に，顧客の取り扱う商品等の動産担保も含まれる。

貿易金融を行う際に銀行と輸出入者間で締結される約定書上，貿易金融を行う銀行が，他の与信取引を行う場合に比べて輸出入者が取り扱う荷物そのもの

を担保物件として重視し，有事にスムーズに担保物件の処分，つまり荷物の確保と売却を行えることを重視している。しかし，URBPO750 第7条にあるように，BPO 取引では TSU に関わる全ての銀行である参加銀行はコマーシャル・データ（取引・商品・請求金額），トランスポート・データ（運送），保険データ（貨物保険），証明書データ（原産地証明書等）といった船積データおよび，TSU からの通知等からなる集合体である，データ・セットのみを取り扱い，物品，サービス，履行はもとより，船荷証券，航空運送状（Airway Bill：AWB）等の運送書類を含む一切の書類をもその取扱対象から外している。

この為，参加銀行は中小企業に対する TSU-BPO 取引を行うに際して，中小企業の倒産等の有事発生時に，その取扱商品が善意の第三者に引き渡された場合，譲渡担保権の行使ができなくなる恐れが高く，中小企業からの TSU-BPO 取引利用ニーズに対して慎重な対応をせざるを得なくなる[6)]。この書類が一切銀行の手許を通過しない TSU-BPO 取引スキームの危険性については，図表3-8の通り，取引そのものの歴史の浅さや，初期投資負担の発生等と共に，TSU-BPO 取引の弱点として早くから指摘されていた[7)]。

この問題の解決策の1つとして，船荷証券の電子化が挙げられるが，かつて船荷証券そのものの電子化を計画した BOLERO は，その後進展していない。また，船荷証券電子化は，TSU-BPO 取引の利用促進に大きく資するものと思われ，前述した essDOCS 社の新しい取引スキーム等，今後の開発の進展に期待が寄せられているが，BOLERO 等と同様に，法令の手当てや，船荷証券の登録機関の問題等クリアすべき問題があまりに多く，利害関係者が複数の国に跨ぐことから，その普及には長い道のりが予想される[8)]。

このように，船荷証券の電子化が遅々として進まない中，仮に BPO 負担銀行が中小企業向け TSU-BPO 取引に，あくまで船荷証券の原本呈示を求めた場合，TSU-BPO 取引の目玉ともいえる取引の迅速性が失われることとなる。また逆に，これを回避する為に，現在の信用状取引においても利用される，船荷証券の一部を輸出入者間で直送する取扱や，元地回収船荷証券（Surrendered B/L：S-B/L）による荷物引き渡しを行った場合，迅速な取引は実現できるものの，BPO 負担銀行側の与信管理上の問題は克服できず，銀行は中小企業向け TSU-BPO 取引に躊躇する恐れがある。

図表3-8　TSU-BPO取引に関するSWOT分析

STRENGTHS
•Electronic presentation of data – efficiency, paperless office; •Objective immediate matching – reduced discrepancy, consistency; •Can be added to the supply chain process at any time and any amount; •Focuses only on data relevant to support value proposition; •Better payment risk mitigation – Irrevocable and unconditional after the TSU data matching process – performance risk excluded, set-off risk excluded; •Enhances trade transaction processing and reconciliation; •Creates transaction status visibility; •Standardized – BPO rulebook, ISO 20022 messages; •New ICC publication is expected from early 2013;　⇒2013年URBPO750発効済み •Legal obligation;
WEAKNESSES
•New solution on the market, material marketing effort is needed to increase transaction volume and BPO acceptance; •Limited transaction history track record; •ICC publication is expected only in 2013;　⇒2013年URBPO750発効済み •Requires new infrastructure in the banks (TSU + front end); •Only few trade platforms handle TSU transactions for the time being (e.g. Misys Trade Portal); •No title documents in hand; •Full STP requires integration and process change on the customer side as well; •Transactional approach, does not deal with portfolio
OPPORTUNITIES
•Creates new business opportunities for banks by converting open account trade to BPO; •Increase efficiency on both the customer and on the bank sides; •Potential settlement tool for B2B and B2C web portals; •It can automate escrow account services; •Can be adopted by MDBs and ECAs; •ISO 20022 standard (same standard as proposed PSD in the EU and SWIFT); •Scope to simplify the Trade Risk participation via electronic participation certificates, disclosure; •Reduces Cash Conversion Cycle – WC optimisation, faster trade settlement processing (CCC=DSO+DIO-DPO);
THREATS
•Some existing bank revenues might be cannibalised (e.g. doc. negotiation revenues and courier charges); •Document oriented business culture both on the customer and on the bank side; •Potential legal concerns in certain countries – electronic data only, no documents; •Various alternative solutions for commercial risk mitigation in the open account space – e.g. ECA and private credit insurance with portfolio approach, CDS

注：下線部が，本章で指摘した内容に関連する部分
出典：IFC資料[7]より筆者作成

これでは，TSU-BPO取引を中小企業も利用できる，汎用性のある決済方法に育成する際に大きなブレーキとなりかねない。そこで，この与信上の弱点を補う手法として，既存の取扱いに大きな変更を伴わず，また複数の国に跨る制度の新設，変更が必要とならない海上運送状の活用を提言したい。

2．海上運送状・航空運送状の実務

ここで船荷証券とは異なる運送書類（海上運送状，航空運送状）について整理しておきたい。船荷証券との最大の違いは，船荷証券が有価証券であるのに対して，海上運送状，航空運送状は非有価証券となる点である。

(1)　海上運送状の利用状況

海上運送状（Sea Waybill）については長沼（2015）により，その利用率は40.1％と高く[9]，その普及に伴って，海上運送状に対して法的規律を設けるべきとの提言[10]もなされている。その反面，従来銀行に呈示される荷為替手形に海上運送状がほとんど利用されなかったのは，わが国では法令上の手当てがなされておらず，民間団体である国際海事委員会（Comité Maritime International：CMI）の定める「海上運送状に関するCMI統一規則」しかないことや，実務上も有価証券ではない海上運送状は，航空運送状と同様，必然的に荷受人が記名式となる為，譲渡担保として輸出入者の取扱商品を確保するためには，信用状発行銀行等貿易金融を行う銀行が自ら荷受人となる必要があり，仮に銀行が荷受人となった際に，第三者である輸入者に対して荷物の引渡方法が確立していない点が挙げられる[11]。

(2)　航空運送状の取引慣行

他方，海上運送状と同様に非有価証券である航空運送状では，状況が大きく異なる。航空運送状の場合，銀行が発行する貨物引渡指図書（Release Order：R/O）による貨物引渡しが一般的に行われている。貨物引渡指図書の一般的なフォームは図表3-9の通りである。航空輸送を利用した信用状取引の場合，信用状発行銀行での輸入決済後に，航空運送状原本を含む輸入船積書類と共に，貨物引渡指図書を発行し信用状発行依頼人－輸入者に手交する。輸入者は貨物引渡指図書を運送人に呈示することで，荷物の引渡を受ける。仮に，輸入船積書類が信用状発行銀行に到達していない場合，船荷証券における保証渡し—輸入L/Gの取扱いと同様に，貨物引渡指図書を輸入者に先行して発行し，運送人からの荷物引き渡しを受けさせる。この場合，銀行はL/G同様輸入者に対する荷物引取保証として貨物引渡指図書を発行したかたちになる。こ

図表 3-9　貨物引渡指図書のサンプル

No xxxxxx

To:XXXX Air Cargo

Date:　xxx.xx.20xx

RELEASE ORDER

Air Waybill No.　xxxxxx　Charges due:

Notify party:　XXXX Co.,Ltd.　(荷物引渡先)

Nameof Handling Agent:　XXXX INC.　(代理店)

We hereby authorize you to deliver the above mentioned shipment to the party mentioned hereabove or to his designated customs broker.

XXXX Bank Ltd.
(信用状発行銀行)
xxxx Branch

(荷受人の署名)

出典：取引事例より筆者作成

のように貨物引渡指図書が輸入荷物引き取り実務として確立していることにより，非有価証券である航空運送状を貿易金融に利用する環境が整っているといえよう。

3．航空運送状に類似する取引の構築

ここで，海上運送状を利用したTSU-BPO取引に，航空運送状と同様に貨物引渡指図書による荷物引渡実務を移植することを提案したい。海上運送状版の貨物引渡指図書フォームは，航空輸送で利用される貨物引渡指図書と同様のものとし，想定される銀行と輸出入者間の契約，BPO負担銀行と船会社間の運用ルールについて考えたい。

銀行との契約関係については，信用状取引での航空運送状同様に，運送データ上の荷受人をBPO負担銀行とし，海上運送状原本を，データ・セット買取手続きを行う売主側銀行であるデータ・セット送信銀行，またはBPO受益銀行に呈示させ，海上運送状原本を確認したことを取引データ・マッチング・システムに証明データとして送信する取扱とする。海上運送状の荷受人をBPO負担銀行とするのは，信用状取引における航空運送状の荷受人を信用状発行銀行とするのと同様に，あくまで銀行への荷物引渡を確実にする目的である。また，海上運送状原本を売主側銀行に呈示するのは，荷物の船積が確実に行われ，且つ海上運送状上の荷受人がBPO負担銀行であることを確認する目的である。データ・セット送信銀行から海上運送状に関する確認を実施した旨の証明データを送信させるのは，URBPO750第7条の規定では，海上運送状という書類の呈示自体がTSU-BPO取引では取り扱われないことを考慮したものであり，「海上運送状原本の呈示を受け，荷物の船積および海上運送状上の荷受人がBPO負担銀行であることを確認した」というデータを送信させるようBPOで要求することで，URBPO750の規定に沿った取扱いとするものである。また，BPO発行に関する約定書には，既存の約定書と同様に荷物が譲渡担保として位置づけられる必要がある。

次に，BPO負担銀行と船会社間の運用ルールであるが，従来の海上運送状で行われている荷受人の署名届を輸入側の船会社代理店に行う必要がある。信用状取引等，既存の取引では，船会社と銀行間で署名の届出を行うことは

ない。しかし，既存の銀行与信取引全体を見れば，関税・消費税延納保証等で，支払承諾取引に係わる銀行の使用印鑑を届けるルールが運用されており，銀行側の署名を届けることが，銀行に対する突飛な要求ではないことがわかる[12]。これによって，船会社は正当な荷受人であるBPO負担銀行の荷物引渡指図に従って荷物を引き渡したことになる為，船会社の誤引渡リスクは相当程度回避できるものと思われる。また，既存の外国為替取引用EBのインフラ[13]を流用すれば，貨物引渡指図書の発効を電子データで行うことも，船荷証券電子化と比較すれば相対的に簡単であろう。

貿易代金決済電子化スキーム（事例ではTSU-BPO取引）は，輸出入者にとり書類点検業務からの解放と，取引のスピードアップ化という直接的なメリットの他，貿易手続き全体電子化推進に大きく貢献できるスキームであるのは言うまでもない。また，銀行にとっても，顧客情報を把握し，その与信管理に利用できるというメリットもある。貿易代金決済電子化スキーム（事例ではTSU-BPO取引）が大企業から中小企業に至るまで普遍的な決済方法として採用されるためには，これを取り扱う参加銀行，特にBPO負担銀行にとって，既存の決済方法対比与信管理上，見劣りするものにしない工夫が必要である。加えて永年計画されてきた船荷証券の電子化プロジェクトが遅々として進まない現状を考慮すれば，この与信上の問題点を，現在の取引実務慣行や，利用するシステム等インフラを大きく改変することなく実現させることが，TSU-BPO取引普及への近道であると考える。海上運送状のTSU-BPO取引への活用は，この問題に関する簡便且つ有効な解決方法の１つになり得るであろう。

第２節　地域金融での活用

Ⅰ．地域金融機関関与の必要性

URBPO750の発効に伴いTSU-BPO取引の本格的な普及が期待されたが，わが国のメガバンクや大手外銀等，内外大手銀行により一部大企業向けにのみ提供されるサービスに留まった。筆者は，TSU-BPO取引が，送金取引，信用状取引等と同等の決済方法として，あらゆる業種，規模の輸出入者に利用され，地域金融機関もサービスを提供できるまで普及するには，クリアすべき問題が残っていることを指摘し，TSU-BPO 取引普及のポイントとして，①対象取引，②対象顧客の範囲拡大策について提言した（図表 3-10 参照）。また，佐藤（2013）[14]，檜垣（2014[15]，2015[16]，2017[17]），釜井（2015）[18] 等，多くの先行研究で同様の指摘がなされている。

本節では，対象顧客の範囲拡大と共に，TSU-BPO 取引を取扱う金融機関の裾野を拡大する為に，地域金融機関と内外大手銀行間で行われている外国為替事務手続に関する業務委託—外為事務委託（以下「委託」とする）の活用を検討するものである。

図表 3-10　TSU-BPO 取引の対象取引・顧客セグメントの展開

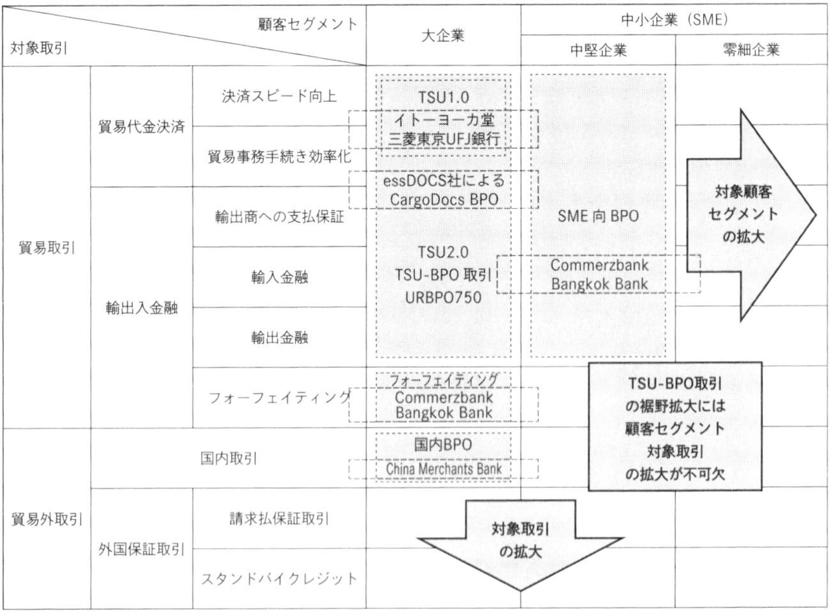
顧客セグメント
対象取引
大企業
中小企業（SME）
中堅企業
零細企業
貿易取引
貿易代金決済
決済スピード向上
貿易事務手続き効率化
輸出入金融
輸出商への支払保証
輸入金融
輸出金融
フォーフェイティング
貿易外取引
国内取引
外国保証取引
請求払保証取引
スタンドバイクレジット
TSU1.0
イトーヨーカ堂
三菱東京UFJ銀行
essDOCS社による
CargoDocs BPO
TSU2.0
TSU-BPO 取引
URBPO750
SME 向 BPO
Commerzbank
Bangkok Bank
対象顧客
セグメント
の拡大
フォーフェイティング
Commerzbank
Bangkok Bank
国内BPO
China Merchants Bank
TSU-BPO取引
の裾野拡大には
顧客セグメント
対象取引
の拡大が不可欠
対象取引
の拡大

出典：筆者作成

Ⅱ．外為事務委託の概要

1．外為事務委託の意義

まず，委託の概要について紹介したい。内外大手銀行の店舗ネットワークから外れた地方の，とりわけ中小の輸出入者は，貿易取引を推進する為に，直接貿易で必須となる外国為替取引（以下「取引」とする）を地域金融機関に頼るか，これを諦め間接貿易のかたちを採らざるを得なかった。一方，取引を受け付ける地域金融機関側も独自にSWIFTを通じて，コルレスネットワークを展開，維持するには限界がある。この為，少なからぬ地域金融機関（以下「委託行」という）が内外大手銀行（以下「受託行」という）に委託を行い，そのコルレスネットワークを活用することで，これを補い，外国送金取引，信用状取引を始めとする荷為替手形取引，為替予約取引等の事務手続きを委託している[19)]。また，委託行が外為与信取引を委託する場合，受託行に対し主に国債等を担保として差し入れている。

2．外為事務委託の類型

委託には大きく３つの類型がある。本節では，これら３つの類型を便宜上「類型Ⅰ，Ⅱ，Ⅲ」とする。「類型Ⅰ」とは，委託行自体がSWIFTに接続しておらず，独自のコルレスネットワークを全く有していないケースである。「類型Ⅱ」とは，委託行自体はSWIFTに接続しているものの，独自に十分な規模のコルレスネットワークを有していないケースである。「類型Ⅲ」とは，委託行がSWIFTに接続し，独自に十分な規模のコルレスネットワークを有しているケースである。

⑴　類型Ⅰ（全面委託）

類型Ⅰの場合，委託行はSWIFTに接続しておらず，コルレスネットワークそのものを有していない為，全ての取引，SWIFTに係る事務処理手続きについて，受託行に全面的に委託せざる得なくなる。

この場合，委託行は取引の当事者としてではなく，取引の依頼人の立場となり，受託行が取引の当事者となる（便宜上これを「全面委託」とする）。図

図表 3-11　類型Ⅰ（全面委託）の委託スキーム図（信用状発行）

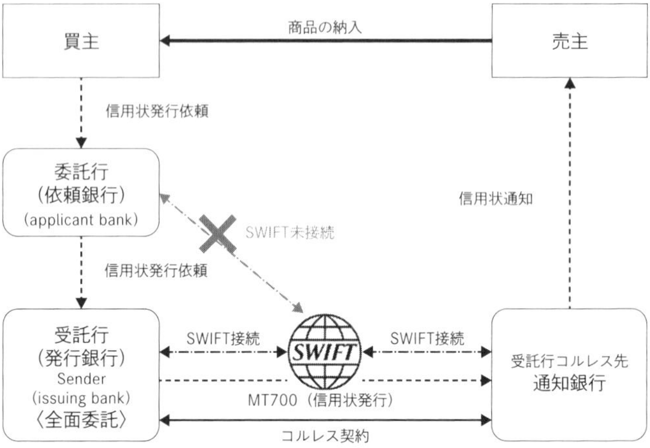
買主
商品の納入
売主
信用状発行依頼
委託行
（依頼銀行）
（applicant bank）
SWIFT未接続
信用状通知
信用状発行依頼
受託行
（発行銀行）
Sender
（issuing bank）
〈全面委託〉
SWIFT接続
SWIFT
SWIFT接続
受託行コルレス先
通知銀行
MT700（信用状発行）
コルレス契約

出典：筆者作成

表 3-11 は，類型Ⅰ（全面委託）によって信用状が発行される場合の委託スキーム図であるが，MT700[20] 上，委託行は，依頼銀行（Applicant Bank）として表示され，受託行は，MT700 上，送信銀行（Sender），つまり発行銀行（Issuing Bank）となり，委託行に対し発行銀行として輸入与信取引を許容することとなる（MT700 の概要については，図表 3-12 参照）。

(2)　類型Ⅱ（発信委託）

類型Ⅱの場合，委託行は SWIFT に接続し，独自にコルレスネットワークを有している。しかし，そのネットワークの規模が十分でない為，コルレス契約未締結の国や地域，海外金融機関向けの取引については，そのネットワークを有する受託行に委託をせざる得なくなる。

この場合，委託行は当該取引について，後述する類型Ⅲのかたちで委託することも可能である。しかしながら，委託行自身もコルレスネットワークに参加していることもあり，受託行に委託行名義で取引を依頼することも可能である（便宜上これを「発信委託」とする）。この場合，取引の当事者は委託行であり，受託行は結果的に，SWIFT に対する電文発信手続きの代行者の立場となる。図表 3-13 は，類型Ⅱ（発信委託）によって信用状が発行される場合の委

図表 3-12 参照　SWIFT 電文（MT700, 710）の概要

MT 700 Issue of a Documentary Credit				MT 710 Advice of a Third Bank's or a Non-Bank's Documentary Credit		
Status	Tag	Field Name		Status	Tag	Field Name
M	27	Sequence of Total		M	27	Sequence of Total
M	40A	Form of Documentary Credit	☆	M	40B	Form of Documentary Credit
M	20	Documentary Credit Number	☆	M	20	Sender's Reference
			☆	M	21	Documentary Credit Number
O	23	Reference to Pre-Advice	☆	O	23	Reference to Pre-Advice
O	31C	Date of Issue	☆	M	31C	Date of Issue
M	40E	Applicable Rules		M	40E	Applicable Rules
M	31D	Date and Place of Expiry		M	31D	Date and Place of Expiry
			☆	O	52a	Issuing Bank
			☆	O	50B	Non-Bank Issuer
O	51a	Applicant Bank		O	51a	Applicant Bank
M	50	Applicant		M	50	Applicant
M	59	Beneficiary		M	59	Beneficiary
M	32B	Currency Code, Amount		M	32B	Currency Code, Amount
O	39A	Percentage Credit Amount Tolerance		O	39A	Percentage Credit Amount Tolerance
O	39B	Maximum Credit Amount		O	39B	Maximum Credit Amount
O	39C	Additional Amounts Covered		O	39C	Additional Amounts Covered
M	41a	Available With ... By ...		M	41a	Available With ... By ...
O	42C	Drafts at ...		O	42C	Drafts at ...
O	42a	Drawee		O	42a	Drawee
O	42M	Mixed Payment Details		O	42M	Mixed Payment Details
O	42P	Deferred Payment Details		O	42P	Deferred Payment Details
O	43P	Partial Shipments		O	43P	Partial Shipments
O	43T	Transshipment		O	43T	Transshipment
O	44A	Place of Taking in Charge/Dispatch from .../Place of Receipt		O	44A	Place of Taking in Charge/Dispatch from .../Place of Receipt
O	44E	Port of Loading/Airport of Departure		O	44E	Port of Loading/Airport of Departure
O	44F	Port of Discharge/Airport of Destination		O	44F	Port of Discharge/Airport of Destination
O	44B	Place of Final Destination/For Transportation to .../Place of Delivery		O	44B	Place of Final Destination/For Transportation to .../Place of Delivery
O	44C	Latest Date of Shipment		O	44C	Latest Date of Shipment
O	44D	Shipment Period		O	44D	Shipment Period
O	45A	Description of Goods and/or Services		O	45A	Description of Goods and/or Services
O	46A	Documents Required		O	46A	Documents Required
O	47A	Additional Conditions		O	47A	Additional Conditions
O	71B	Charges		O	71B	Charges
O	48	Period for Presentation		O	48	Period for Presentation
M	49	Confirmation Instructions		M	49	Confirmation Instructions
O	53a	Reimbursing Bank		O	53a	Reimbursing Bank
O	78	Instructions to the Paying/Accepting/Negotiating Bank		O	78	Instructions to the Paying/Accepting/Negotiating Bank
O	57a	Advise Through' Bank		O	57a	Advise Through' Bank
O	72	Sender to Receiver Information		O	72	Sender to Receiver Information

M = Mandatory, O = Optional

☆ （網掛け）MT700 および MT710 間で異なる Field, 内容

出典：SWIFT 資料22）より筆者作成

図表 3-13　類型Ⅱ（発信委託）の委託スキーム図（信用状発行）

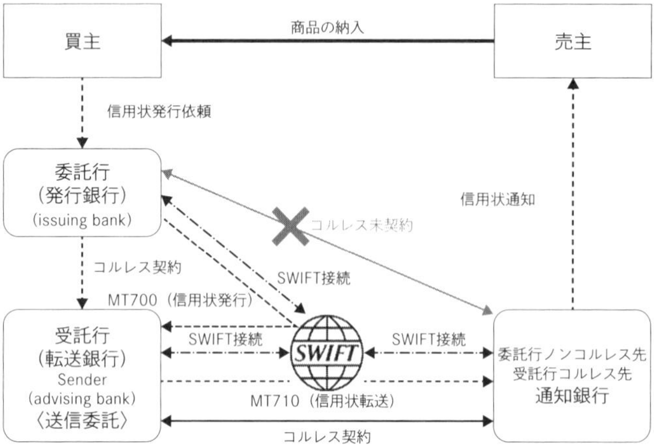
買主
商品の納入
売主
信用状発行依頼
委託行
（発行銀行）
(issuing bank)
信用状通知
コルレス未契約
コルレス契約
SWIFT接続
MT700（信用状発行）
受託行
（転送銀行）
Sender
(advising bank)
〈送信委託〉
SWIFT接続
SWIFT
SWIFT接続
委託行ノンコルレス先
受託行コルレス先
通知銀行
MT710（信用状転送）
コルレス契約

出典：筆者作成

託スキーム図であるが，委託行は受託行に対して発行銀行の立場でMT700を発信する。これを受信した受託行は，MT700の内容を，MT710[21]のフォーマットに転載し，輸出者取引銀行（通知銀行）に転送するかたちで送信する。その際，受託行は，送信銀行（Sender），つまり転送銀行（Advising Bank）となり，発行銀行としての責任を負わず，委託行に対する輸入与信取引を許容することもない（MT710の概要については，図表3-12参照）。

(3)　類型Ⅲ（一部委託）

類型Ⅲの場合，委託行はSWIFTに接続し，独自に十分な規模のコルレスネットワークを有している。委託行は，通常ベース（平常日）の取引持ち込み件数に則り，その事務処理能力を整備・維持するので，平常日においては，取引を委託する必要はない。しかし，月末等の事務処理件数が大きくなる日（繁忙日）では，取引が委託行の事務処理能力を超えて持ち込まれるケースがある。この様なケースでは，事務処理能力を超えた取引について委託を行うこととなる。また，地震等の災害やシステムトラブル等が発生することにより，一時的に委託行の事務処理が不能になる場合もある。この様に，事業継続計画（Business Continuity Plan：BCP）の一環として委託を行うケースもある。

図表 3-14　類型Ⅲ（一部委託）の委託スキーム図（信用状発行）

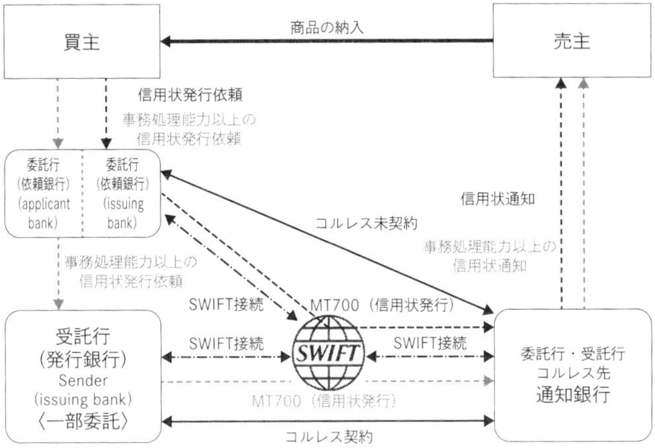

買主
売主
商品の納入
信用状発行依頼
事務処理能力以上の
信用状発行依頼
委託行
(依頼銀行)
(applicant
bank)
委託行
(依頼銀行)
(issuing
bank)
信用状通知
コルレス未契約
事務処理能力以上の
信用状通知
事務処理能力以上の
信用状発行依頼
SWIFT接続
MT700（信用状発行）
受託行
(発行銀行)
Sender
(issuing bank)
〈一部委託〉
SWIFT接続
SWIFT
SWIFT接続
委託行・受託行
コルレス先
通知銀行
MT700（信用状発行）
コルレス契約

出典：筆者作成

類型Ⅲの場合，類型Ⅰ（全面委託）同様に，委託対象取引に関する全ての事務処理手続きについて，受託行に全面的に委託することも可能であるが，類型Ⅱ（発信委託）同様，委託行自身も十分なコルレスネットワークに参加していることから，受託行に委託行名義で取引を依頼することも可能である。ただし，委託行としては，通常 SWIFT 関連の事務処理量を一定水準以下に抑えるというニーズが強い為，実務上，委託対象取引に関する全ての事務処理手続きを，受託行に全面的に委託するケースが多いようである（便宜上これらを「一部委託」とする）。

図表 3-14 は，類型Ⅲ（一部委託）によって信用状が発行される場合の委託スキーム図であるが，委託行は，顧客からの信用状発行依頼が事務処理能力の範囲内である場合，自行で MT700 を発信する。しかし，事務処理量を超えた信用状発行依頼が持ち込まれた場合，これを受託行に委託する。その際，類型Ⅰ（全面委託）同様，MT700 上，委託行は依頼銀行，受託行は送信銀行（発行銀行）となり，受託行は，委託行に対し発行銀行として輸入与信取引を許容することとなる。

3．外為事務委託の事例―関西の地域金融機関

ここで近畿二府四県の地域金融機関（地方銀行7行，第二地方銀行3行，信用金庫29金庫，合計39行・金庫）を取り上げ，実際の委託状況を推測したい。図表3-15は，近畿二府四県の地域金融機関外国為替業務概要であるが，地方銀行は全てSWIFTへのアクセスに必須となるBICコードを有している。

図表3-15　近畿二府四県の地域金融機関外国為替業務概要

（単位：百万米ドル，－：開示なし）

	所在地	金融機関コード	金融機関名	BICコード	外国為替取扱高	外国為替取引受付体制整備状況
地方銀行	滋賀	0157	滋賀銀行	SIGAJPJT	－	HP上に外為EB受付機能あり
	京都	0158	京都銀行	BOKFJPJZ	10,972	ディスクロージャー誌で取扱実績公表
	大阪	0159	近畿大阪銀行	OSABJPJS	－	HP上に外為EB受付機能あり
	大阪	0161	池田泉州銀行	BIKEJPJS	3,672	ディスクロージャー誌で取扱実績公表
	奈良	0162	南都銀行	NANTJPJT	1,281	ディスクロージャー誌で取扱実績公表
	和歌山	0163	紀陽銀行	KIYOJPJT	1,498	ディスクロージャー誌で取扱実績公表
	兵庫	0164	但馬銀行	TJMAJPJZ	117	ディスクロージャー誌で取扱実績公表
第二地方銀行	大阪	0554	関西アーバン銀行	KSBJJPJS	1,889	ディスクロージャー誌で取扱実績公表
	大阪	0555	大正銀行	なし	0	－
	兵庫	0562	みなと銀行	HSINJPJK	2,326	ディスクロージャー誌で取扱実績公表
信用金庫	滋賀	1602	滋賀中央信用金庫	なし	0	HP上等で信金中金へ取次ぐ旨公表
	滋賀	1603	長浜信用金庫	なし	－	HP上等で信金中金へ取次ぐ旨公表
	滋賀	1604	湖東信用金庫	なし	－	HP上等で信金中金へ取次ぐ旨公表
	京都	1610	京都信用金庫	KYSBJPJZ	508	ディスクロージャー誌で取扱実績公表
	京都	1611	京都中央信用金庫	KCHUJPJY	275	ディスクロージャー誌で取扱実績公表
	京都	1620	京都北都信用金庫	なし	－	HP上等で外国為替取引を受付る旨公表
	大阪	1630	大阪信用金庫	なし	237	ディスクロージャー誌で取扱実績公表
	大阪	1633	大阪厚生信用金庫	なし	－	HP上等で外国為替取引を受付る旨公表
	大阪	1635	大阪シティ信用金庫	OSACJPJS	－	HP上に外為EB受付機能あり
	大阪	1636	大阪商工信用金庫	なし	0	HP上等で信金中金へ取次ぐ旨公表
	大阪	1643	永和信用金庫	なし	51	ディスクロージャー誌で取扱実績公表
	大阪	1645	北おおさか信用金庫	なし	－	HP上に外為EB受付機能あり
	大阪	1656	枚方信用金庫	なし	－	HP上等で外貨両替を受付る旨公表
	奈良	1666	奈良信用金庫	なし	－	－
	奈良	1667	大和信用金庫	なし	－	－
	奈良	1668	奈良中央信用金庫	なし	－	HP上等で信金中金へ取次ぐ旨公表
	和歌山	1671	新宮信用金庫	なし	－	HP上等で外貨両替を受付る旨公表
	和歌山	1674	きのくに信用金庫	なし	－	HP上等で外国為替取引を受付る旨公表
	兵庫	1680	神戸信用金庫	なし	73	ディスクロージャー誌で取扱実績公表
	兵庫	1685	姫路信用金庫	なし	64	ディスクロージャー誌で取扱実績公表
	兵庫	1686	播州信用金庫	なし	138	ディスクロージャー誌で取扱実績公表
	兵庫	1687	兵庫信用金庫	なし	53	ディスクロージャー誌で取扱実績公表
	兵庫	1688	尼崎信用金庫	AMASJPJZ	457	ディスクロージャー誌で取扱実績公表
	兵庫	1689	日新信用金庫	なし	166	ディスクロージャー誌で取扱実績公表
	兵庫	1691	淡路信用金庫	なし	39	ディスクロージャー誌で取扱実績公表
	兵庫	1692	但馬信用金庫	なし	－	HP上等で外国為替取引を受付る旨公表
	兵庫	1694	西兵庫信用金庫	なし	－	HP上等で外貨両替を受付る旨公表
	兵庫	1695	中兵庫信用金庫	なし	－	HP上等で外貨両替を受付る旨公表
	兵庫	1696	但陽信用金庫	なし	－	HP上等で外貨両替を受付る旨公表

出典：各行・金庫の2017年3月期ディスクロージャー誌，HP等より筆者作成

第二地方銀行では，大正銀行（現徳島大正銀行）のみBICコードを有していない。信用金庫ではBICコードを有するのは京都，京都中央，大阪シティ，尼崎の4金庫に留まっている。

これにより大正銀行および，上記4金庫以外の25金庫はSWIFTに直接アクセスできないことが確認できる。一方，BICコードの有無に係らず，18行・金庫は外国為替取扱高実績を計上している他に，18金庫は，①HPやディスクロージャー誌上に取扱う旨明示，②信金中央金庫へ取次ぐ[23]旨明示，③HP上で外為EBサービスを現に提供していることから，少なくとも，取引関連情報の公開がない大正銀行と2金庫（奈良，大和）を除く36行・金庫が取引を行っていることが窺える。また，これらの情報から，BICコードを有していない23金庫は，類型Ⅰ（全面委託），BICコードを有している9行，4金庫は類型Ⅱ（発信委託）または類型Ⅲ（一部委託）のかたちで委託を行っていると推測される。

Ⅲ．TSU-BPO取引の委託スキーム

次に，TSU-BPO取引を委託する場合に検討が必要なポイントとして，①TSU-BPO取引委託に適した委託方法，②URBPO750に親和性のある委託方法，③委託行－受託行間の契約関係，④委託行－受託行間のインフラ，の4つについて検討していきたい。

1．TSU-BPO取引委託に適した委託方法

⑴　委託形態

まず，委託の形態であるが，既存取引を類型Ⅰ（全面委託）で委託する委託行の場合，そもそも委託行はSWIFTとアクセスしていない為，TSU-BPO取引も既存の取引同様に類型Ⅰ（全面委託）で委託するのが自然な成り行きであろう。

図表3-16は，類型Ⅰ（全面委託）でBPOが発行される場合の委託スキーム図である。信用状取引と同様に委託行は，依頼銀行（Applicant Bank），受託行は，BPO負担銀行（Obligor Bank）となり，委託行に対し発行銀行とし

図表 3-16　想定される類型Ⅰ（全面委託）の TSU-BPO 取引委託スキーム図

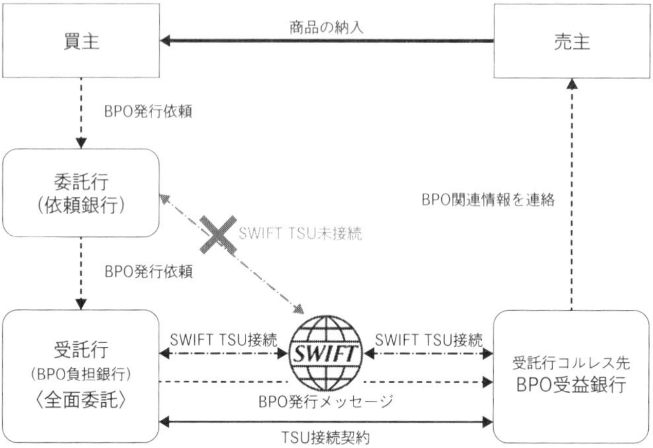

買主
商品の納入
売主
BPO発行依頼
委託行
(依頼銀行)
BPO関連情報を連絡
SWIFT TSU未接続
BPO発行依頼
受託行
(BPO負担銀行)
〈全面委託〉
SWIFT TSU接続
SWIFT
SWIFT TSU接続
受託行コルレス先
BPO受益銀行
BPO発行メッセージ
TSU接続契約

出典：筆者作成

て与信取引を許容することとなる。

既存取引を，類型Ⅱ（発信委託）または類型Ⅲ（一部委託）で委託する委託行の中には，既存取引同様，独自に TSU-BPO 取引を行うケースも想定される。他方，参加銀行と TSU を運営する SWIFT 間の TSU 接続契約には，

図表 3-17　想定される類型Ⅲ（一部委託）の TSU-BPO 取引委託スキーム図

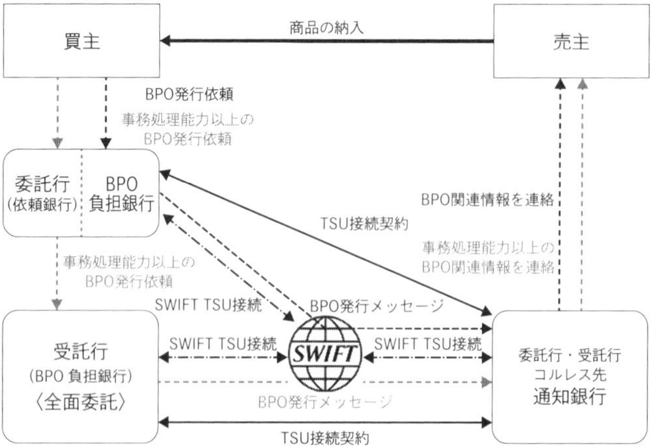

買主
商品の納入
売主
BPO発行依頼
事務処理能力以上の
BPO発行依頼
委託行
(依頼銀行)
BPO
負担銀行
BPO関連情報を連絡
TSU接続契約
事務処理能力以上の
BPO関連情報を連絡
事務処理能力以上の
BPO発行依頼
SWIFT TSU接続
BPO発行メッセージ
受託行
(BPO負担銀行)
〈全面委託〉
SWIFT TSU接続
SWIFT
SWIFT TSU接続
委託行・受託行
コルレス先
通知銀行
BPO発行メッセージ
TSU接続契約

出典：筆者作成

既存取引においてSWIFTの提供する，取引関係管理ツール（Relationship Management Application：RMA）[24]に相当する仕組みも包含されている[25]。参加銀行は，TSU接続と同時に（TSU上の）コルレス契約が発生するので，TSU接続以降に改めてコルレス契約を締結する必要はない。この為，TSU-BPO取引では，類型Ⅱ（発信委託）の委託方法は必要ない。これらの場合，委託行はTSU-BPO取引の事務処理能力を超えて持ち込まれる取引を，図表3-17の様に類型Ⅲ（一部委託）のかたちで委託するものと想定する。

(2)　現実的なTSU-BPO取引の委託方法

これらを踏まえ，現実的なTSU-BPO取引の委託方法について考えたい。2013年のURBPO750発効以降もTSU-BPOの採用状況は伸び悩んでいた。これは，委託行が既存のSWIFT端末に加え，自前でTSU-BPO取引専用端末を導入し，独自の事務処理体制構築や，委託行職員に対するTSU-BPO取引の営業推進および事務処理スキル向上にコストを掛けるのは，時期尚早との経営判断が働いた可能性が高いと推測する。

図表3-18は，TSU-BPO取引のメリット・デメリットを受託行，類型Ⅰ

図表3-18　TSU-BPO取引のメリット・デメリット（受託行および委託方法別）

	受託行 （TSU-BPO取引導入行）	委託行	
		類型Ⅰ（全面委託）	類型Ⅲ（一部委託）
メリット	①TSU-BPO取引による処理自動化 ②船積書類チェック業務からの解放	①TSU-BPO取引による処理自動化 ②船積書類チェック業務からの解放 ③TSU-BPO取引専用端末導入は不要 ④TSU-BPO取引に関する事務処理体制の構築は不要 ⑤TSU-BPO取引事務処理スキル不要	①TSU-BPO取引による処理自動化 ②船積書類チェック業務からの解放 ③事務処理能力を超えたTSU-BPO取引の受付が可能となる
デメリット	①既存のSWIFT端末に加え，TSU-BPO取引専用端末導入が必要 ②TSU-BPO取引に関する事務処理体制構築が必要 ③TSU-BPO取引に関するスキル向上（営業推進，事務処理）が必要	①TSU-BPO取引営業推進スキル向上が必要	①既存のSWIFT端末に加え，TSU-BPO取引専用端末導入が必要 ②TSU-BPO取引に関する事務処理体制構築が必要 ③TSU-BPO取引に関するスキル向上（営業推進，事務処理）が必要

出典：筆者作成

（全面委託）の委託行，類型Ⅲ（一部委託）の委託行別に纏めたものであるが，このような状況もあり，受託行にとっては，既存取引の委託方法がいずれであっても，TSU-BPO取引導入時には，類型Ⅰ（全面委託）を取るのが現実的な選択肢と考える。

2．URBPO750に親和性のある委託方法

加えて，URBPO750の規定上からも，類型Ⅰ（全面委託）が，現実的なTSU-BPO取引の委託方法であると指摘することができる。ここでは，既存取引で委託される信用状取引の規定であるUCP600の規定との差異を踏まえて

図表3-19　TSU-BPO取引，信用状取引の統一規則比較

URBPO750	UCP600
第1条　範囲	第1条　UCPの適用
第2条　適用	第2条　定義★
第3条　一般定義★	第3条　解釈★
第4条　メッセージ定義◎	第4条　信用状と契約☆
第5条　解釈	第5条　書類と物品、サービスまたは履行○●
第6条　バンクペイメントオブリゲーションと契約☆	第6条　利用可能性、有効期限および呈示地
第7条　データと書類、物品、サービスまたは履行○	第7条　発行銀行の約束
第8条　BPOの有効期限◎	第8条　確認銀行の約束
第9条　参加銀行の役割	第9条　信用状および条件変更の通知
第10条　BPO負担銀行の約束★	第10条　条件変更
第11条　条件変更	第11条　テレトランスミッションによる信用状・条件変更
第12条　データの有効性に関する責任排除◎	第12条　指定
第13条　不可抗力	第13条　銀行間補償の取決め
第14条　取引データ・マッチング・システム（TMA）の利用不能◎	第14条　書類点検の標準○●
第15条　適用法	第15条　充足した呈示●
第16条　代わり金の譲渡	第16条　ディスクレパンシーのある書類、権利放棄および通告●
	第17条　書類の原本およびコピー●
	第18条　商業送り状●
	第19条　少なくとも2つの異なった運送形態を対象とする運送書類●
	第20条　船荷証券●
	第21条　流通性のない海上運送状●
	第22条　傭船契約船荷証券●
	第23条　航空運送書類●
	第24条　道路、鉄道または内陸水路の運送状●
	第25条　クーリエ受領書、郵便受領書または郵送証明書●
	第26条　“On Deck”，“Shipper's Load and Count” 等●
	第27条　無故障運送書類●
	第28条　保険書類および担保範囲●
	第29条　有効期限または最終呈示日の延長
	第30条　信用状金額、数量および単価の許容範囲
	第31条　一部使用または一部船積
	第32条　所定期間ごとの分割使用または分割船積
	第33条　呈示の時間
	第34条　書類の有効性に関する銀行の責任排除●
	第35条　伝送および翻訳に関する銀行の責任排除●
	第36条　不可抗力
	第37条　指図された当事者の行為に関する銀行の責任排除
	第38条　譲渡可能信用状
	第39条　代わり金の譲渡

2つの準拠規則の主な類似点

☆　独立抽象性（無因性）の原則
★　取消不能の支払確約

2つの準拠規則の主な相違点

○　『データ取引の原則』『書類取引の原則』
◎　URBPO750特有の代表的規定
●　UCP600特有の書類に関する規定

出典：筆者作成

説明したい。

図表3-19は，URBPO750，UCP600の比較であるが，支払確約を行う当事者が，UCP600上は信用状発行銀行，URBPO750上もBPO負担銀行で，いずれも銀行である一方，受益者についてはUCP600上，一般的に銀行以外の輸出者であるのに対して，URBPO750上では，BPO負担銀行である。この差異からTSU-BPO取引は当事者を，銀行に限定した規則であるといえる。加えて，UCP600では書類取引の原則を規定し，専ら書類のみを取扱うのに対し，URBPO750上では書類すら取扱わず，データのみを取扱う規定－データ取引の原則を規定している[26)]。

この様に，①取引の当事者を輸出入者ではなく，銀行に限定する点，②取扱いに時間が掛る書類等ではなく，データのみを取扱う点，の2点より，信用状取引に比べ，スピーディーで銀行間の手続きのみで完結するTSU-BPO取引は，委託に適した取引であるといえる。

3．委託行－受託行間の契約関係

委託契約については，例えば，BPO発行に関する約定は，既存の信用状発行時の規定に準じて取り交わすなど，従来の契約内容を大きく改変する必要はないと思われる。ここでも，信用状取引との差異を踏まえて説明したい。信用状取引においては，輸出金融（信用状付輸出荷為替手形買取），輸入金融（信

図表3-20　上段「外国向為替手形取引約定書」（輸出手形買取時の契約関係）
下段「信用状取引約定書」（信用状発行時の契約関係）

輸出手形買取「外国向為替手形取引約定書」

担保	付帯荷物および付属書類は手形債権等の譲渡担保
買戻債務	銀行が買取った輸出手形が支払義務者から支払拒絶された場合等，輸出者は銀行に対し手形の買戻債務を負担

信用状発行「信用状取引約定書」

担保	付帯荷物および付属書類は信用状取引によって発生する債権の譲渡担保
償還債務	銀行が信用状条件に従って補償債務を負担しまたはその履行（対外決済）をした場合は，輸入者は発行銀行に対し償還債務（輸入決済）を負担

出典：筆者作成

図表 3-21　信用状取引における債務関係

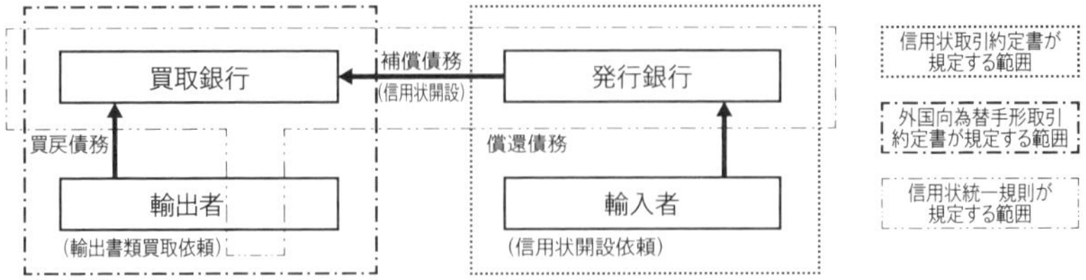
買取銀行
補償債務
(信用状開設)
発行銀行
買戻債務
償還債務
輸出者
輸入者
(輸出書類買取依頼)
(信用状開設依頼)
信用状取引約定書が規定する範囲
外国向為替手形取引約定書が規定する範囲
信用状統一規則が規定する範囲

出典：筆者作成

用状発行）開始時に，それぞれ「外国向為替手形取引約定書」並びに「信用状取引約定書」を取り交わす。それらの最重要規定は，輸出金融においては，担保および買戻債務規定[27]，輸入金融においては，担保および償還債務規定[28]（図表 3-20 参照）とされる。

信用状取引における UCP600,「外国向為替手形取引約定書」,「信用状取引約定書」に規定される当事者（銀行および輸出入者）が行う輸出入金融における債務関係は図表 3-21 のようになる。類型Ⅰ（全面委託），類型Ⅲ（一部委託）の場合，委託行が輸出入者の立場，受託行が発行銀行または買取銀行の立場で，同様の内容の委託契約が締結される。

一方，TSU-BPO 取引の場合も輸出入者に対して，輸出金融（データ・セット買取），輸入金融（BPO 発行）が可能であるが，銀行は，信用状取引同様，輸出金融では買戻債務規定を，輸入金融では償還債務規定について，輸出入者との間で約定する必要がある。これらを締結すれば，輸入側金融機関（BPO 負担銀行）－輸入者（BPO 発行依頼人）間の約定（BPO 発行に関する約定書），輸出側金融機関（BPO 受益銀行，データ・セット買取銀行）－輸出者（データ・セット買取依頼人）間の約定（データ・セット買取に関する約定書）および，URBPO750 が規定する債務関係は図表 3-22 のようになる。信用状取引における債務関係と比較すれば，UCP600 および URBPO750 が規定する当事者の範囲に関する相違のみで，その他の債務関係は同一であることがわかる。

想定される TSU-BPO 取引の委託契約は，類型Ⅰ（全面委託），類型Ⅲ（一部委託）の場合，委託行が輸出入者の立場，受託行が BPO 負担銀行または BPO 受益銀行（データ・セット買取銀行）の立場で，同様の内容の委託契約

図表 3-22　TSU-BPO 取引における債務関係

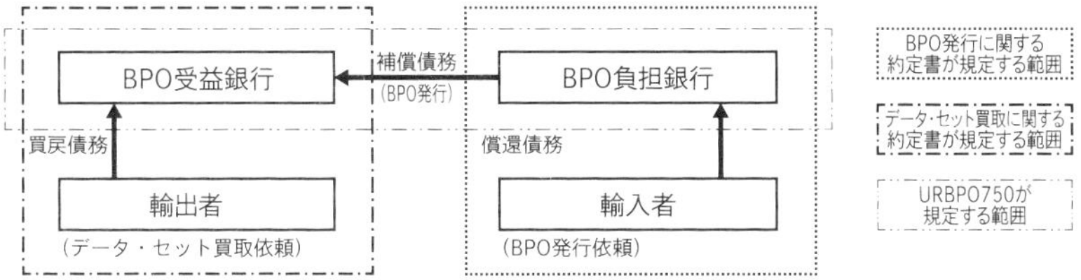
BPO受益銀行
補償債務
(BPO発行)
BPO負担銀行
買戻債務
償還債務
輸出者
(データ・セット買取依頼)
輸入者
(BPO発行依頼)
BPO発行に関する約定書が規定する範囲
データ・セット買取に関する約定書が規定する範囲
URBPO750が規定する範囲

出典：筆者作成

が締結されることとなるので，主要な部分において，信用状取引で利用される委託契約をベースにしたものを締結すれば良いことがわかる。

4．委託行－受託行間のインフラ

次に，TSU-BPO 取引に必要なインフラについて考えてみたい。比較の為に信用状取引の類型Ⅰ（全面委託），類型Ⅲ（一部委託）の委託手続を確認したい。信用状取引における委託手続および使用インフラは図表 3-23 の通り，委託行－受託行間手続きは大半が，FAX/EB で送受信可能である。しかし書類を取扱うことから，紙ベースの申込書，信用状原本，荷為替手形（船積書類）等については，郵便やクーリエサービスによる配送手続きが必要となる。

これに対し，TSU-BPO 取引の類型Ⅰ（全面委託），類型Ⅲ（一部委託）の

図表 3-23　既存取引（信用状取引）類型Ⅰ，類型Ⅲの手続

	委託手続の流れ	具体的内容	使用インフラ			
			FAX	EB	郵便	クーリエ
1	信用状発行	申込書送付，送信	○	○	△	△
2	信用状通知	信用状原本の送付	△	△	○	○
3	輸出手形買取	荷為替手形の送付			○	○
4	船積書類到着	到着案内を送付，送信	△	△	○	○
5	輸入ユーザンス	資金調達，決済指示を，送信	○	○		
6	輸入決済	決済資金送金を送信	○	○		
7	船積書類引渡	船積書類送付			○	○

○：使用可能なインフラ　　　大半の手続きが，FAX/EB で送信可能
△：利用に制限のあるインフラ　信用状原本，荷為替手形（船積書類）等の送付が必要

出典：筆者作成

図表 3-24　TSU-BPO 取引で想定される類型Ⅰ，類型Ⅲの手続

	委託手続の流れ	具体的内容（想定）	使用インフラ			
			FAX	EB 等	郵便	クーリエ
1	BPO 発行	BPO データを送信		○		
2	BPO 通知	受領した BPO を送信		○		
3	データ・セット提出	データ・セットを送信		○		
4	データ・セット到着	到着案内を送信		○		
5	輸入ユーザンス	資金調達，決済指示を送信		○		
6	輸入決済	決済資金送金を送信		○		

○：使用可能なインフラ　　　全ての手続きが，EB 等システムで送信可能

出典：筆者作成

委託手続は，図表 3-24 のようなかたちになると予想される。TSU-BPO 取引は，専らデータを取扱うので，信用状取引と異なり，郵便やクーリエサービスによる書類の配送手続きは不要である。ただ，FAX の利用によるデータの送受信も非現実的であることから，委託行－受託行間のデータ送受信の為のシステム整備が必要となる。

既存の信用状取引における類型Ⅰ（全面委託），類型Ⅲ（一部委託）では，委託行が一般の輸出入者と同様に，受託行の提供する外為 EB を導入している場合が多い。このことから，TSU-BPO 取引委託専用のシステムを新たに構築するよりも，既存取引に利用されている，外為 EB に備わるデータ送受信機能を拡張して，TSU-BPO 取引に活用することが考えられる。受託行側も，一般の輸出入者向けに同一スペックで，TSU-BPO 取引に活用できる機能拡張を実施すれば，受託行のプロパー顧客からの TSU-BPO 取引推進にも活用できる。委託行，受託行双方にとり，外為 EB の「データ送受信機能」[29] 拡張がコスト面から，最も現実的な対応であろう。

Ⅳ．TSU-BPO 取引委託の意義

最後に貿易代金決済電子化スキーム（事例では TSU-BPO 取引）の意義について，地域の中小輸出入者，地域金融機関（委託行），内外大手銀行（受託

行）の立場から指摘したい。

従来から既存取引の委託は，積極的な海外取引開拓を行う，地域の中小輸出入者に対し，直接貿易での代金決済手段提供を通じ，間接的な支援となっていた。これは，個別の取引先支援であるだけでなく，地域経済活性化に資するものであった。TSU-BPO 取引を受託対象に加えることは，地域の中小輸出入者にとって，代金決済手段の多様化に留まらず，TSU-BPO 取引の特徴である，貿易代金決済電子化，貿易金融高度化ニーズに応えることができる。これにより，更なる地域経済活性化に資すると期待できる。

地域金融機関（委託行）は，当初は類型Ⅰ（全面委託）のかたちで TSU-BPO 取引を，スタートするかたちとなるが，中長期的に見れば，委託行側の TSU-BPO 取引取扱スキルアップが期待できる。更に，TSU-BPO 取引が伸長し，その取引ボリュームが一定水準に達すれば，委託行側に TSU-BPO 取引への参加インセンティブが増大し，その結果，委託行の中には類型Ⅲ（一部委託）へ進むものも現れよう。この様に，TSU-BPO 取引への参加銀行の増大に繋がると期待できる。加えて，最近の地域金融機関に求められる，地域経済活性化への貢献にも資するといえる[30)]。

内外大手銀行（受託行）の立場で，委託の対象に TSU-BPO 取引を加えることは，短期的には，これまで，受託行の取引先に限定せざるを得なかった，TSU-BPO 取引の利用企業数，取引件数，ボリュームの増大が期待できる。中長期的には，国内外の貿易取引の当事者から要求される，貿易代金決済電子化，貿易金融高度化ニーズへの対応は勿論，既に TSU-BPO 取引を採用済みの海外大手企業にとっても，日本の取引相手とスムーズに TSU-BPO 取引を行える環境整備に繋がると期待できる。

TSU-BPO 取引の委託は，地域の中小輸出入者，地域金融機関（委託行），内外大手銀行（受託行），TSU-BPO 取引を採用済みの海外大手企業等，全ての TSU-BPO 取引参加当事者にとって，国内外の貿易代金決済電子化，貿易金融高度化のメリットをもたらすといえる。また，TSU-BPO 取引の委託を有効に活用することは，単に，TSU-BPO 取引の裾野拡大は勿論，地域の中小輸出入者への支援を通じて地域経済活性化に資すると思われる。

第３節　貿易金融共通インフラ設立提言

Ⅰ．貿易金融共通インフラの必要性

人口減少による国内マーケットの縮小が指摘される中，貿易業者にとって海外販売先，仕入先の開拓は企業規模の大小に関わらず必要不可欠である。今後も貿易取引拡大に伴い外国為替取引は，継続的な件数，金額増加が見込まれる。これに対応する為にメガバンク等の大手銀行はSWIFT接続や，コルレスネットワークの展開・維持を図ってきた。また金融機関は，これに伴う行内システムの整備，外為与信規定の策定，外為コンプライアンス管理体制，貿易金融に関する営業推進体制等を実現する為に，常時一定の人員を配置すると共に，継続的な設備投資を実施してきた。他方，長期化する低金利政策の下で，金融機関は基礎的収益力向上を始めとする，難しい経営課題を突き付けられている。

本節では，増大する貿易金融サービスのニーズへの対応および，経営効率化を含む基礎的収益力向上の為に，大手銀行と地域金融機関間で行われる外国為替取引事務委託および，国際的な円建て資金決済を行う目的で設立された外国為替円決済制度における加盟銀行と決済制度事務委託銀行間の資金決済業務に関する事務委託の２つをモデルケースとして，貿易金融に関する共通インフラの設立を提案するものである。

具体的には大手銀行外為事務部門を切り離し，外国為替取引の事務受託に特化した受託専業銀行の設立を想定するもので，貿易業者，大手銀行，地域金融機関それぞれについて，その導入意義について検討するものである。

Ⅱ．外為事務処理体制の現状

１．貿易金融サービスの必要性

2018年度の総貿易額（輸出額および輸入額の単純合計）は159.9兆円に達し，リーマンショック前（2007年度）の148.8兆円を超える水準になっている（図表3-25参照）。これは輸出額こそ，2007年度には及ばなかったものの，

図表 3-25　わが国の貿易取引額

（単位：億円）

年度	輸出額 ①	輸入額 ②	総貿易額 ①＋②	貿易収支 ①－②
1996 年度	442,516	354,915	797,431	87,601
1997 年度	492,512	355,592	848,104	136,920
1998 年度	470,823	309,858	780,681	160,965
1999 年度	461,775	322,883	784,658	138,892
2000 年度	492,322	375,095	867,417	117,226
2001 年度	456,473	362,915	819,388	93,558
2002 年度	495,284	376,042	871,326	119,243
2003 年度	527,584	392,530	920,114	135,054
2004 年度	584,556	445,918	1,030,474	138,639
2005 年度	655,948	545,271	1,201,219	110,677
2006 年度	740,012	618,836	1,358,848	121,176
2007 年度	812,627	675,765	1,488,392	136,862
2008 年度	679,452	652,769	1,332,221	26,683
2009 年度	559,068	478,818	1,037,886	80,250
2010 年度	649,175	568,843	1,218,018	80,332
2011 年度	628,438	650,535	1,278,973	▲ 22,097
2012 年度	622,026	674,499	1,296,525	▲ 52,474
2013 年度	697,326	807,782	1,505,108	▲ 110,455
2014 年度	756,403	822,792	1,579,195	▲ 66,389
2015 年度	731,761	728,762	1,460,523	2,999
2016 年度	708,026	650,163	1,358,189	57,863
2017 年度	782,829	737,434	1,520,263	45,396
2018 年度	803,259	796,295	1,599,554	6,963

出典：「国際収支総括表」[31] から著者作成

リーマンショック前の水準に復しつつあることと，2011 年の東日本大震災によるエネルギー輸入額増加が主な要因である[31]。

一方，ICC（2018）[32] によれば，世界の貿易取引額も増加基調であり，2017 年には 17 兆米ドルに達し，GDP の伸びを超えて増加している。また今後の貿易取引額が年 4％で増加すると想定したベースシナリオで 2026 年には 24 兆米ドルに増加すると予想し（図表 3-26 参照），貿易金融を取扱う金融機関がこれに対応する必要性があることを指摘している。

図表 3-26　世界の貿易取引額予想（単位：兆米ドル）

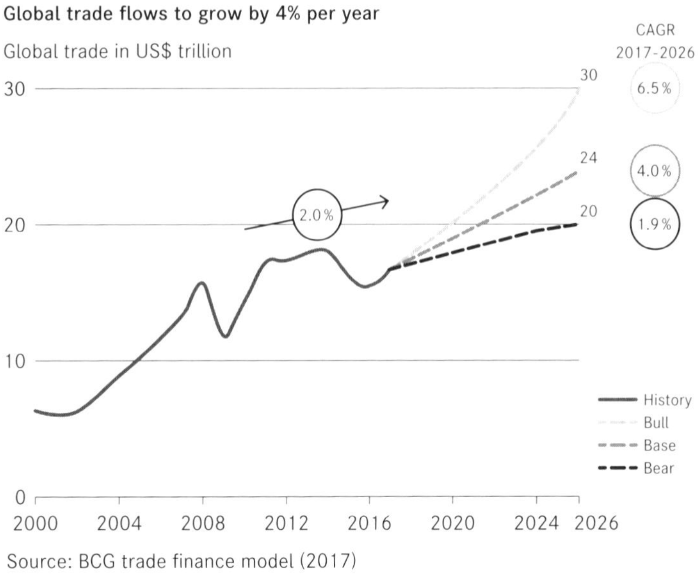
Global trade flows to grow by 4% per year
Global trade in US$ trillion
CAGR
2017-2026
30
20
10
0
2.0%
30
24
20
6.5%
4.0%
1.9%
History
Bull
Base
Bear
2000
2004
2008
2012
2016
2020
2024
2026
Source: BCG trade finance model (2017)

出典：ICC（2018）[32]，p. 32

2．外国為替業務の3要素・3つの事務手続き

貿易金融を含む外国為替業務を行う為に，金融機関は，営業推進，与信管理，事務処理の3つの要素について体制整備を求められる。これら3つの要素は相互に牽制することで事故・トラブルを防止する機能を果たす。また，外国為替業務はフロント事務，ミドル事務，バック事務の3つの事務手続きを経て実行される（図表 3-27 参照）。

(1)　営業推進

営業推進とは，貿易金融，各種リスクヘッジ，海外との資金移動等の顧客サービスを推進することである。通常，金融機関営業店所属の法人渉外担当者が，必要に応じて本部の外国為替業務推進担当者と協働して，貿易業者へのアプローチを行う。具体的には貿易金融の他，為替リスク，販売代金回収リスク等に対するリスクヘッジスキームの顧客提案を行う。その過程で，外国為替取

図表 3-27　外国為替業務の3要素・3つの事務手続き

要素	ミッション（目的）	事務手続き	手続内容
営業推進	貿易金融，各種リスクヘッジ，海外との資金移動等の顧客サービスを推進	フロント事務	輸出入商より受領した各種外国為替取引申込書の受付・形式点検事務
与信管理	輸出入商について，与信取引実行の妥当性，担保差入の要否，金利・手数料水準といった取引条件の検討		
事務処理	貿易金融を含む外国為替業務の事務処理	ミドル事務	輸出入商名義取引口座の勘定処理等，主に国内顧客に関係する事務処理
		バック事務	外国銀行との間の通信，書類受発送，資金決済等，主に海外向け事務処理

出典：著者作成

引に関する取引条件を始め，以下に述べる貿易金融に関する与信条件について一義的に折衝を行う。取引開始後，営業推進担当者は，貿易業者より受領した各種外国為替取引申込書の受付・形式点検事務（フロント事務）を担当する。

(2)　与信管理

与信管理とは，貿易金融実行に伴う与信リスクの管理を意味する。金融機関営業店所属の与信管理担当者は国内貸出と同様に，与信取引を申し込んだ貿易業者について，与信取引実行の妥当性，担保差入の要否，金利・手数料水準といった取引条件を，与信稟議書に纏め，営業店拠点長および，必要に応じて本部の与信管理（審査）部門の承認を得る。貿易金融実行後は，貿易業者の業績悪化や，経済情勢，取扱商品の市況悪化等をモニタリングし，仮に異常値を発見すれば必要な対応を営業推進担当者に指示する。また，取引開始後，営業店所属の与信管理担当者は営業推進担当者と同様に，フロント事務を担当する。

(3)　事務処理

事務処理とは，文字通り貿易金融を含む外国為替業務の事務処理全体を意味する。外国為替業務では，これを更にミドル事務と，バック事務とに細分する。前者は貿易業者名義取引口座の勘定処理等，主に国内顧客に関係する事務処理に係るものを指す。後者は外国銀行との間の通信，書類受発送，資金決済等，主に海外向け事務処理に係るものを指す。事務処理は通常，営業推進・与信管理担当者に指示された取引条件（与信取引金額，担保差入の要否，金利・手数料水準）といった取引条件に従って実行されるが，貿易業者から，指示された範囲を超える取引を申し込まれた場合や，何らかの理由で外国為替取引実行に障害が発生した場合，事務処理担当者から必要に応じて営業推進担当者へ貿易業者との折衝指示，与信管理担当者へ異常値発生の報告が行われる。伝統的にミドル事務は営業店に所属する事務担当者，バック事務は本部の国際部門に所属する事務担当者が担当してきた。

金融機関はこれら3つの要素に関し，外為与信規定の策定，外為コンプライアンス管理，貿易金融に関する営業推進体制等を実現する為に，常時一定の人員を配置した。加えて外国為替業務の基本インフラであるコルレスネットワークの展開・維持する為に必要な，SWIFT 接続等のシステム継続的な設備投資を実施してきた。

3．外為事務処理体制の事例

(1)　先行研究（井上 2010）[33] の概要

井上（2010）は，メガバンクを中心に4つの貿易金融取引トラブル事例を抽出し，外為与信管理の視点から，その対応の巧拙について指摘している[34]。

①　4事例に対する指摘事項

ア．二重金融（輸入金融，割引）

輸入ユーザンスの供与を受けて輸入した貨物の国内販売代金回収代り金として受領した商業手形を，輸入者が意図的に別の金融機関で割引を行った事例に対して，輸入ユーザンス取組み銀行の与信管理不徹底により，販売代金回収管理を怠ったことが，トラブル発生の原因との指摘がなされた。

イ．担保処分の追加コスト

仲介貿易で，破たんした輸入者（仲介者）の輸入担保貨物処分に関し発生した追加コスト（貨物の保管料）に関する事例に対して，貿易金融実行時に，約定に基づき貨物は譲渡担保として銀行に差し入れられるが，海外で担保処分する可能性がある場合，追加コスト発生リスクを回避する為に，敢えて譲渡担保を放棄する柔軟な与信管理姿勢も実務上有効であるとの指摘がなされた。

ウ．実体のない輸入金融

わが国の親会社が海外の子会社との間で，架空の信用状取引を行った事例に対して，船積書類（梱包明細書）の内容精査によって架空取引が発覚した経緯から，輸入許可通知書や検査証明書による貨物の状況確認が，架空取引防止に有効であるとの指摘がなされた。

エ．偽造船荷証券による輸出金融

荷為替手形に基づかないオープンアカウントベース売掛債権買取スキームを利用する輸出者が，偽造船荷証券を含む偽造船積書類を提出し，偽造書類に基づき実行された買取代り金がその後回収不可能となった事例に対して，輸出許可書による貨物の存在確認が有効であるとの指摘がなされた。

②　貿易与信と事務のあるべき関係

井上（2010）では，これらの事例研究を踏まえ貿易与信管理には，貿易業者の商流把握が必要であると指摘している。また商流把握は事務面から管理するのが有効である為，貿易与信（営業＋与信）と事務は本来一元的に管理すべきであるが，Electronic Banking（EB）化の進展や銀行の経営効率化に伴う人員削減や合理化により，現実には貿易与信と事務が別々に行わざるを得ない状況を紹介し，３メガバンクの外為営業推進・事務処理体制について比較検討している[35)]。

③　外為事務処理体制の３類型

井上（2010）は３メガバンクの外為営業推進・事務処理体制を，与信・事務一体型，与信・事務分離型，与信・事務中間型の３類型に分類し（図表3-28参照），その長所，短所を次のように指摘している。

ア　与信・事務一体型

伝統的な銀行の組織（本支店）による事務処理体制であり，支店を中心とした体制である。取引支店で貿易業者名義取引口座の勘定処理等，主に国内顧客に関係する事務処理が行われる為，顧客利便性が高い。更に，与信管理と事務処理が一元的に行われるので与信管理面も優れる。一方で，拠点ごとの人材配置が必要となることから，経営効率面で劣る。

図表 3-28　外為事務処理体制の3類型

<table>
<tr><td colspan="2">分類・分担</td><td colspan="3">類型</td><td>備考</td></tr>
<tr><td>担当者・部門</td><td>外為事務の役割分担</td><td>与信・事務一体型</td><td>与信・事務分離型</td><td>与信・事務中間型</td><td rowspan="2">担当業務
その他</td></tr>
<tr><td>本節で分類する
3つの要素</td><td>井上（2010）での
分類</td><td>従来からの支店を
中心とした体制</td><td>事務処理を本部に
集中した体制</td><td>ハブ＆スポーク方
式を採用した体制</td></tr>
<tr><td rowspan="2">事務処理</td><td>バック事務</td><td>本部</td><td rowspan="2">本部</td><td>本部</td><td>対外受発信
（SWIFT 等）事務
担当</td></tr>
<tr><td>ミドル事務</td><td rowspan="3">支店</td><td>HUB</td><td>貿易金融事務担当</td></tr>
<tr><td>与信管理</td><td rowspan="2">フロント事務</td><td rowspan="2">支店</td><td rowspan="2">支店</td><td>貿易金融与信担当</td></tr>
<tr><td>営業推進</td><td>貿易金融営業担当</td></tr>
</table>

出典：井上（2010）[35] に基づき筆者作成

イ．与信・事務分離型

近時の外為事務処理体制として導入が進むもので，事務処理要員を本部に集中配置する体制である。必要最小限の人員規模で事務処理が可能となる為，経営効率面で優れる反面，与信管理と事務処理が完全に分離してしまうことから，前者に比べて与信管理面の強化が必要となる上，顧客利便性が損なわれる可能性がある。

ウ．与信・事務中間型

全2者を折衷した方式であり，本店と支店の間にハブを置き，ハブ＆スポーク方式を採用した体制である。ハブは外国為替取引の多い，主要な支店内に併設されるのが一般的であり，顧客利便性が前者に比べて高い上に，与信と事務が前者程分離していない。よって，与信管理面，経営効率面のバランスがとれた方式である。

(2)　3類型の事例

①　メガバンクの採用状況（2010年時点）

3メガバンクが2010年当時どの類型を採用していたかであるが，井上（2010）では，与信・事務一体型として，みずほ銀行，与信・事務分離型として，三井住友銀行，与信・事務中間型として，当時の三菱東京UFJ銀行を挙げている[36]（図表3-29参照）。

②　メガバンクの採用状況（2019年時点）

ところで，現在，与信・事務一体型は，地域金融機関に依然として多いとみ

図表 3-29　メガバンクの採用状況（2010 年時点）

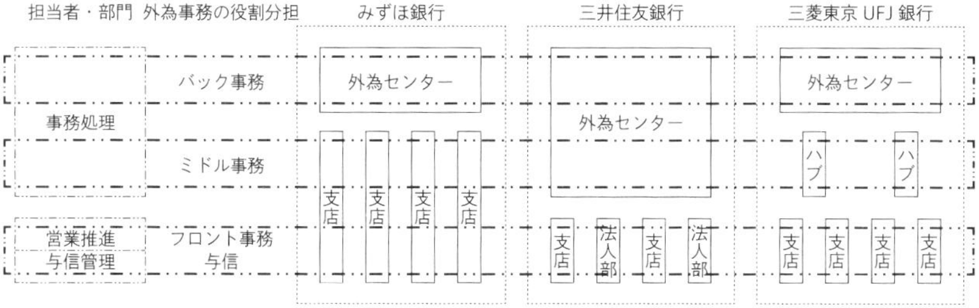
担当者・部門
外為事務の役割分担
みずほ銀行
三井住友銀行
三菱東京 UFJ 銀行
バック事務
事務処理
ミドル事務
営業推進
与信管理
フロント事務
与信
外為センター
支店
外為センター
支店
法人部
外為センター
ハブ
支店

出典：井上（2010）に加筆修正

られる。次に，与信・事務分離型は，2010 年時点で既に採用していた三井住友銀行に加えて，みずほ銀行が採用済みであり，大手地方銀行の一部が試行または検討中とみられる。最後に与信・事務中間型は，三菱 UFJ 銀行が 2010 年以降引き続き採用しており，大手地方銀行の一部が試行または検討中とみられる。

４．資金決済業務の委託

前節では，SWIFT に関連する外為事務委託について紹介したが，本節では，資金決済業務（外国為替円決済制度）における業務委託について紹介したい。

⑴　外国為替円決済制度の概要

外国為替円決済制度は，1980 年 10 月に東京銀行協会を運営主体として発足した。現在全国銀行協会が運営主体となり，日本銀行の資金決済システム（日銀ネット）を利用し国際的な円建て資金決済を担っている[37]（図表 3-30 参照）。

⑵　外国為替円決済制度における業務委託

①　外国為替円決済制度の概要

2019 年 6 月時点の外為円決済制度参加銀行は 200 行である。一方システムに直接アクセスする加盟銀行は，大手銀行や外国銀行中心に 26 行であり，その他の参加銀行は加盟銀行に対して資金決済業務を委託する決済制度事務委託

図表 3-30　外国為替円決済制度の沿革

1980年10月	外国為替円決済制度発足（立会交換）
1989年3月	日銀ネットによるオンライン・ネットワークシステム化
1992年12月	BCCI 事件に対応して，一時停止措置を導入
1994年12月	外為市場売買の「内－内」取引決済にも外為円決済を使用できる旨決議（居住者間スポット物以降取引の外為円決済への一本化：手形交換決済からシフト，外為円決済の全国展開：地域金融機関の参加増加）
1998年12月	新外国為替円決済制度に移行（東銀協をセントラル・カウンターパーティとする制度）
2002年5月	CLS 銀行の外国為替円決済制度参加（決済業務開始は同年9月）
2008年10月	全件 RTGS に移行（日銀ネット当預決済の次世代 RTGS 稼動）
2015年10月	新日銀ネットの全面稼動に伴う稼動時間の延長
2016年2月	新日銀ネットの下での稼動時間の拡大

出典：全国銀行協会（2019）[38]

銀行（以下，委託銀行）の立場となる（図表 3-31 参照）。

② 外国為替円決済制度の流れ

外国為替円決済制度に基づく円建て資金決済の流れは以下の通りである（図表 3-32 参照）。

図表 3-31　外国為替円決済制度参加銀行（2019 年 6 月現在）

	参加銀行		
		加盟銀行	決済制度事務委託銀行
都市銀行	5	4	1
地方銀行	64	0	64
信託銀行	7	3	4
第二地銀協加盟行	35	1	34
外国銀行	55	12	43
信金中金・信金	23	2	21
その他（注1）	10	4	6
合計	200（注2）	26	173

注1：「その他」は，ソニー銀行，住信 SBI ネット銀行，イオン銀行，大和ネクスト銀行，SBJ 銀行，新生銀行，あおぞら銀行，商工組合中央金庫，全国信用協同組合連合会，農林中央金庫
注2：表中には，CLS 銀行（通常決済のみを行う参加銀行）を含む
出典：全国銀行協会（2019）[39]

図表 3-32　外国為替円決済制度の流れ

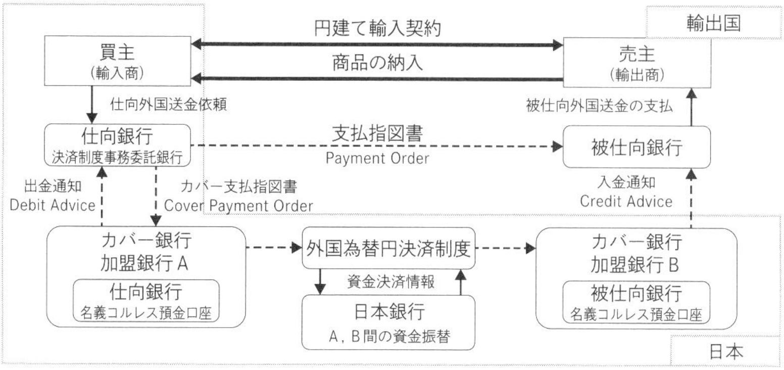
輸出国
円建て輸入契約
商品の納入
買主
(輸入商)
売主
(輸出商)
仕向外国送金依頼
被仕向外国送金の支払
仕向銀行
決済制度事務委託銀行
支払指図書
Payment Order
被仕向銀行
出金通知
Debit Advice
カバー支払指図書
Cover Payment Order
入金通知
Credit Advice
カバー銀行
加盟銀行 A
仕向銀行
名義コルレス預金口座
外国為替円決済制度
資金決済情報
日本銀行
A，B間の資金振替
カバー銀行
加盟銀行 B
被仕向銀行
名義コルレス預金口座
日本

出典：著者作成

海外宛に円建て輸入契約を締結した輸入者より，仕向送金依頼を受け付けた仕向銀行（輸入者取引銀行・決済制度事務委託銀行）は，被仕向銀行への支払指図書を発信すると共に，外為円決済制度加盟銀行にカバー支払指図書を発信し預け入れている仕向銀行名義円建てコルレス預金口座より出金し，他の加盟銀行にある被仕向銀行（輸出者取引銀行）名義円建てコルレス預金口座に入金するよう指図する。

③　外国為替円決済制度での業務委託の意義

外国為替円決済制度では外国為替取引事務委託の類型Ⅰ同様に，地域金融機関の大半は直接外国為替円決済制度に接続せず大手銀行（加盟銀行）に対して全面的にこれに関する事務手続きを委託している。同制度における地域金融機関の業務委託目的は，外為事務委託の目的と全く同じであると思料される。

Ⅲ．地域金融機関の経営課題

1．地域金融機関の基礎的収益力向上

⑴　日本銀行の指摘内容

日本銀行（2019）[40] は，わが国金融システムが将来にわたって安定性を維持し金融仲介機能を円滑に発揮する為に，金融機関に求められる経営課題として，①基礎的収益力向上に向けた取組みの強化，②積極的にリスクテイクを

図表 3-33　金融機関の4つの経営課題

	4つの経営課題	課題の内容・現状・金融機関に求められるもの
1	基礎的収益力向上に向けた取組みの強化（特に地域金融機関）	
	①金融サービス提供力強化	**企業の課題解決**や家計の資産形成支援等の金融サービス提供力を強化
	②金利確保・役務収益増強	主力の国内貸出においてリスクに見合った金利を確保し，また**役務収益**の増加を図る
	③経営効率の抜本的改善	**業務プロセスや経費構造の見直し**等を通じて経営効率を抜本的に高める
	基礎的収益力向上を**強力・効果的に推進する観点から，金融機関間の統合・提携や他業態とのアライアンスも有効な選択肢**となり得る	
2	積極的にリスクテイクを進めている分野におけるリスク対応力の強化	
	①信用リスク面（特に地域金融機関）	**ミドルリスク企業向け**や不動産業向け貸出，海外貸出について**の管理強化が重要** 最近の信用コストが増加に転じつつあることを踏まえ，適正な引当の実施 与信ポートフォリオのリスク特性や将来見通しに基づく与信管理が重要
	②市場リスク面	投資信託やファンド投資の拡大，リスクの多様化・複雑化に対応した管理強化
	③流動性リスク面	海外向けエクスポージャーの拡大に対応した安定調達基盤の確保とストレス対応力の強化
	④システミックリスク面（特に大規模金融機関）	システミックな重要性の高まりを踏まえた強固な財務基盤の確保，グローバルかつグループベースの経営管理の強化，ストレス発生時の秩序ある対応に向けた準備が必要
3	デジタライゼーションへの対応	
	現状	わが国における幅広い主体によるキャッシュレス決済への取組みが加速 金融機関によるオープンAPI，AIやクラウドの活用などが徐々に進みつつある
	デジタル化の影響	新規参入や金融サービスの低価格化を促すなど，既存金融機関の収益機会を侵食する可能性 既存金融機関がサービスのフロンティアを拡大し，抜本的効率化を実現するツールともなり得る
	金融機関の対応	デジタル技術の活用方針を明確化 サイバーセキュリティ・情報管理や**反マネーローンダリング体制の整備**
4	適切な資本政策の実施	
	適切な還元と自己資本充実の両立（特に地域金融機関）	ガバナンスの実情（株式会社か協同組織かなど）に応じ，資本コストを適切に勘案した業務計画を立案するとともに，自己資本の適正水準や配当，有価証券評価益の活用のあり方を含めた資本政策を明確に定め，株主など幅広いステークホルダーと対話を深めていくことが必要

出典：日本銀行（2019）[40] より筆者作成

進めている分野におけるリスク対応力の強化，③デジタライゼーションへの対応，④適切な資本政策の実施の4点を挙げている（図表3-33参照）。

(2)　基礎的収益力向上

4つの課題の内，基礎的収益力向上については，特に国内預貸収益への依存度が高い地域金融機関において重要と指摘し，具体的に対応すべき項目として，①企業の課題解決や家計の資産形成支援等の金融サービス提供力強化，②主力の国内貸出においてリスクに見合った金利の確保，役務収益の増加，③業務プロセスや経費構造の見直しによる経営効率の抜本的改善を挙げている。

① 金融サービス提供力強化

貿易金融サービスは，前述の通り海外販売先，仕入先の開拓という貿易業者を中心とした企業の課題解決にも直接・間接的に資するものといえよう。これは，大手銀行を中心に金融機関は，単に貿易代金決済（資金移動）を行うだけではなく，取引先（貿易業者）に対して，外国為替業務を中心に，貿易実務の指導や，海外情勢に関する情報提供，貿易取引に伴う各種リスク（為替リスク，輸出代金回収リスク，コンプライアンスチェック）へのヘッジ策の提案を行うからである。

図表3-34　輸出金融に関する金融機関調査

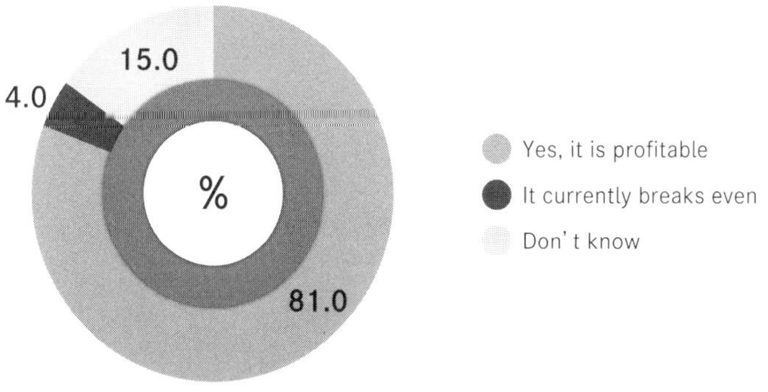
Is export finance business currently a profitable business line for your institution?
15.0
4.0
%
81.0
Yes, it is profitable
It currently breaks even
Don’t know

出典：ICC（2018），p. 76 [41)]

図表 3-35　貿易金融収益予測

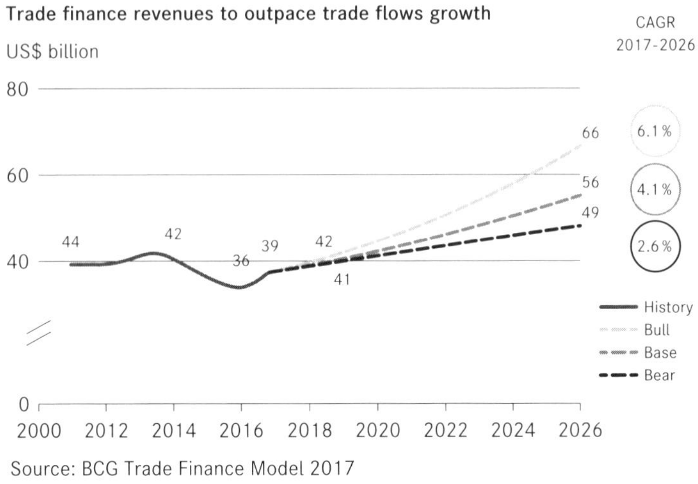
Trade finance revenues to outpace trade flows growth
US$ billion
CAGR
2017-2026
80
60
40
0
44
42
36
39
42
41
66
56
49
6.1%
4.1%
2.6%
History
Bull
Base
Bear
2000
2012
2014
2016
2018
2020
2022
2024
2026
Source: BCG Trade Finance Model 2017

出典：ICC（2018），p. 34 [42)]

② 金利確保・役務収益増強

ICC（2018）によれば輸出金融を実行する金融機関に対する調査で81％の金融機関が，輸出金融が他の金融サービスに比べ収益性が高いと認識している[41)]（図表3-34参照）。

また2017年時点で390億米ドルであった貿易金融の収益が，2026年には560億米ドルに増加するとの見通しを示している（図表3-35参照）[42)]。またICC（2016）[43)]は，他の金融サービスに比べ，貿易金融では（貿易金融取引先自体の破綻や，その海外取引先からの不払い発生による）デフォルト率が低い水準であるとの調査結果も示している。

これらのことから貿易金融は，通常の国内与信取引（貸出，ローン等）に比べて，個々の外国為替取引実行に対して発生する手数料収入等があり，役務収益増強に直結することから，基礎的収益力向上に有効なツールであるといえる。

③ 経営効率の抜本的改善

一方，日本銀行（2019）は金融機関に対して経営効率の抜本的改善を求めているが，外国為替業務，特に信用状取引に代表される荷為替手形取引の取引コストは高止まりしたままである。またFinTechに対する新規投資負担や新規参入による採算悪化や，後述の通り，コンプライアンス管理に至っては寧ろコストアップに直面しており，更なるコスト削減を図る必要がある。

そのような中，日本銀行（2019）が「これらの取り組みを強力・効果的に推進する為に，金融機関間の統合・提携や他業態とのアライアンスも有効な選択肢となり得る」と指摘していることは注目すべき事項であり，本節の提言（貿易金融に関する共通インフラ設立提案）は，日本銀行（2019）の指し示す方向性（今後，地域金融機関を中心に統合・提携を促進する）と平仄が合うものと考える。

2．外国為替業務のコスト削減対策

⑴　FinTechの導入

拙稿（2017a）では，大手銀行を中心にFinTech活用による貿易金融の高度化への取組み事例について紹介した。銀行業務の効率化，与信管理の高度化，システム維持コストの削減，コンプライアンス管理の高度化等，金融機関側のメリットのみならず，貿易業者を始めとした利用者側にも，新しい金融サービスによる利便性享受，取引のスピードアップ，金融コストの削減効果，金融サービスの選択肢の増加等，メリットを指摘し，FinTechのポテンシャルは大きいと思われる。これらを享受する為に，既存の金融機関は，積極的にフィンテック企業との協働を推進し，技術を早急に吸収することで，生き残りを図る必要があると指摘した。

他方，FinTech活用を含む貿易金融の高度化の為に，大手銀行といえども，スキルホルダー（人的資源），システム投資（設備）に対する投資額は，相当規模になることが予想され，2017年以降も，国際的なアライアンスが組成されている。このような複数の金融機関による提携の動きは今後益々加速するものと思料される。

⑵　外為コンプライアンスの厳格化

また，拙稿（2017b）では，改正犯罪収益移転防止法に基づく金融機関のマネー・ローンダリング防止（Anti-Money Laundering：AML）体制整備について紹介し，従来複数の法令により規定される取引時／本人確認手続き規定再編を提言した。その狙いは，法令ごとの違いにより，煩雑な金融機関職員への研修教育や行内規程整備や，顧客説明に係る時間浪費の解消であった。再編により，個々の職員のスキル向上のみならず，改正犯収法の求めるAML体制強化に資すると共に，顧客サービス改善につながると提言した。

拙稿（2019）では，AML体制の更なる強化を目的に，預金保険機構を介して犯罪収益移転防止対策室（Japan Financial Intelligence Center：JAFIC）が保有する疑わしい取引の届出情報を共有するシステムを構築することを提言した。JAFICが保有する疑わしい取引の届出情報を業界全体で活用できれば，より積極的な疑わしい取引の抑止に繋げ，AML体制強化に大いに資する指摘した。

加えて，スキルホルダー（人的資源），システム投資（設備）に限界がある地域金融機関に単独で疑わしい取引に関するデータベースを管理することは困難が予想されることも本節では指摘したい。

(3)　業務委託のインセンティブ増加

この様な経営課題を課される中で，スキルホルダー（人的資源）確保，システム投資（設備）に限界がある金融機関を中心に，業務委託のインセンティブはますます増加するものと思われる。国内業務に関するものであるが，いくつか実際に取組みが開始されている。

2018年11月に，三菱UFJ銀行および三井住友銀行によるATM相互開放が発表された。注目すべきは，将来的に複数の金融機関によるATMの共同運営会社を設立する構想に言及したことである[44]。また，2019年3月にはセブン銀行がATM専業銀行として培った不正検知のノウハウを応用し，疑わしい取引の洗い出し業務を地方銀行など10行以上から受託しているとの報道があった[45]。

Ⅳ．受託専業銀行設立提言

1．受託専業銀行の概要

(1)　受託専業銀行の設立

これらを解決する方策として，貿易金融に関する共通インフラの設立を提言したい。具体的には，大手銀行の外為事務部門を切り離し（場合によっては複数を統合し），外国為替取引の受託に特化した銀行（受託専業銀行）の設立し，受託専業銀行への委託形態は類型Ⅰ（全面委託）を想定するものとする。

受託専業銀行のイメージは図表3-36の通りである。事務与信分離型メガバンクの場合，バック事務，ミドル事務を行う本部部門を分離し，受託専業銀行として統合する。メガバンクを含む全ての金融機関は同行に対して事務委託を行う形となる。また，従来各行ごとに有していたコルレスネットワークの展開・維持は不要となり，それに伴いSWIFT接続等のシステム継続的な設備投資も同様に不要となる。

(2)　受託専業銀行と委託行の役割分担

（委託行となる）大手銀行，地域金融機関はそれぞれ顧客である貿易業者に対する営業推進・与信管理を一義的に行い，受託専業銀行に委託する貿易金融取引に対して債務保証を行う。受託専業銀行は委託行に対し輸出入与信取引を許容する形になる為，委託行の担保差し入れ（国債若しくは，債務保証）を見

図表 3-36　想定される受託専業銀行

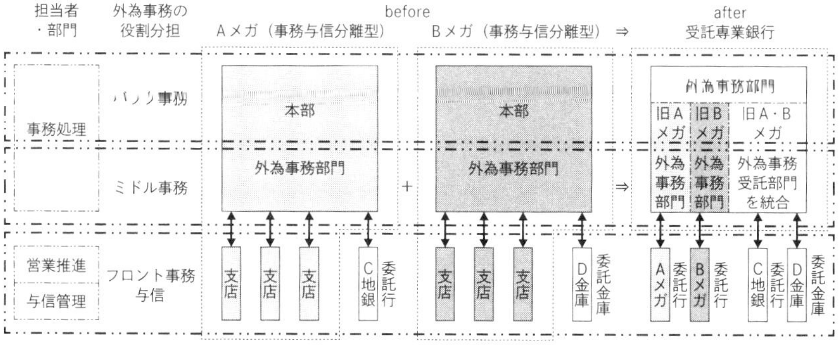
担当者・部門
外為事務の役割分担
before
Aメガ（事務与信分離型）
Bメガ（事務与信分離型）
⇒
after
受託専業銀行
事務処理
バック事務
ミドル事務
本部
外為事務部門
+
本部
外為事務部門
⇒
外為事務部門
旧Aメガ
旧Bメガ
旧A・Bメガ
外為事務部門
外為事務部門
外為事務受託部門を統合
営業推進
与信管理
フロント事務与信
支店
支店
支店
C地銀
委託行
支店
支店
支店
D金庫
委託金庫
Aメガ
委託行
Bメガ
委託行
C地銀
委託行
D金庫
委託金庫

出典：筆者作成

図表 3-37　想定される受託専業銀行による円建て決済

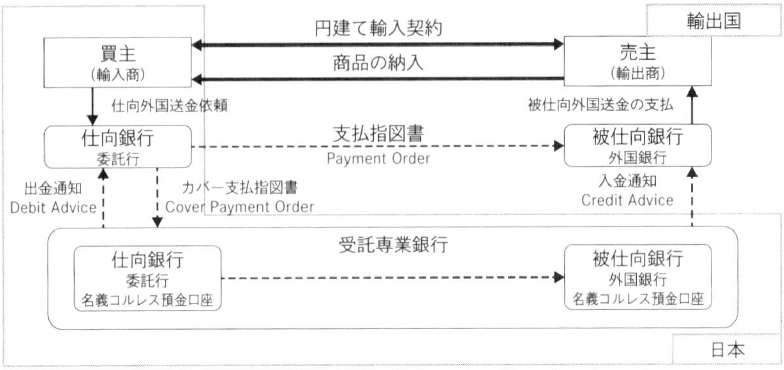

輸出国
円建て輸入契約
買主
（輸入商）
売主
（輸出商）
商品の納入
仕向外国送金依頼
被仕向外国送金の支払
仕向銀行
委託行
支払指図書
Payment Order
被仕向銀行
外国銀行
出金通知
Debit Advice
カバー支払指図書
Cover Payment Order
入金通知
Credit Advice
受託専業銀行
仕向銀行
委託行
名義コルレス預金口座
被仕向銀行
外国銀行
名義コルレス預金口座
日本

出典：筆者作成

返りとして貿易金融サービスを提供する。

円建て取引については，受託行および海外銀行名義の円建てコルレス預金を受託専業銀行に集中することができれば，現在，外為円決済制度が担っている業務も肩代わりすることとなる。これにより従来外為円決済制度で制約のあった取引時限の制限が解消することとなり，業務効率化に加えてスピードアップ化も期待できる（図表 3-37 参照）。

2．受託専業銀行設立効果

これらを踏まえ，貿易業者，大手銀行および地域金融機関それぞれについて，受託専業銀行設立効果について検討したい。

⑴　貿易業者

受託専業銀行は，委託銀行（大手銀行，地域金融機関の営業推進・与信管理部門）の債務保証により貿易金融サービスを提供する。よって委託銀行内の与信稟議が承認されれば，貿易業者の所在地，事業規模，信用力の多寡に拘らず貿易金融サービスを提供することが可能となる。更に受託専業銀行には大手銀行事務処理部門を中核とした，実務的，専門的な貿易金融ノウハウを有する役職員を集中配置することを想定するので，質の高い貿易金融サービスの提供が実現可能と思料される。

(2) 大手銀行および地域金融機関

大手銀行および地域金融機関は，委託行として事務処理部門を分離すると想定する。これにより，貿易業者に対する営業推進・与信管理への集中が可能となり，営業推進に集中することによる金融サービス提供力強化および役務収益強化による基礎的収益力向上に資すると期待できる。また，従来の金融機関ごとに実施されてきた，システム投資および人員育成の重複を無くすことにより，効率的なシステム・人員投資を実現できると思料する。これは，業務プロセスや経費構造の見直しに資すると期待できる。

(3) 受託専業銀行設立の意義

受託専業銀行設立は，貿易業者にとって，均質で質の高い貿易金融サービスが享受できるという大きなメリットが期待できる。また，委託銀行（大手銀行，地域金融機関）は，システム維持コスト削減等の外国為替業務効率化を図るのみではなく，積極的な営業推進・与信管理による基礎的収益力向上に資するというメリットが期待できる。

注

1）SWIFT, "Digitising Trade Finance Facilitating trade finance digitisation through technology-based messaging and legal industry standards".

2）Commerzbank, "Bank Payment Obligation Case studies for the new payment assurance and multibank instrument in Trade Finance, Commerzbank BPO Case Studies, April 2015".

3）essDOCS 社の電子 B/L を利用した TSU-BPO 取引の概要は，以下を参照した。SWIFT, "Market adoption of BPO, SWIFT's Corporates and Supply Chain team, August 2015", pp. 6-7 および，Trade and Forfaiting Review, "Baby BPO is born from essDOCS in four-corner BPO+ transaction involving BHP Billiton, Westpac, Cargill & ANZ", 2015.

4）Polytrade GMBH の情報については，同社 HP を参照した。http://www.polytrade.de/english/default.html (as of September 22, 2015).

5）SWIFT FIN Traffic document centre, "SWIFT IN FIGURES December 2021 YTDS", SWIFT HP (https://www.swift.com/ja/node/12891, as of Janualy 31, 2022).

6）民法 466 条，662 条によって譲渡された担保物件に対する返還請求権を認められるが，善意の第三者に対する対抗はできない。

民法 466 条（債権の譲渡性）

債権は，譲り渡すことができる。ただし，その性質がこれを許さないときは，この限りでない。

2　前項の規定は，当事者が反対の意思を表示した場合には，適用しない。ただし，その意思表示は，善意の第三者に対抗することができない。

民法 662 条（寄託者による返還請求）

当事者が寄託物の返還の時期を定めたときであっても，寄託者は，いつでもその返還を請求することができる。

7）IFC, "BANK PAYMENT OBLIGATION: FINANCIAL INSTRUMENTS TO MANAGE RISK IN THE OPEN ACCOUNT TRADE", pp. 5-8.

8）奈良順司（2015）「貿易金融電子化の系譜」『日本貿易学会誌』第52号，日本貿易学会，30-33頁。

9）長沼健（2015）『国際運送書類の歴史的変遷と電子化への潮流』文眞堂，22-24頁，東証一部・二部上場企業186社の海上運送書類の使用状況。

10）公益社団法人商事法務研究会（2013）『運送法制研究会報告書』63頁にて，海上運送状に対する法的規律を設けるべきとの提言がなされている（https://www.shojihomu.or.jp/documents/10448/126833/unso_report.pdf/ed423b9f-268b-458c-926f-d8a74158e408，最終閲覧日：2022年1月31日）。尚，SWBに関する法的規律については，2014年4月より，法制審議会商法（運送・海商関係）部会にて審議され，2015年3月11日「商法（運送・海商関係）等の改正に関する中間試案」が決定された。法務省HP　法制審議会　商法（運送・海商関係）部会（http://www.moj.go.jp/shingi1/shingikai_syoho.html，最終閲覧日：2022年1月31日）。法務省民事局参事官室（2015）『商法（運送・海商関係）等の改正に関する中間試案』9-15頁。法務省民事局参事官室（2015）『商法（運送・海商関係）等の改正に関する中間試案の補足説明』43-44頁。法制審議会商法（運送・海商関係）部会（2014）「法制審議会　商法（運送・海商関係）部会　第4回会議　議事録」43-50頁。

11）山口修司（2013）「平成25年度JASTPROセミナーより「海上運送書類（B/LとSea Waybill）の法的問題点と将来の展望について」（後編）」『JASTPRO』第39巻，第6号（通巻第420号），日本貿易関係手続簡易化協会，2-5頁の「海上運送状に関するCMI統一規則」に詳しい。

12）税関HP掲載の税関様式C第1100号「保証書」記載要領参照のこと。保証書に押捺する銀行の印鑑について，事前に届け出ることを明記している（http://www.customs.go.jp/kaisei/youshiki/form_C/C1100k-1106k.pdf，最終閲覧日：2022年1月31日）。

13）わが国銀行による外為EBでは，輸入書類到着時の「書類到着案内（Arrival Notice：A/N）」や，被仕向信用状の通知等をPDF形式等で電子的に顧客に送信する体制が確立している。

代表的な外為EBサービス事例：三菱UFJ銀行（http://www.bk.mufg.jp/houjin/it/gaitame/web_banking/BizSTATION/index.html），三井住友銀行HP（http://www.smbc.co.jp/hojin/eb/e-trade/index.html）（最終閲覧日：2022年1月31日）。

14）佐藤武男（2013）『貿易電子化で変わる中小企業の海外進出』中央経済社。

15）檜垣拓也（2014）「電子船荷証券を用いたessDOCSの電子貿易取引スキームについて」『国際金融』1266号，58-64頁。

16）檜垣拓也（2015）「ICCによる銀行支払確約に関する統一規則（URBPO）の特徴とその推進」『国際商事法務』Vol. 43, No. 1（通巻631号），50-59頁。

17）檜垣拓也（2017）「報告シラバス　拡大するessDOCSの電子貿易取引と，電子海上運送状活用の提言」『国際商取引学会年報』第19号，118-131頁。

18）釜井大介（2015）「BPO発展に向けた実務面からの考察―商品性，リスクおよびその発展性について―」『金融法務事情』2016号，43-51頁。

19）受託業務の典型的な事例として，三菱東京UFJ銀行の「外為受託サービス」を挙げたい。同サービスの内容は，①業務体制の整備，②コストの削減，③事務負担の軽減，の3点について課題を抱える委託行に提供するとしており，同サービスの特徴として，①利用する委託行側の事務フローに準拠，②委託行とのウェブによる正確・迅速な事務連絡，③受託専任体制によるサービスの提供，の3つを挙げている。詳細は，「三菱東京UFJ銀行　外為受託サービス」(http://www.bk.mufg.jp/houjin/kinyu/gaitame/index.html，最終閲覧日：2017年12月29日）を参照。また，SWIFT以外の，代表的な委託のケースとして外為円決済制度が挙げられる。これは，SWIFTによって送受信される支払指図等に基づく円カバー資金決済を行うシステムであり，2017年6月末現在の外為円決済制度の参加銀行は，日銀ネットに直接参加して外為円決済事務を行う加盟銀行（26行），加盟銀行に外為円決済事務を委託して間接的に参加する決済制度事務委託銀行（173行）およびCLS銀行の合計200行である。ここでは，決済制度事務委託銀行が委託行，加盟銀行が受託行の立場となる。詳細は，全国銀行協会「2017年外国為替円決済制度に関する情報開示」(2017年7月）2頁（https://www.zenginkyo.or.jp/fileadmin/res/news/news290731.pdf，最終閲覧日：2022年1月31日）参照。

20）SWIFTでは信用状発行は電文雛形700番―Message Type 700（MT700）Issue of a Documentary Creditに基づき発信される。SWIFTは，MT700の基本的な役割を，Indicates the terms and conditions of a documentary creditと規定している。詳細は“Message Reference Guide Category 7 - Documentary Credits and Guarantees for Standards MT November 2021”, p. 17, 23 Jul 2021（https://www2.swift.com/knowledgecentre/rest/v1/publications/us7m_20210723/2.0/us7m_20210723.pdf?logDownload=true, as of January 31, 2022）参照。

21）SWIFTでは信用状転送は電文雛形710番―Message Type 710（MT710）Advice of a Third Bank's or a Non-Bank's Documentary Creditに基づき発信される。SWIFTは，MT710の基本的な役割を，This message is sent by an advising bank, which has received a documentary credit from the issuing bank or the non-bank issuer, to the bank advising the beneficiary or another advising bank.と規定している。SWIFT，前掲注20), p. 91.

22）SWIFT，前掲注20), pp. 17-18, 91-92.

23）信金中央金庫は，信用金庫の業務機能の補完を行っており，本稿に関連する部分では，①市場関連業務のサポートとして，信用金庫との間でデリバティブ取引，外国為替・外貨資金取引および有価証券取引，②決済業務のサポートとして，内国為替・外国為替のほか，資金中継等の決済業務を取扱う。詳細は，http://www.shinkin-central-bank.jp/about/profile/information.html（最終閲覧日：2022年1月31日）参照。

24）取引関係管理ツール（Relationship Management Application：RMA）とは，SWIFTにアクセスする際に銀行間の通信許可を管理するシステムであり，従来の2者間の鍵交換（Bilateral Key Exchange：BKE）を置き換えるかたちで2008年に導入された。SWIFTが，de facto standardとなって以降，コルレス契約締結は，RMA上で相手との通信を許可することを意味している。詳細は，中島真志（2009）『SWIFTのすべて』東洋経済新報社，257-264頁参照。

25）本件に関しては，2017年12月26日に，TSU-BPO取引を行っている金融機関等に架電ヒアリングを実施し確認した。

26）URBPO750の規定については以下を参照。西口博之（2013）「貿易取引の変化と代金決済方法の多様化―ICCによる銀行支払保証統一規則URBPO750に関連して」『NBL』第1015号，25-32頁，および，釜井大介（2013）「BPO統一規則（URBPO）の概要」『金融法務事情』1974号，60-61頁。

27）『外国向為替手形取引約定書』，の第3条（担保），第15条（買戻債務）に関する部分については，以下を参照。松本貞夫（1983）「外国向為替手形取引約定書ひな型の制定について」『金融』434号，13-25頁，および，経済法令研究会（1983）『外国向為替手形取引約定書ひな型の解説』経済法令研究会。

28)『信用状取引約定書』の第3条（担保），第11条（償還債務）に関する部分については，以下を参照。全国銀行協会（1989）「信用状取引約定書ひな型の制定」『金融』第502号，22-31頁。

29) 外為EBのデータ送受信機能の典型的な事例として，三井住友銀行の「Global e-Trade サービス」の輸入LCサービス（輸入決済機能）を挙げたい。同機能では，輸入商が，海外から到着する輸入書類の内容を記した輸入手形書類到着案内通知書（Arrival Notice）を郵送受領ではなく，電子メールで輸入手形書類到着通知，画面上でArrival Noticeおよび，Invoice等，輸入書類の内容確認が可能となる。詳細は，「三井住友銀行の「Global e-Trade サービス」，輸入LCサービス」（http://www.smbc.co.jp/hojin/eb/e-trade/service2.html，最終閲覧日：2022年1月31日）および，三井住友銀行の「Global e-Trade サービス」，導入事例，輸入LCサービス（輸入決済機能）の利用例（2）」（http://www.smbc.co.jp/hojin/eb/e-trade/jirei.html，最終閲覧日：2022年1月31日）参照。

30) 金融庁は，2016年9月のベンチマーク発出により，地域金融機関に地域経済活性化へ一層の貢献を求める方針を明確化した。詳細は，金融庁『金融仲介機能のベンチマーク』（http://www.fsa.go.jp/news/28/sonota/20160915-3/01.pdf，最終閲覧日：2022年1月31日）および，金融庁HP「金融仲介機能のベンチマークについて～自己点検・評価，開示，対話のツールとして～」（http://www.fsa.go.jp/news/28/sonota/20160915-3.html，最終閲覧日：2022年1月31日）参照。

31) 財務省（2021）「国際収支総括表【年度・半期】」（https://www.mof.go.jp/international_policy/reference/balance_of_payments/bp_trend/bpnet/sbp/s-1/6s-1-2.csv，最終閲覧日：2022年1月31日）。

32) ICC（2018），"2018 GLOBAL TRADE – SECURING FUTURE GROWTH", pp. 31-34（https://iccwbo.org/publication/global-survey-2018-securing-future-growth/，最終閲覧日：2022年1月31日）.

33) 井上泰伸（2010）「貿易金融の事例検証と銀行の与信管理」『国際商取引学会年報』第12号，99-109頁。

34) 井上泰伸，前掲注33)，102-105頁。

35) 井上泰伸，前掲注33)，105-106頁。

36) 井上泰伸，前掲注33)，106頁，図5。

37) 外国為替円決済制度・外国為替円決済システムについては，以下を参照。中島真志（2013）『決済システムのすべて（第3版）』東洋経済新報社，290-297頁。

38) 全国銀行協会（2019）「外国為替円決済制度に関するFMI原則にもとづく情報開示について　別添資料　2019年　外国為替円決済制度に関する情報開示」4頁（https://www.zenginkyo.or.jp/fileadmin/res/news/news310731.pdf，最終閲覧日：2022年1月31日）。

39) 全国銀行協会，前掲注38)，2頁。

40) 日本銀行（2019）『金融システムレポート（2019年4月）』88-90頁（http://www.boj.or.jp/research/brp/fsr/data/fsr190417a.pdf，最終閲覧日：2022年1月31日）。

41) ICC，前掲注32)，pp. 75-80.

42) ICC，前掲注32)，pp. 33-34.

43) ICC（2016），"2016 ICC TRADE REGISTER REPORT GLOBAL RISKS IN TRADE FINANCE", pp. 21-56（https://www.icc-switzerland.ch/images/8.ICC-Trade-Register-Report-2016.pdf, as of January 31, 2022）.

44)「三菱UFJ平野社長，ATM開放「共同運営会社も」」『日本経済新聞』電子版，2018年11月13日（https://www.nikkei.com/article/DGXMZO37707570T11C18A1EE9000/，最終閲覧日：2022年

1月31日）。

45)「マネロン対策で「特需」，セブン銀に地銀が順番待ち」『日本経済新聞』電子版，2019年3月6日（https://www.nikkei.com/article/DGXMZO42104750W9A300C1EE9000/，最終閲覧日：2022年1月31日）。

参考文献

Comité Maritime International (1990), "CMI Uniform Rules for Sea Waybills".

ICC (2014), "The ICC Guide to the Uniform Rules for Bank Payment Obligations".

釜井大介（2013）「BPO統一規則（URBPO）の概要」『金融法務事情』1974号，60-61頁。

佐藤武男（2015）「「電子貿易決済サービス（TSU・BPO）による貿易ビジネスの革新」（上）―貿易円滑化とビジネスの迅速化で日本と世界の貿易発展につなげる―」『貿易と関税』通巻第743号，日本関税協会，42-52頁。

佐藤武男（2015）「「電子貿易決済サービス（TSU・BPO）による貿易ビジネスの革新」（下）―貿易円滑化とビジネスの迅速化で日本と世界の貿易発展につなげる―」『貿易と関税』通巻第744号，日本関税協会，4-14頁。

中島真志（2009）『SWIFTのすべて』東洋経済新報社。

中村中・佐藤武男（2013）『貿易電子化で変わる中小企業の海外進出』中央経済社。

西口博之（2013）「新しい貿易金融サービス―SWIFT/ICCによる電子信用状の行方―」『国際金融』1250号，外国為替貿易研究会，66-73頁。

花木正孝（2017）「外国送金受付時の本人確認手続き再編提言」『国際商取引学会年報』第19号，47-57頁。

花木正孝（2019）「預金保険機構（DICJ）を介したAML強化の提言―JAFICとの疑わしい取引の届出情報共有システムの構築―」『国際商取引学会年報』第21号，106-118頁。

檜垣拓也（2013）「L/Cに代わるTSU/BPOの動向，有効性，並びに推進課題の考察」『国際商取引学会年報』第15号，34-47頁。

檜垣拓也（2013）「「銀行支払確約」付TSUの仕組み・現状とSME利用への考察」『国際金融』1249号，外国為替貿易研究会，74-81頁。

檜垣拓也（2014）「TSU/BPO取引の概要と「銀行支払確約に関する統一規則」」，『国際商事法務』Vol. 42, No. 1（通巻619号），国際商事法務研究所，49-60頁。

檜垣拓也（2015）「ICCによる銀行支払確約に関する統一規制（URBPO）の特徴とその推進」『国際商事法務』Vol. 43, No. 1（通巻631号），国際商事法務研究所，50-59頁。

山口修司（2013）「平成25年度JASTPROセミナーより「海上運送書類（B/LとSea Waybill）の法的問題点と将来の展望について」（前篇）・（後編）」『JASTPRO』第39巻　第5・6号（通巻第419・420号），日本貿易関係手続簡易化協会，1-13・1-15頁。

第4章
ポスト TSU-BPO 時代への示唆

本章では，ポスト TSU-BPO 時代の貿易代金決済電子化について説明したい。第1節では，現在の金融業界にとって大きなトピックスとなっている FinTech の勃興について紹介し，これが貿易代金決済電子化に与える影響について説明したい。第2節では，FinTech の根幹をなすブロックチェーン技術（Blockchain − BC）と呼ばれる，分散台帳技術（Distributed Ledger Technology：DLT）技術の発展について紹介し，これを活用した貿易代金決済電子化スキームの提言を行いたい。第3節では，FinTech の進展を含む TSU-BPO 取引失敗の原因について，その普及阻害要因を検討したい。

第1節　FinTech の勃興

Ⅰ．FinTech の概念

1．FinTech の誕生

リーマンショック以降，米国で生まれた，金融（Finance）と技術（Technology）の合成語である「フィンテック（FinTech）」は，現在大きな注目を集めている。多くのベンチャー企業が，FinTech を活用した革新的な金融取引スキームを提案しており，クラウドファンディングに代表される小口金融仲介分野や，PayPal，MoneyGram，Western Union 等に代表される小口資金決済分野，ビットコインに代表される暗号資産（仮想通貨）といった新たな分野で，新しい金融業界として勢力を伸長し，銀行を始めとした伝統的な金融業界でのみ取り扱われてきた預金，貸付，為替からなる固有3業務のテリトリーを浸食しつつある。このような事態に，金融業界も大きな危機感を持つに至り，これらに対抗する為に，積極的にFinTech活用を試み始めている。本節では，新旧金融業界におけるFinTech活用の動きの中で，特に外国為替業務に対する影響を指摘するものである。

2．FinTechの定義

FinTechという言葉は，リーマンショック以降，マスコミなどに頻出するようになった。FinTechが一躍世間の耳目を集める契機となったのは，JPMorgan Chase & Co.のCEOである，Jamie Dimon氏が2015年4月株主宛メッセージの中で述べた，"Silicon Valley is coming." という言葉であった。このメッセージは更に "Competitors are coming in the payments area." と続き，ダイモン氏のFinTechに対する危機感が表れていた[1]。同時にFinTechを利用するベンチャー企業の一群が，FinTech企業（FinTech Startups）として注目を集めるようになった。FinTech企業の定義については，現状明確なものがないが[2]，本節では，①IT技術（Information Technology）を利用し，②革新的な金融サービスの提供を行う，③ベンチャー企業または，新規参入企業である，という3点を満たす企業と定義したい。したがって，①銀行，証券，保険会社等の伝統的金融機関や，②SWIFTを代表とする金融システム関連事業者はFinTech企業に該当しない。

ところで，銀行間の決済システムや，個々の銀行勘定系システムを始めとする，既存の金融システムには，従来から多額のシステム投資がなされており，そこには先進的なIT技術が使用されている。しかし，既存の金融システムに利用されるIT技術と，FinTechの間には明確な相違点があると指摘されている。その相違点とは，FinTechでは，①アプリケーション・プログラミング・インタフェース（Application Programming Interface：API），②人工知能（Artificial Intelligence：AI），③BC（DLT）技術の，従来の金融IT技術と一線を画す革新的な3つの技術的基盤が導入されている点である[3]。

(1)　アプリケーション・プログラミング・インタフェース

APIとは，他のシステム等に機能を提供する為の規約のことで，オープンソース（Open Source）実現の鍵となる技術である。オープンソースとは，自らの技術に係るプログラム（Source Code）をネット上に公開し，第三者がこれを取り込み，改善を加えることで，更なる技術革新を行う開発手法のことである。FinTech では API を活用し，銀行の持つ閉鎖的なシステム内にあるソースコードやデータを，FinTech 企業が提供するサービス開発・運営の為に提供する。

⑵　人工知能

AI とは，その命名者といわれる John McCarthy 博士の定義では，知的な機械，特に知的なコンピュータプログラムを指し，知能とは，実際の目標を達成する能力の計算的な部分を意味する[4)]。代表的な事例として，IBM の“Watson”や，Apple の“Siri”が挙げられる。FinTech では，ロボ・アドバイザーとして，①投資銘柄自動選定，②与信取引自動判定，③電話・窓口応対システム，の3つの業務に活用することが期待されている。

⑶　ブロックチェーン

ブロックチェーンとは，対等な者（Peer）同士が繋がるネットワーク（peer-to-peer network：P2P Network）を利用した，改竄不能なデータベース技術を意味し，中央サーバーを維持する，信頼できる第三者を必要としない，取引の非可逆性を実現できる仕組みのことである。既存の金融システムにおいては，信頼できる第三者とは，決済システムにおける集中決済機関や，銀行の支店を束ねる本店の勘定システム統括部門が有する中央サーバー等がこれに該当する。従来の決済システムと比較すると図表 4-1, 2 のようになる。

3．ブロックチェーンによる決済システム

従来の決済システムが，集中決済機関の中央サーバーで，取引データ（預金残高，支払指図等）を一括して管理しているのに対し，ブロックチェーンは，そのような中心的なものがない。ブロックチェーンの特徴は，大多数の参加者が確認することにより，改竄データを排除できることである。

その流れは，図表 4-3 のように，①取引発生時に，各取引データ（ブロッ

図表 4-1　既存の決済システムイメージ図

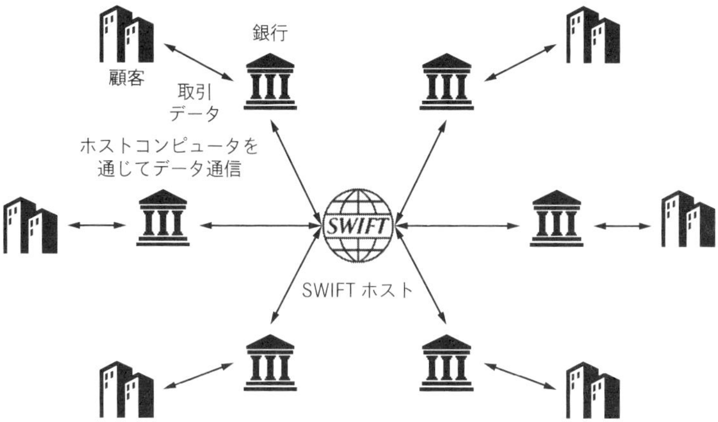
銀行
顧客
取引
データ
ホストコンピュータを
通じてデータ通信
SWIFT
SWIFT ホスト

出典：筆者作成

図表 4-2　ブロックチェーン利用した決済システムイメージ図

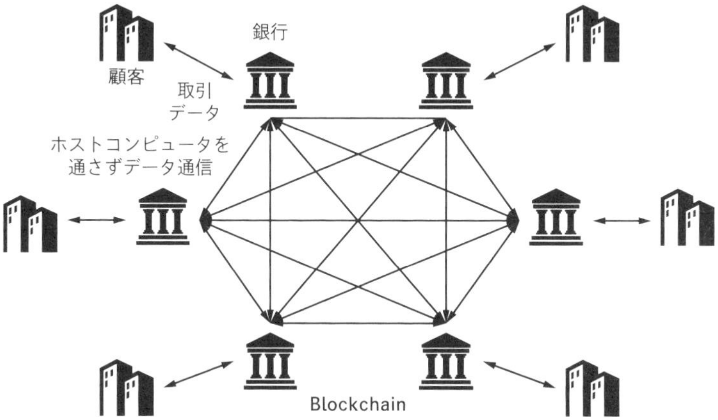
銀行
顧客
取引
データ
ホストコンピュータを
通さずデータ通信
Blockchain

出典：筆者作成

ク）は全参加者に送信され，②送信されたブロック全体に対して，約10分ごとに「暗号学的ハッシュ関数」に基づく計算競争が行われ，③最初に正解を得た参加者が勝者となる。この際，計算回数による多数決が実施される。そして，勝者の計算結果が，プルーフ・オブ・ワーク（POW）となり，確定する。④このプルーフ・オブ・ワークが，新たなブロックとして次の取引データに組

図表 4-3　ブロックチェーンの流れ

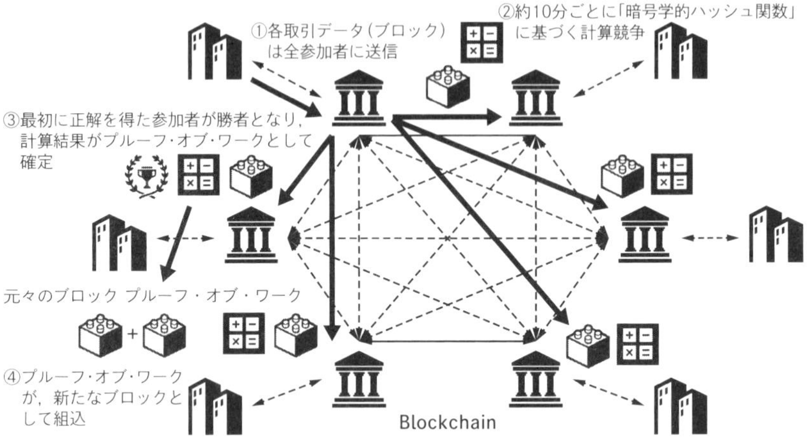
①各取引データ（ブロック）は全参加者に送信
②約10分ごとに「暗号学的ハッシュ関数」に基づく計算競争
③最初に正解を得た参加者が勝者となり，計算結果がプルーフ･オブ･ワークとして確定
元々のブロック
プルーフ・オブ・ワーク
④プルーフ･オブ･ワークが，新たなブロックとして組込
Blockchain

出典：筆者作成

込まれ，そして①～④の過程を繰り返し，ブロックが鎖でつながれたように伸びていく。ブロックを改竄するためには，時間を遡るか，膨大な計算競争に勝つ必要があり，このいずれもが実現不可能と想定されることから，信頼性が担保できるということになる[5)]。

FinTech では，ブロックチェーンの持つ，①可観測性（Observaility）による当事者間の合意確保，②検証可能性（Verifiability）による合意内容の履行確保，③私的自治（Privity）による，チューリング完全，の3つの特徴を活用し，①金融機関内の勘定系システムや，②決済システム（証券決済，国内外資金決済）の更新を始め，将来的には，③スマートコントラクト（契約制度のデジタル化）や，④ビットコインに代表される仮想通貨の技術的基盤に活用することを期待されている。

Ⅱ．FinTech を巡るトピックス

1．FinTech 企業の事業拡大

現在，FinTech 企業のサービス領域は年々拡大しており，預金業務（資産運用・管理），貸出業務（資金調達），為替業務（資金決済）からなる伝統的な

銀行の3つの固有業務全てに進出している。特に，①資産運用・管理業務では，個人資産管理（Personal Financial Management：PFM）および，ロボ・アドバイザーによる投資助言サービスへの応用，②資金調達業務では，融資仲介（Peer-to-peer lending，または，Social Lending）および，商流ファイナンスといった新たな貸出業務への応用，③資金決済業務では，国内外向け小口送金サービスおよび，決済システムの高速化，低コスト化への応用といった分野で顕著な発展がみられる。ここで，新しい国際的な資金決済業務の高度化に係る動きとして，昨年後半に相次いで発表された，FinTech 企業の主導する，ブロックチェーンを活用したシステム構築計画および，これに対抗する形でSWIFT が試行開始した新たな決済システムについて紹介したい。

2．決済業務を巡る FinTech 企業の動き

(1)　R3CEV LLC

R3CEV LLC は米国で 2014 年に設立された，ブロックチェーン技術開発企業である。同社が有名になったのは，ブロックチェーン活用による決済システム高度化を目指し，2015 年 9 月，R3 Blockchain Consortium を結成してからである。当初世界の主要な金融機関 9 社が参加していたが，2015 年 12 月時点で 42 社が参加していると発表され，2016 年以降も新規参加が相次いでいる[6)]。R3CEV LLC のターゲットとしているのは，証券決済システム，外国為替資金決済システム，仮想通貨の基盤である。2015 年 12 月時点の R3 Blockchain Consortium 参加金融機関は，図表 4-4 のようになる。

また，2016 年 8 月には，R3CEV LLC および 15 社が，国際ファクタリングや信用状取引に代表される貿易金融向けシステムのプロタイプ完成が発表された[7)]。

3．決済業務を巡る伝統的決済機関の動き

このような FinTech 企業の攻勢に対する，伝統的決済機関の対抗策であるが，代表的なものとして，SWIFT の構想について紹介したい。2015 年 12 月，SWIFT は従来の決済システム改善を図る為，“The global payments innovation initiative（gpi）”の発足を発表した。gpi の目標は，①資金の即日

図表 4-4　R3 Blockchain Consortium（2015 年 12 月時点）

gpi	金融機関名	gpi	金融機関名	gpi	金融機関名
	BMO Financial Group	○	Deutsche Bank		OP Financial Group
○	Banco Bilbao Vizcaya Argentaria		Goldman Sachs ☆	○	RBC Royal Bank
○	Banco Santander	○	HSBC	○	Royal Bank of Scotland
○	Bank of America Merrill Lynch	○	ING Bank		Scotiabank
○	Bank of New York Mellon	○	Intesa Sanpaolo	○	SEB
○	Bank of Tokyo-Mitsubishi UFJ	○	JPMorgan Chase	○	Société Générale
○	Barclays		Macquarie Bank		State Street
○	BNP Paribas	○	Mizuho Bank	○	Sumitomo Mitsui Banking Corporation
○	CIBC		Morgan Stanley ☆	○	TD Bank
○	Citibank	○	National Australia Bank	○	UBS
○	Commerzbank	○	Natixis	○	UniCredit
○	Commonwealth Bank of Australia		Nomura ☆		U.S. Bancorp
○	Credit Suisse	○	Nordea Bank	○	Wells Fargo
○	Danske Bank		Northern Trust		Westpac Banking Corporation

○印：SWIFT gpi（後述）参加行，金融機関名の後に☆印：証券会社
出典：R3CEV LLC，SWIFT 資料より筆者作成

利用を可能にする，②銀行間手数料の透明性と予測可能性を改善する，③依頼人から受益者に至る決済の流れを追跡可能とする，④充実した決済情報を送信可能とする，の 4 点である。当初 45 行が gpi に参加し，2016 年 4 月には内 21 行による試行開始が発表された。2016 年 9 月現在 85 行が gpi に参加し（図表 4-5 参照），2021 年 9 月時点では 785 行に増加している[8)]。

gpi の概念は図表 4-6 の通りである[9)]。銀行間のメッセージ送受信を，従来のように SWIFT ホストサーバーを介して行うのではなく，①新たな国際間の決済システムを構築し，②銀行間でサービスレベル合意書（Service Level Agreement：SLA）を締結，③コンプライアンス機能および，流動性供給機能の強化をしつつ，④（ブロックチェーンのように）参加銀行が対等な立場でメッセージ送受信（P2P Messaging）を行うことで，即時決済を実現することである。これらの概念を実現することにより，前述の 4 つの目標を達成するとしている。

一方，gpi 不参加の金融機関には，従来の SWIFT ホストサーバー経由で電文が送受信される。SWIFT は gpi において，自らを完全に代替する形でブロックチェーン技術を採用するとはしていない[10)]。その代わりに，gpi 参加銀

図表 4-5　SWIFT gpi 参加金融機関（2016 年 9 月現在）

SWIFT gpi initiative banks

80+

initiative banks

Channelling payments into 224 countries

Representing 71% of all SWIFT cross-border payments

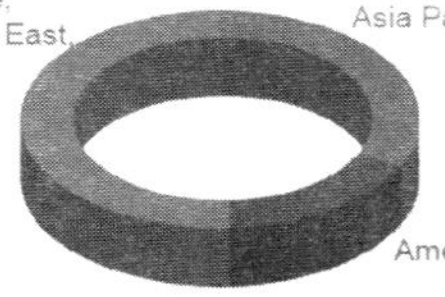
50%
Europe, Middle East, Africa
30%
Asia Pacific
20%
Americas

Regional representation of SWIFT gpi banks

1. ABN AMRO Bank
2. ABSA Bank
3. Alfa-Bank
4. Australia and New Zealand Banking Group*
5. Axis Bank
6. Banco Bilbao Vizcaya Argentaria
7. Bangkok Bank
8. Bank of America Merrill Lynch*
9. Bank of China*
10. Bank of New York Mellon*
11. Bank of Nova Scotia
12. Bank of the Philippine Islands
13. Bank of Tokyo-Mitsubishi UFJ*
14. Banco Santander
15. Banco de Crédito del Peru
16. Banco do Brasil
17. Banque Européenne d'Investissement
18. Barclays*
19. BNP Paribas*
20. Budapest Bank
21. CaixaBank
22. Canadian Imperial Bank of Commerce
23. China Construction Bank
24. China Merchants Bank
25. Citibank*
26. Commonwealth Bank of Australia
27. Commerzbank
28. Crédit Agricole
29. Crédit Mutuel-CIC Banques
30. Credit Suisse
31. CTBC Bank
32. Danske Bank*
33. DBS Bank*
34. Deutsche Bank
35. Ecobank
36. E.Sun Commercial Bank
37. Erste Bank
38. Fifth Third Bank
39. FirstRand Bank
40. Handelsbanken
41. Helaba Landesbank Hessen-Thüringen
42. HSBC Bank
43. ICICI Bank
44. Industrial and Commercial Bank of China*
45. ING Bank*
46. Intesa Sanpaolo*
47. Investec
48. Itaù Unibanco
49. JPMorgan Chase Bank*
50. Kasikornbank
51. KBC Bank
52. KEB Hana Bank
53. Lloyds Bank
54. Mashreq Bank
55. Maybank
56. Mizuho Bank*
57. National Australia Bank
58. Natixis
59. Nordea Bank*
60. Oversea-Chinese Banking Corporation
61. PKO Bank Polski
62. Promsvyazbank
63. Rabobank
64. Raiffeisen Bank International
65. Resona Bank
66. Royal Bank of Canada*
67. Royal Bank of Scotland
68. Sberbank
69. Siam Commercial Bank
70. Silicon Valley Bank
71. Skandinaviska Enskilda Banken
72. Société Générale
73. SpareBank 1
74. Standard Bank of South Africa
75. Standard Chartered Bank*
76. Sumitomo Mitsui Banking Corporation*
77. Swedbank
78. Tadhamon International Islamic Bank
79. TMB Bank
80. Toronto-Dominion Bank
81. UBS
82. U.S. Bank
83. UniCredit*
84. United Overseas Bank
85. Wells Fargo*

(*) Pilot bank

出典：SWIFT, "The SWIFT global payments innovation initiative"

図表 4-6　gpi 概念図

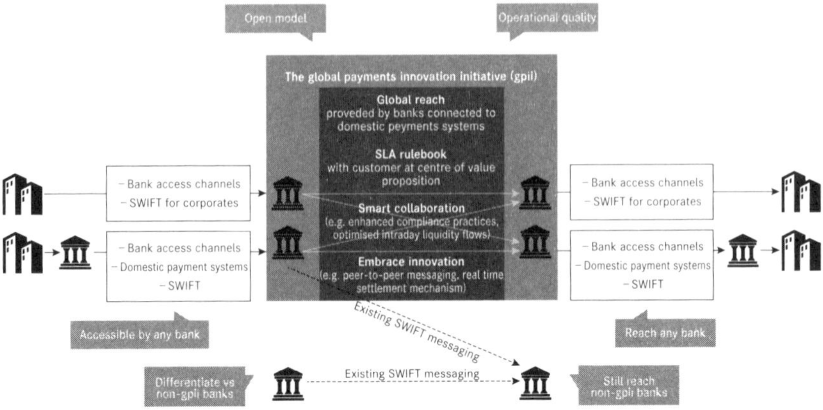
Open model
Operational quality
The global payments innovation initiative (gpii)
Global reach
proveded by banks connected to domestic peyments systems
SLA rulebook
with customer at centre of value proposition
Smart collaboration
(e.g. enhanced compliance practices, optimised intraday liquidity flows)
Embrace innovation
(e.g. peer-to-peer messaging, real time settlement mechanism)
– Bank access channels
– SWIFT for corporates
– Bank access channels
– Domestic payment systems
– SWIFT
– Bank access channels
– SWIFT for corporates
– Bank access channels
– Domestic payment systems
– SWIFT
Accessible by any bank
Reach any bank
Existing SWIFT messaging
Differentiate vs non-gpii banks
Existing SWIFT messaging
Still reach non-gpii banks

出典：SWIFT “The global payments innovation initiative factsheet” 9)

行間で，Payment-Tracker と称するメッセージ処理状況を共有する仕組みを装備することで，ブロックチェーン同様，P2P 環境下で迅速な処理を実現する構想である。

Ⅲ．わが国における FinTech 推進状況

1．政府の検討状況

(1)　金融庁

ここで，わが国内の動きとして，2015 年末に金融審議会が公表した，「決済業務等の高度化に関するワーキンググループ報告～決済高度化に向けた戦略的取組み～」について紹介したい。報告の中で，金融業界を取り巻く 2 つの環境変化，①金融・IT 融合（FinTech の登場）によるイノベーション，および，②先進的な決済サービスに対するニーズの高まりにより，決済高度化に向けた戦略的取組みが必要になるとの指摘がなされた。そして，① FinTech の活用と決済サービスの革新，②決済システムの安定性および安全性確保，③ FinTech の利用促進と利用者保護，④わが国が国際的な資金決済業務で主導的役割を果たす，の 4 つの観点から，わが国における資金決済業務の今後あるべき姿を纏め，具体的施策として，決済インフラ改革（「5 つの改革」）を提

唱した[11]。

5つの改革とは，まず決済インフラの抜本的機能強化として，①2018年頃を目途として，既存の国内決済システムの加盟銀行と共に，新システム（「金融・ITネットワークシステム（仮称）」）を構築し，2020年には企業間の国内送金指図について，国際標準に合わせた電文（XML電文）に全面的に移行する。これにより利用者（企業）は，従来の決済情報だけの固定式電文では不可能だった，売上・仕入に関するデータとの連携も可能となり，資金決済業務の効率化・高度化や，電子データ交換（Electronic Data Interchange：EDI）情報を活用した自社事業分析，販路拡大等が可能となると期待されている。次に，国内外一体の決済環境を実現するとして，②送金フォーマット項目の国際標準化（2016年度中を目途に論点を整理），③早ければ2016年度中に，居住者・非居住者間の取扱い区分を撤廃（国内円送金），④2018年を目途に，新たに「ロー・バリュー国際送金」の提供を目指す，⑤大口送金の利便性向上（100億円以上の送金の容易化）が挙げられる。

また，金融庁はこれとは別に，2015年12月22日「金融グループを巡る制度のあり方に関するワーキング・グループ報告」を公表し，金融グループを巡る環境変化として，「金融グループの経営形態の多様化」とならんで，「ITイノベーションの急速な進展」を挙げ，①金融関連IT企業等への出資の容易化，②銀行グループ内外の決済関連事務等の受託の容易化，からなる2つの施策が必要と指摘した[12]。この内，①については，改正銀行法案として，2016年5月25日に参院本会議で可決成立した。

(2)　経済産業省

2015年10月6日，経済産業政策局産業資金課の主導で，「産業・金融・IT融合に関する研究会（FinTech研究会）」が発足し，2016年4月まで11回開催された。また，2016年4月28日，商務情報政策局情報経済課により，「ブロックチェーン技術を利用したサービスに関する国内外動向調査」が公表され，ブロックチェーン技術活用のユースケースとして14分野が指摘された[13]（図表4-7参照）。

図表 4-7　ブロックチェーン技術活用のユースケース

金融系
決済
(SETL, FactoryBanking)
為替・送金・貯蓄等
(Ripple, Stellar)
証券取引
(Overstock, Symbiont, BitShares, Mirror, Hedgy)
bitcoin 取引
(itbit, Coinffeine)
ソーシャルバンキング
(ROSCA)
移民向け送金
(Toast)
新興国向け送金
(Bitpesa)
イスラム向け送金／シャリア遵法
(Abra, Blossoms)
ポイント／リワード
ギフトカード交換
(GyftBlock)
アーティスト向けリワード
(PopChest)
プリペイドカード
(BuyAnyCoin)
リワードトークン
(Ribbit Rewards)
資金調達
アーティストエクイティ取引
(PeerTracks)
クラウドファンディング
(Swarm)
コミュニケーション
SNS
(Synereo, Reveal)
メッセンジャー，取引
(Getgems, Sendchat)
資産管理
bitcoin による資産管理
(Uphold（旧 Bitreserve))
土地登記等の公証
(Factom)
ストレージ
データの保管
(Storj, BigchainDB)
認証
デジタル ID
(ShoCard, OneName)
アート作品所有権／真贋証明
(Ascribe/VeriSart)
薬品の真贋証明
(Block Verify)
シェアリング
ライドシェアリング
(La'ZooZ)
商流管理
サプライチェーン
(Skuchain)
トラッキング管理
(Provenance)
マーケットプレイス
(OpenBazaar)
金保管
(Bitgold)
ダイヤモンドの所有権
(Everledger)
デジタルアセット管理・移転
(Colu)
コンテンツ
ストリーミング
(Streamium)
ゲーム
(Spells of Genesis, Voxelnauts)
将来予測
未来予測，市場予測
(Augur)
公共
市政予算の可視化
(Mayors Chain)
投票
(Neutral Voting Bloc, Votosocial)
バーチャル国家／宇宙開発
(BitNation/Spacechain)
ベーシックインカム
(GroupCurrency)
医療
医療情報
(BitHealth)
IoT
IoT
(Adept, Filament)
マイニング電球
(BitFury)
マイニングチップ
(21 Inc.)

出典：「ブロックチェーン技術を利用したサービスに関する国内外動向調査」13)

2．主要金融機関の取組み

わが国の主要金融機関の取組み状況であるが，本節では3メガバンクグループの動向について紹介する。図表 4-8 は，2014 年 12 月以降の，メガバンクによる代表的な FinTech 企業への出資案件や，FinTech 企業との共同開発案件等のプレスリリースを取り纏めたものである。3グループ共に，積極的な取組み，例えば，①メガバンク主催の FinTech 技術コンテスト開催などを通じて，基本的な FinTech 技術を摂取し，積極的にオープンソースを図る動きや，②自行のサービス向上に活用可能なものを導入し，一つ一つ堅実に実用化させる動き，③海外の FinTech 企業支援ファンドや，研究機関などと連携することにより，FinTech 企業に関する情報収集・協働推進を図る，等が行われていることがわかる。地域金融機関においても，大手地方銀行を中心に，メガバンク同様の動きを始めている。また，他の地域金融機関も，FinTech について，注意深く検討している様子が窺える。

図表4-8　3メガバンクグループの動向

時期	メガバンク			フィンテック企業への出資，共同開発案件の発表など
	MUFG	みずほFG	SMFG	
2014年12月		○	○	LINE（LINE Pay）と提携
2015年2月	○			Fintech Challenge 2015，11～12月に実用化
2015年6月			○	GMO Payment Gateway（クレジットカード決済）出資
2015年7月		○		Moneyforward（個人資産管理－PFM）提携
2015年8月	○			bitFlyer（ビットコイン取引所）出資
2015年8月			○	米Plug and Play Tech Center（フィンテック企業支援ファンド）と提携
2015年9月	○			R3 Blockchain Consortium発足と同時に参加
2015年9月			○	第1回SMBCオープンイノベーションミートアップ
2015年10月	○			Moneytree（個人資産管理－PFM）出資
2015年10月		○		R3 Blockchain Consortiumに参加
2015年10月		○		Moneytree（個人資産管理－PFM）出資
2015年10月		○		SMART FOLIO（ロボアドバイザー）開始
2015年10月			○	Moneytree（個人資産管理－PFM）出資
2015年12月	○	○		freee（クラウド会計ソフト）と提携
2015年12月			○	R3 Blockchain Consortiumに参加
2015年12月			○	国立情報学研究所と共同研究（ブロックチェーン技術）
2016年1月	○	○	○	SWIFT gpii参加
2016年2月	○			米Plug and Play Tech Cente（フィンテック企業支援ファンド）と提携
2016年2月		○		ブロックチェーン技術の実証実験開始
2016年3月	○			Fintech Challenge 2016
2016年3月		○		Moneytreeによるネットバンキングシステム開発
2016年4月	○	○	○	SWIFT gpii試行参加
2016年5月			○	近畿大学産業理工学部山崎研究室と共同研究
2016年6月		○		日本IBMと仮想通貨の活用に向け共同で技術検証を始めると発表
2016年7月	○			米コインベース（仮想通貨取引所）に出資，共同でMUFGコイン開発計画発表
2016年8月	○			日立と共同でブロックチェーン技術で電子小切手開発を発表

出典：筆者作成

Ⅳ．外国為替業務への影響

FinTechが，今後の外国為替業務へ及ぼす影響として，①ブロックチェーン技術の活用，②銀行API解放によるBig Data・AI活用，③外国為替コンプライアンスの強化，の3点を指摘したい。

1．ブロックチェーン技術の活用

まず，ブロックチェーン技術の活用による銀行間決済への影響であるが，従来の銀行間決済と比較する形で説明する。

(1)　従来の銀行間決済（SWIFT利用，One Payment方式）

従来の銀行間決済として，SWIFTを利用したOne Payment方式の事例を

図表 4-9　従来の銀行間決済（SWIFT 利用，One Payment 方式）

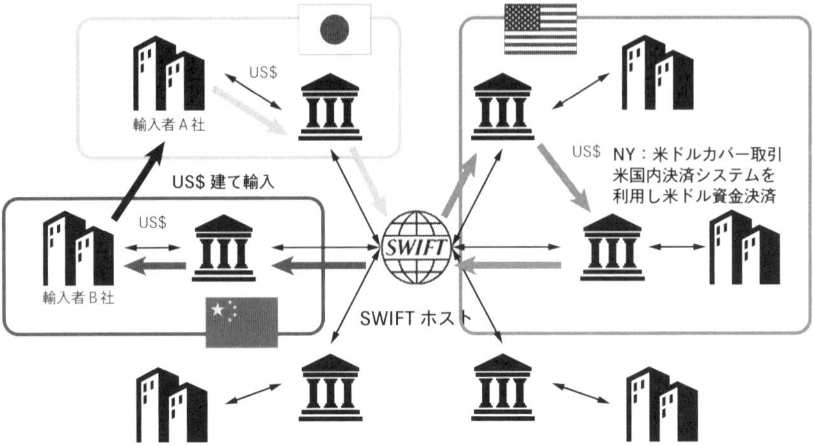
US$
輸入者 A 社
US$ 建て輸入
US$
輸入者 B 社
SWIFT
SWIFT ホスト
US$
NY：米ドルカバー取引
米国内決済システムを
利用し米ドル資金決済

出典：筆者作成

取り上げる（図表 4-9 参照）。仮に中国からの米ドル建て輸入があった場合，日本の輸入者は，銀行を通じて SWIFT に支払指図を送信する。しかし，この電文は直接中国には送信されず，米国で米ドルカバー取引を行う必要から，まずカバー取引関連銀行に電文は送られ，処理完了後初めて中国に送信され，最終的に中国の輸出者への支払いが行われる。この際，従来の銀行間決済では，都度 SWIFT および関連する銀行間で電文の送受信手続きが必要な為，①即時決済不可（手続きに時間がかかる），②銀行手数料等が不透明，③決済経路が一定でない，④大量処理の為，送金資金決済情報が限定される，という 4 つの問題点が発生する。

⑵　ブロックチェーン技術を利用した決済（R3 の構想する銀行間決済）

これに対し，R3 等の構想するブロックチェーン技術を利用した銀行間決済であるが，同様の米ドル建て輸入取引のケースで比較すると図表 4-10 のようになる。銀行から送信される支払指図は，ブロックチェーンに接続する全ての銀行に同時に送信される。米国で行われるカバー取引も同様に，ブロックチェーンに接続する全ての銀行に同時に送信されることから，中国の輸出者取引銀行は，ブロックチェーン経由でこれら一連の取引内容をリアルタイム

図表4-10　ブロックチェーン技術を利用した決済

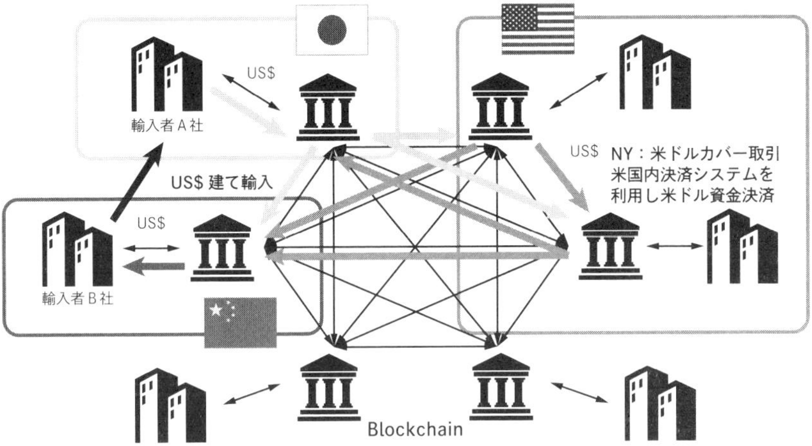
US$
輸入者A社
US$ 建て輸入
US$
輸入者B社
US$
NY：米ドルカバー取引
米国内決済システムを
利用し米ドル資金決済
Blockchain

出典：筆者作成

に把握することができる。この様に，ブロックチェーン技術の導入により，①即日決済が可能となり，②手数料等の透明性と予測可能性が改善され，③資金決済の流れを追跡可能となり，④充実した決済情報を送信可能となる等，の改善が期待できる。無論，即時決済を実現する為には，カバー取引も包含した7days/24hours体制の構築が必要となるのは言うまでもない。

2．銀行API解放によるBig Data・AI活用

(1)　銀行の外国為替与信判断基準

影響の2つ目は銀行API解放によるBig Data・AI活用による効果である。貿易金融等の与信取引を行う銀行が重視するのは，顧客である輸出入者の信用状態と，与信取引の見返り―担保物件の有無とその評価額の2点となる。大企業，中小企業共，信用状態は，財務データ（B/S，P/L等）により判断される。見返りについては，信用状態が良好である大企業取引では，与信取引に際して担保物件の有無は大きな問題にならないが，中小企業取引では，信用力が相対的に見劣りする分，与信取引を採り上げる際，担保物件の有無とその評価額が，より重要な判断材料となる傾向となる。一般的に担保物件として評価されるものには，各都道府県所在の信用保証協会を始めとする公的機関等が銀行

に対して差し入れる借入保証や，不動産，有価証券，預金等に対する担保設定と共に，顧客の取り扱う商品などの動産担保も含まる。

ところで，従来型の与信判断には限界が指摘されている。まず，信用状態の判断材料である財務データ（B/S，P/L等）は，あくまで過去の実績値であり，リアルタイムの信用状態把握には限界があり，また，中小企業取引ではそもそも担保物件の差し入れ能力に限界がある。与信取引契約上，輸出入者の取扱商品が，銀行に対する動産担保の位置づけとなる[14]，貿易金融に際しても，担保管理が困難であることから，別途担保物件の差し入れを要することが多い。

⑵　Big Data・AIによる与信判断

この問題を解決する為に，銀行API解放によるBig Data・AIによる与信判断が有効だと考えられる。API解放により，銀行と，クラウド会計，電子モール，公的機関等にある情報の連携が可能となり，①顧客（輸出入者）の信用状態および，②与信取引の見返り―特に動産担保に活用できると期待できるからである。まずクラウド会計との連携，電子モール上の商流データ（販売，仕入量の推移）等から得られるBig DataをAIにより解析し，異常値を検知することができれば，リアルタイムに信用状態把握が可能になる。また，公的機関の申請データにより当局宛申請時期を把握することや，物流データにより荷物の現在地を把握することで，担保管理の精度向上が可能となる。これらのことから，銀行API解放により与信判断の向上が期待できる。

3．外国為替コンプライアンスの強化

⑴　従来のコンプライアンス管理体制（各国政府による個別チェック）

影響の3つ目は，外国為替コンプライアンスの強化である。従来のコンプライアンス管理体制は，各国政府による個別チェックに基づくもので，それぞれの国が当該国の金融機関を通じて法令遵守を図っている。国別に情報伝達・指導が行われることから，①即時情報共有が不可能で，徹底までに時間がかかり，不徹底のリスクもあること，②相手国との連携が前提になっていない（国による温度差がある）ことが挙げられる（図表4-11参照）。

図表 4-11　従来のコンプライアンス管理体制

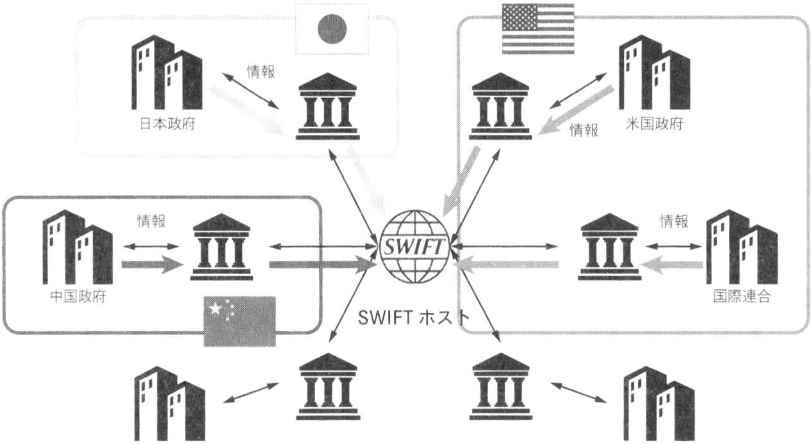
情報
日本政府
情報
米国政府
情報
情報
中国政府
SWIFT
国際連合
SWIFT ホスト

出典：筆者作成

(2)　ブロックチェーン技術を利用したコンプライアンス管理体制

これに対し，ブロックチェーン技術を利用した場合，コンプライアンス管理体制は図表 4-12 のようになる。

ブロックチェーン技術を導入することにより改善が期待できる点とは，①即

図表 4-12　ブロックチェーン技術を利用したコンプライアンス管理体制

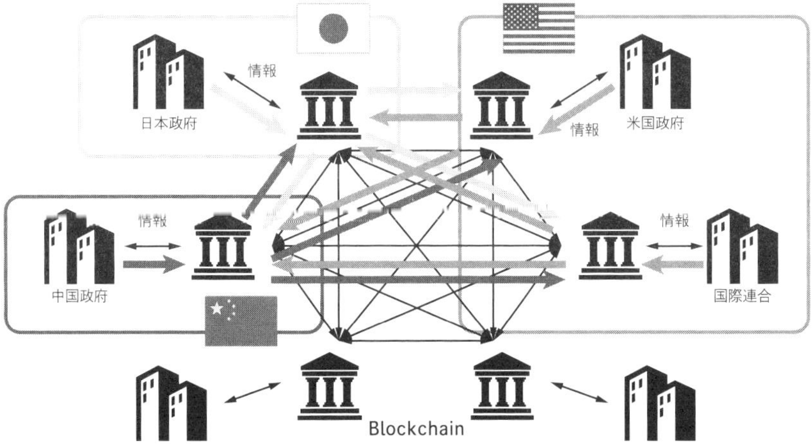
情報
日本政府
情報
米国政府
情報
情報
中国政府
国際連合
Blockchain

出典：筆者作成

時情報共有が可能で，各国政府自体が，ブロックチェーンに参加することも可能であること，②相手国とスムーズな連携が可能で，例えば国連安保理決議履行等に有効であること等が挙げられる。ただしブロックチェーン技術を導入しても，個別の国ごとの法制度の違いは残るので，国同士の擦り合わせが必要なのは言うまでもない。

4．FinTech 活用の意義・留意事項

(1)　FinTech 活用の意義

FinTech の持つポテンシャルは大きいと思われる。①銀行業務の効率化，②与信管理の高度化，③システム維持コストの削減，④コンプライアンス管理の高度化を始めとする銀行業界のメリットのみならず，①新しい金融サービスによる利便性享受，②取引のスピードアップ，③金融コストの削減効果，④金融サービスの選択肢の増加，等の利用者のメリットも大きい。これら多くのメリットを享受する為に，既存の金融機関は，積極的に FinTech 企業との協働を推進し，技術を早急に吸収することで，生き残りを図る必要があると思料する。これに加えて政策当局も，FinTech 企業がスムーズに新規参入や，既存の金融機関との協働が可能となる，法制度作りが急務である。

(2)　FinTech に対する留意事項

一方で，FinTech の持つリスク，ウィークポイントの見極めも肝要である。まず，FinTech のリスクとして，① API における情報の過度な集中，（意図せざる）ディスクローズまたは漏えい，② AI の誤判断に起因する損害に対する責任の所在が未だ明確化されていないこと，③ブロックチェーンについては，スーパーコンピュータ等隔絶した技術の持ち主や，国家権力の介入により計算競争環境が恣意的なものにされる，所謂 51%リスクが挙げられる。

また，FinTech のウィークポイントとして，①国家間の合意形成が困難であることから，コンプライアンス管理体制が期待通りには動きにくいこと，② FinTech 企業自体の業歴が浅く，伝統的な金融機関対比，信用力が劣後するので，利用者保護についての対策が必要なこと，等が挙げられる。

FinTech は，その技術を使用すること自体が目的ではない。技術的なハー

ドルをクリアし，技術的な抜け道を完全に塞いだ上で，実用化する等，慎重な取組みが必要であることは言うまでもない。

第2節　BC（DLT）技術の発展

Ⅰ．BC（DLT）の現状

現在，FinTech を活用した革新的な金融取引手法が，銀行の業務に影響を与えている。中でも，ブロックチェーン技術（Blockchain：BC）と呼ばれる，分散台帳技術（Distributed Ledger Technology：DLT，以降 BC（DLT）とする）は暗号資産（仮想通貨）の基盤として注目され，国内外で資金決済業務に関する活用計画が数多く存在する。しかし，現状これらの取組みは，送金決済を対象にしたものが中心である。他方，貿易金融に不可欠な荷為替手形取引全体を一気に代替する BC（DLT）技術の開発は，一部に試行されているものの，その当事者が多種多様であり，全ての当事者を包含する BC（DLT）の開発は難航すると予想されている。本節では，この問題の解決手法として，複数の BC（DLT）間で異なる仮想通貨の交換や決済を安全に実行する技術であるアトミック・スワップ（Atomic Swap：AS）に着目する。わが国では 2017 年に暗号資産（仮想通貨）を対象とした実証実験が開始され，将来的に複数のスマートコントラクト（契約制度のデジタル化）を接続することも想定している。本節では，AS を活用して貿易取引当事者ごとに設立した複数の BC（DLT）を結ぶ，（仮想）荷為替手形取引について検討したい。

1．BC（DLT）の定義と類型

⑴　FinTech の勃興

現在，FinTech を活用した革新的な金融サービスが，銀行の伝統的な３つの固有業務である，預金業務，貸出業務，為替業務に影響を与えつつある。筆者は，FinTech の根幹となる３つの技術的基盤，①アプリケーション・プログラミング・インタフェース（Application Programming Interface：API），②人工知能（Artificial Intelligence：AI），③ BC（DLT）技術を挙げ，特

にBC（DLT）の持つ，①可観測性（Observaility）による当事者間の合意確保，②検証可能性（Verifiability）による合意内容の履行確保，③私的自治（Privity）によるチューリング完全，の3つの特徴は金融機関内の勘定系システム，証券，国内外送金等の決済システム更新を始め，将来的にはスマートコントラクトや，仮想通貨の技術的基盤に活用することが期待されていることを指摘した。また，現在FinTech企業が開発中の決済サービスが，信用状取引等の貿易代金決済そのものを代替する迄成長するかどうかは未知数であるものの，これを支えるSWIFTや各国の決済システムに，BC（DLT）技術を導入することで，①即日決済の実現による取引速度向上，②手数料等の透明性と予測可能性確保，③資金決済状況の追跡能力向上，④充実した決済情報送信の実現等，改善が期待できると指摘した。

⑵　BC（DLT）の3類型

全国銀行協会では，2015年12月，金融審議会の決済業務等の高度化に関するワーキング・グループが発出した金融審（2015）[15]の提言を踏まえ，銀行業界でのBC（DLT）活用可能性と課題を考察するとともに，実用化に向けて

図表4-13　BC（DLT）の3類型

	プライベート型	コンソーシアム型	パブリック型
管理者	単独の機関	複数のパートナー	存在せず
ノード参加者	管理者による許可制		制限なし
合意形成（コンセンサスアルゴリズム）	厳格ではないことが可能 PBFT等の分散コンセンサス形成アルゴリズム（悪意のある参加者を前提としないコンセンサスアルゴリズムの採用が可能）		厳格であることが必要 PoW等，悪意のある参加者を前提とする方式
ファイナリティ	PBFT等のコンセンサスアルゴリズムを採用することで，ファイナリティを確保することが可能		チェーンが分岐し，ファイナリティが不確定となる（確率的となる）
取引速度	高速		低速
	現在，金融業界が実証実験のターゲットとしているBC（DLT）		仮想通貨の基盤に利用されているBC（DLT）

出典：全銀協（2017a）[16]，14頁【図表3】を基に加筆修正

検討を行った。その結果公表された，全銀協（2017a）[16]ではBC（DLT）について，参加者の公開範囲・制限内容によって，①パブリック型，②コンソーシアム型，③プライベート型の３つの類型に分類し，以下の通り定義している（図表4-13参照）。

① パブリック型BC（DLT）

誰でも参加可能なオープンなBC（DLT）であり，悪意のある者が参加するリスクを排除できない為，一般に悪意のある者が改竄等を行うインセンティブを削ぐ必要があり，厳格なコンセンサスアルゴリズム（図表4-14参照）であ

図表4-14　主要コンセンサスアルゴリズムの類型と特徴

Proof of Work（PoW）
多大な計算量が必要な問題を最初に解いた者がブロックを作成できる仕組み。大量の参加ノードにも対応できる特徴がある。同時に複数のブロックが作成された場合，参加ノード内の多数派が認めたブロックを正とすることで分散環境特有の問題を回避している。ただし，P2Pネットワーク上での情報共有においては参加ノード間でタイムラグが生じることから，ファイナリティを完全には確定できない11。例えば，今まで正としていたブロックとは別のブロックが多数派に認められた場合は，当該ブロックを無効とし，別のブロックに切り替えなければならない（チェーンに分岐が生じ得る）。また，承認まである程度の時間がかかるため，リアルタイム性にも欠ける。
Proof of Stake（PoS）
「大量の資産を所有する参加者は，その価値を守るために，システムの信頼性を損なうことはしない」という推定概念にもとづき，資産量をより多く所有する承認者が優先的にブロックを作成できる特徴を持つ。これによって，ハッシュ計算の負荷が下がり，PoWと比較してリソース消費が小さくなるというメリットがある。ファイナリティが確定できない（チェーンに分岐が生じ得る）点やリアルタイム性に欠ける等の課題はPoWと基本的に同一である。
Proof of Importance（PoI）
仮想通貨NEM（New Economy Movement）に採用されているコンセンサスアルゴリズム。ネットワークに対するユーザーの「重要度」によってブロックが生成される。重要度は，アカウント内の残高と過去の取引数にもとづき決定される。悪意ある行為を予防するため，残高や取引数の計算方法についてルールが設けられており，高額の残高を持っているだけでは重要度が上がらない仕組みとなっており，PoSに比べより複雑な優先順位決定が行われる。ファイナリティの確保に関しては，PoW，PoSと同一の課題がある（チェーンが分岐し得る）。ただし，重要度に従ってブロックの生成が行われるため，PoWと比較して性能（処理速度等）は比較的確保しやすくなる。
Practical Byzantine Fault Tolerance（PBFT）
ネットワーク上の参加者の１人がプライマリ（リーダー）となり，自らを含む全参加者に要求を送り，その要求に対する結果を集計して多数を占めている値を採用することでブロックを確定させる方式のアルゴリズム。ブロックの確定に必要なノード数は予め定められており，不正なノード数をfとすると全体のノード数は3f+1必要となる。参加者の増加に伴い合意形成に要するメッセージ量が指数関数的に増えるとともに，合意形成の時間も長期化するため，通常は上限を必要とする（一般的には10～20の参加者が適当とされる）。合意を得てからブロックを生成するため，チェーンの分岐が生じず，PoWやPoSの弱点である分岐後のファイナリティ判定の不確実性を解消することが可能。Hyperledger FabricやEris等のコンソーシアム型を想定したブロックチェーン基盤において採用されている。

出典：全銀協（2017a）[16]，12-13頁【BOX1】

るプルーフ・オブ・ワーク（Proof of Work：PoW）の採用が必須となる。パブリック型 BC（DLT）の活用事例の典型がビットコイン等に代表される仮想通貨である。

② コンソーシアム型 BC（DLT）

一定の条件を満たす者のみが参加資格を有する形態の BC（DLT）であり，参加者を信頼できる者に限定することで，悪意のある者が参加するリスクを低減し，よりユースケースに適した（例えば，処理速度の速い，ファイナリティが確保できる）コンセンサスアルゴリズムの採用が可能となる。具体的にはネットワーク上の参加者の1人がプライマリ（リーダー）となり，自らを含む全参加者に要求を送り，その要求に対する結果を集計して多数を占めている値を採用することでブロックを確定させる方式のアルゴリズムである Practical Byzantine Fault Tolerance（PBFT）を採用できる。一般に，企業間取引での活用に適している。

③ プライベート型 BC（DLT）

単一組織内で運営する形態の BC（DLT）であり，社外との間で情報共有を行わない為，情報の秘匿性の確保が可能となる。社内システム等に利用される集中管理型システムの代替として利用が検討されている。

BC（DLT）はユースケースに応じて公開範囲に制限を加えること等，適切な形態が選択され，これに適したコンセンサスアルゴリズムの採用することとなる。

Ⅱ. BC（DLT）技術を活用した試行

1. 政府・業界団体の BC（DLT）検討状況

(1) 経済産業省

ここで，わが国政府・業界団体の検討状況について紹介したい。第1節でも紹介した通り，2015年10月，経済産業省の主導で，「産業・金融・IT 融合に関する研究会（FinTech 研究会）」が発足し，翌年4月同省より委託を受けた野村総研（2016）[17] が公表され，BC（DLT）技術活用のユースケースとして14分野が指摘された（図表4-7参照）。

図表 4-15　BC（DLT）活用が検討されているテーマ

分野	テーマ
医療・ヘルスケア	治験データ管理システム
	医療機関カルテ共有システム
物流・サプライチェーン・モビリティ等	BtoC 小売のトレーサビリティ
	食の安全関連トレーサビリティ
	CtoC サービスのトレーサビリティ
	スマート宅配ボックス
	携帯電話の修理における契約情報処理
	電力融通取引
保険	保険金支払い査定情報流通
IoT	IoT デバイス管理・制御
スマートプロパティ	コンテンツの利益分配・利用許諾管理
	議決権行使システム
	不動産の権利処理
	データ流通プラットフォーム
デジタル・アイデンティティ	KYC プラットフォーム
	転職活動における証明書管理
	シェアリングサービス向け本人確認サービス
ポイント・地域通貨	ポイント管理

出典：日本総研（2018）[17]，6-8 頁より抜粋

その後も，三菱総研（2017）[18]，日本総研（2018）[19] が公表され，後者においてBC（DLT）活用が検討されている17テーマ（図表4-15参照），BC（DLT）の社会実装が期待される6テーマ（図表4-16参照）が指摘され，具

図表 4-16　BC（DLT）の社会実装が期待される6テーマ

分野	テーマ
医療・ヘルスケア	治験データ管理プラットフォーム
	医療機関カルテ共有システム
物流・サプライチェーン・モビリティ等	食品トレーサビリティ
	製造業におけるトレーサビリティ
公共	公的 ID，登記，政府調達等のシステムに活用
IoT	M to M 少額取引
	IoT デバイス管理・アクセス制御
スマートプロパティ	コンテンツの利益分配・利用許諾管理
	不動産の権利処理
	データ流通プラットフォーム
シェアリングエコノミー	民泊，ライドシェア，カーシェア

出典：日本総研（2018）[19]，9-10 頁より抜粋

体的事例も紹介された。

(2) 全国銀行協会

全国銀行協会では，全銀協（2017a）において，銀行業界で「ブロックチェーン連携プラットフォーム（以下 BC（DLT）プラットフォーム）」を整備し，BC（DLT）活用に向けた（中央銀行を含む）関係当局との連携を進め，BC（DLT）に関する国際標準規格への対応戦略や，金融インフラにおける BC（DLT）活用可能性，BC（DLT）に関する安全対策基準の検討を開始する必要性が指摘された。

そして，これらを踏まえ銀行業界と FinTech 企業との間で BC コミュニティを形成していくべきとの提言がなされた。

BC（DLT）プラットフォームにおける実証実験は，2017 年 9 月に実証実験環境を提供するベンダー 4 社の選定を行った上で，同年 10 月開始した。同年 11 月でんさいネットにおいても BC（DLT）実証実験を開始した。金融庁による決済高度化官民推進会議で公表された全銀協（2017b）[20] は，でんさいネット，本人確認に関する BC（DLT）実証実験を具体的事例として紹介している（図表 4-17 参照）。

2．民間による BC（DLT）実証実験

BC（DLT）に関する実証実験は，2015 年 9 月設立の，"R3 Blockchain Consortium"（米 R3CEV LLC）や，同年 12 月設立の，"The global payments innovation initiative（gpi）"（SWIFT），"Global Payments Steering Group（GPSG）"（米 Ripple Inc., 以下 Ripple 社）等，国際資金決済業務に関する活用計画が数多くある（図表 4-18, 19 参照）。

(1) 内外為替一元化コンソーシアム（SBI Ripple Asia）

わが国においても，2016 年 10 月に SBI ホールディングス㈱，および，Ripple 社の合弁企業である，SBI Ripple Asia㈱の呼びかけで，「内外為替一元化コンソーシアム」が 15 行の参加により発足し[21]，2017 年 3 月，Ripple 社開発の BC（DLT）に基づくシステムを利用して，外国為替および内国為替を一

図表 4-17　でんさいネット，本人確認に関する BC（DLT）実証実験

でんさいネットが実施する実証実験の概要

・でんさいネットは，NTT データと共同で，全国銀行協会が設置した「ブロックチェーン連携プラットフォーム」上に,「でんさい」のサービスの土台となる機能（「でんさい」の発生や譲渡等）を備えた試作アプリケーションを構築する。
・実証実験においては,「でんさい」の基本的な取引を再現することで，技術的な評価・検証や課題の抽出を行う。実証実験で行う取引のイメージは下図のとおり。
・でんさいネットは，この実証実験を通じ，ブロックチェーン技術の利用可能性を検証し，でんさいネットシステムの抜本的効率化を目指した取組みを進めていく。

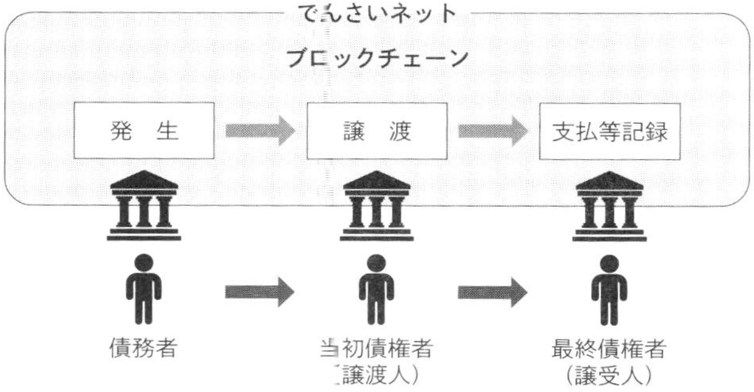
でんさいネット
ブロックチェーン
発　生
譲　渡
支払等記録
債務者
当初債権者
（譲渡人）
最終債権者
（譲受人）

（出所）でんさいネット HP（平成 29 年 10 月 31 日ニュースリリース「でんさいネットシステムにおけるブロックチェーン技術の利用可能性に係る実証実験の実施について」）

ブロックチェーン技術を活用した本人確認（KYC）高度化プラットフォーム構築の実証

・デロイトトーマツとメガバンク 3 行は，「本人確認（KYC：Know Your Customer）高度化プラットフォームにおけるブロックチェーン技術の適用に関する実証」を 7 月から開始。
・実証では，現状，各金融機関で行っている本人確認事務手続きの一部を新たに設立する共同運営機関で行うとともに，参加する金融機関の判断で，当該顧客の本人確認を既に実施した他の金融機関の確認結果を利用すること等により，本人確認等の事務手続きを簡素化する仕組みを設けることを想定。仕組みの模式図は下図のとおり。
・本実証実験は，金融庁が設置した「FinTech 実証実験ハブ」における支援が決定した第 1 号案件。

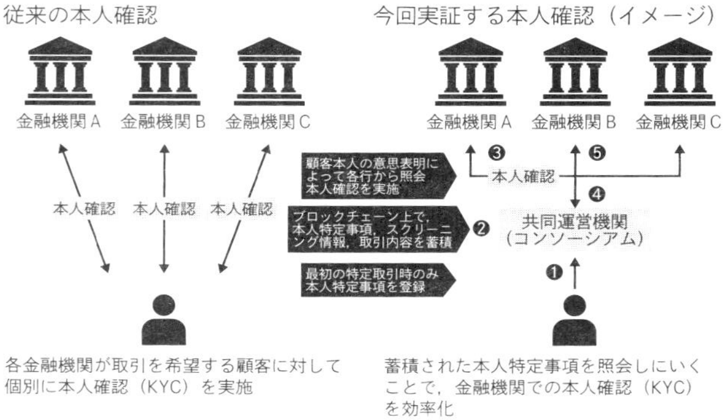
従来の本人確認
金融機関 A
金融機関 B
金融機関 C
本人確認
本人確認
本人確認
各金融機関が取引を希望する顧客に対して個別に本人確認（KYC）を実施
今回実証する本人確認（イメージ）
金融機関 A
金融機関 B
金融機関 C
顧客本人の意思表明によって各行から照会本人確認を実施
ブロックチェーン上で，本人特定事項，スクリーニング情報，取引内容を蓄積
最初の特定取引時のみ本人特定事項を登録
本人確認
共同運営機関（コンソーシアム）
蓄積された本人特定事項を照会しにいくことで，金融機関での本人確認（KYC）を効率化

（出所）デロイトトーマツ HP（平成 29 年 7 月 21 日ニュースリリース「ブロックチェーン技術を活用した本人確認（KYC）高度化プラットフォーム構築の実証を開始」）

出典：全銀協（2017b）20)，26頁

図表 4-18　各国金融機関の主な BC（DLT）活用検討状況

地域	送金・決済	貿易金融	債券等取引	ローン取引	デリバティブ取引	行内インフラ等	コンプライアンス	その他
北米	Citigroup JPMorgan Chase Wells Fargo ANZ, SWIFT VISA	Bank of America 欧米 15 金融機関	BNP Paribas	JPMorgan Chase Digital Asset Holdings		BNY Mellon State Street		BNY Mellon (BK coin) Goldman Sachs (SETLcoin, ete)
北米／欧州	CIBC RBC Barclays Santander Intesa Sanpalo	Bank of America HSBC	CIBC Scotiabank State Street HSBC ING SocGen UBS UniCredit	US Bank Wells Fargo State Street Scotiabank BBVA RBS SocGen 等	DTCC Bank of America Citigroup JPMorgan Credit Suisse Barclays	Citigroup HSBC Credit Suisse 等	US Bank Northern Trust CIBC ING BBVA Nordia SocGen UBS 等	CME Group LSE SocGen UBS 等（証券決済）
欧州	Santander	Barclays BNP Paribas UBS	UBS			ABN Amro BNP Paribas		BNP Paribas（ポストトレード）
日本 アジア	MUFG みずほ SMBC SMBC，MUFG みずほ，デロイト りそな等 47 行 ふくおか FG	Standard Chartered DBS 静岡オリックス SMBC	MUFG	みずほ SMBC		住信 SBI	楽天証券 ソラミツ	みずほ（クロスボーダー証券決済） MUFG（電子契約書）

（凡例）各金融機関が単独で取組んでいる事例（IT 企業等との連携を含む）／コンソーシアム等複数金融機関が連携して取組んでいる事例

出典：全銀協（2017a）[16]，16 頁【図表 4-2】に加筆修正

図表 4-19　わが国金融機関の主な BC（DLT）活用検討状況

発表日	実施行（参加行）	概要
2015年12月	住信SBIネット銀行	ブロックチェーン技術を活用した将来の基幹・業務システム構築を目的とした実証実験を開始
2016年2月	みずほ フィナンシャルグループ	国内企業4社との協働によるシンジケートローン業務を対象とした実証実験を開始
2016年2月	みずほ フィナンシャルグループ	海外ITサービスプロバイダーとの協働による，国境を越えた複数国間の文書情報共有ならびに独自通貨の実証実験を開始（※2017年2月に完了）
2016年3月	みずほ銀行	富士通と国境を越えた証券取引の決済プロセス効率化に向けた実証実験を実施
2016年3月	ふくおか フィナンシャルグループ	ポイント交換や各種決済サービス等の新たな金融サービスへの適用可能性に向けた検証を開始
2016年6月	みずほ フィナンシャルグループ	決済業務におけるブロックチェーンの適用可能性および仮想通貨の実現性についての評価等を開始
2016年7月	みずほ フィナンシャルグループ	R3コンソーシアムにおける協働プロジェクトとしてブロックチェーンを活用した国際送金の実証実験を開始
2016年7月	静岡銀行 オリックス銀行	貿易金融をテーマとしたブロックチェーン適用に関する実証実験を完了
2016年8月	三菱東京UFJ銀行	シンガポールにおいて，小切手の電子化を対象としたブロックチェーン技術活用の実証実験を開始
2016年11月	みずほフィナンシャルグループ，三菱UFJフィナンシャル・グループ，三井住友銀行（ブロックチェーン研究会）	国内の銀行間振込業務におけるブロックチェーン技術の実証実験を実施
2016年11月	山陰合同銀行	ブロックチェーンを活用した電子マネーの実証実験を開始
2017年1月	岩手銀行	ブロックチェーン技術を活用したサービスの実証実験を開始
2017年2月	三井住友銀行	貿易分野におけるブロックチェーン技術の適用可能性に関する実証実験開始

出典：全銀協（2017a）[16]，18頁【図表5】

元的に取扱う決済プラットフォーム「RCクラウド」を構築した[22]。

現在，同コンソーシアムには，3メガバンクを始め，61行が参加しており[23]，2017年12月には，韓国の大手2行，日本側37行が参加した外国送金の実証実験を開始した[24]。更に，2018年3月には住信SBIネット銀行，スルガ銀行，りそな銀行の3行によるスマートフォン向け送金アプリの先行商用化も発表された[25]。

(2) R3CEV（米国）

第1節で紹介した2014年設立のBC（DLT）開発企業，R3CEV LLCの主宰するR3 Blockchain Consortiumは，2015年の結成以降メンバーを増やしており，2018年現在100超の銀行，証券会社，中央銀行，規制当局に加え，70社のBC（DLT）開発企業が参加している。R3はCordaというオープンソースのBC（DLT）プラットフォームを開発し，証券決済システム，外国為替資金決済システム，仮想通貨の基盤をその主要なターゲットとし，これを基盤とするVolton，Marco Polo等のコンソーシアムが数多く立ち上げられている[26] [27]（図表4-20参照）。

(3) Global Payments Innovation initiative（SWIFT）

第1節で紹介した，SWIFTの「Global Payments Innovation Initiative（gpi）」[28]であるが，その参加金融機関数は，2016年1月の45行を皮切りに2018年7月現在180行以上が参加しており，外国送金の25%がgpiを利用していると報告され，2020年にはSWIFTに加盟する10,000超のユーザー全てがgpiに接続させる方針であることが発表された[29]。注目すべきは，2018年3月にBC（DLT）を利用した資金決済を実証実験が完了し，リアルタイム流動性モニタリングと預け勘定の照合自動化に関するSWIFTの業務要件を満たし，必要な情報量を処理できることが発表された。具体的には，①リアルタイムでの入出金の管理，②取引状況の通知，③完全な監査証跡，④予想および資金化済残高の可視化，⑤リアルタイムでの口座入出金コンファメーション，⑥ペンディング中の取引，関連の事情の確認，⑦当局報告用データの生成，が可能となり，広範囲にわたる外国送金業務がBC（DLT）にて処理可能である

図表４-20　BC（DLT）を活用した貿易金融コンソーシアム

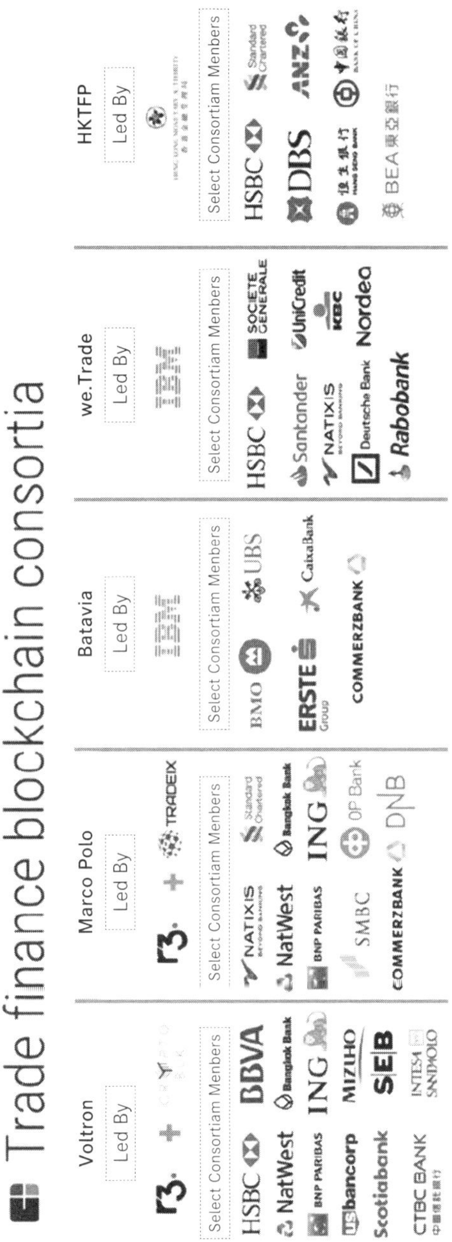
Trade finance blockchain consortia
Voltron
Led By
Select Consortiam Menbers
Marco Polo
Led By
Select Consortiam Menbers
Batavia
Led By
Select Consortiam Menbers
we.Trade
Led By
Select Consortiam Menbers
HKTFP
Led By
Select Consortiam Menbers

出典：CBINSIGHTS 27)

ことが実証された。

Ⅲ．BC（DLT）の限界

1．BC（DLT）の構造上の限界

⑴　BC（DLT）の計算速度

BC（DLT）の限界として，まず指摘されるのが計算速度である。特にBitcoin に利用されるパブリック型 BC（DLT）に関する中島報告（2017）[30]によれば，2017 年 3 月 13 日時点でのブロックサイズ（24 時間平均で 0.96 MB），トランザクション数（約 24 万件／日）をベースとしブロック生成時間を 10 分とすると，処理性能は 2.9 トランザクション／秒程度となり，これがBitcoin の最大処理性能とされている。しかし全銀ネットで取り扱われる国内振込件数をみれば，2018 年 3 月で，1 日平均 6,220 千件，金額 13 兆円弱，最大 22,725 千件，金額 60 兆円弱となっており規模が桁違いであることが分かる[31]。この為，決済システムに適応可能な水準にまで，BC（DLT）の処理性能を向上させる為には，①ブロックサイズの拡大，②ブロック生成時間短縮，③適正なレベルのコンセンサスアルゴリズム採用，のいずれかが必要であるとの指摘がなされている。

⑵　BC（DLT）のセキュリティ

もう 1 つの限界として指摘されるのが，BC（DLT）のセキュリティに関するものである。日経新聞（2017）[32]に掲載された「ザ・ダオ（The DAO，以下 DAO）」事件に関する一連の報道では，DAO が 1 万人超の個人から集めた約 156 億円に相当する仮想通貨イーサリアムの 3 分の 1―約 50 億円をハッキングによって不正に作成された「子 DAO」に移され，DAO は過去の取引履歴を操作し，事件を強制的に「なかったこと」にするという方法を採用した。ハッキング攻撃に柔軟に対応できたとする肯定的見解もあった一方で，仮想通貨の取引履歴は，「書き換えられない」という前提の上に成り立っているのに，いざとなれば恣意的な操作で過去の取引を帳消しにできることになってしまうのは極めて重大な問題を孕んでいるといえよう。

⑶　金融業界の選択

このように，仮想通貨で利用されるパブリック型BC（DLT）の限界から，金融業界での実証実験ではコンソーシアム型BC（DLT）が利用されている。しかし，これはBC（DLT）の乱立という問題を招く可能性を孕んでおり，本節では，この問題の解決手法として，BC（DLT）関連技術の１つで，複数のBC（DLT）間で異なる仮想通貨の交換等を安全に実行する為に開発された技術である，アトミック・スワップ（Atomic Swap：AS）に着目する。

Ⅳ．アトミック・スワップ

１．アトミック・スワップの概要

ASとは，複数のBC（DLT）を接続する技術で，その特徴は，①複数のBC（DLT）間をBC（DLT）の技術により接続し，②各BC（DLT）における暗号資産（以下，仮想通貨）交換に関わる取引処理を同時履行する，というものである（図表4-21参照）[33]。

図表4-21　ASイメージ図

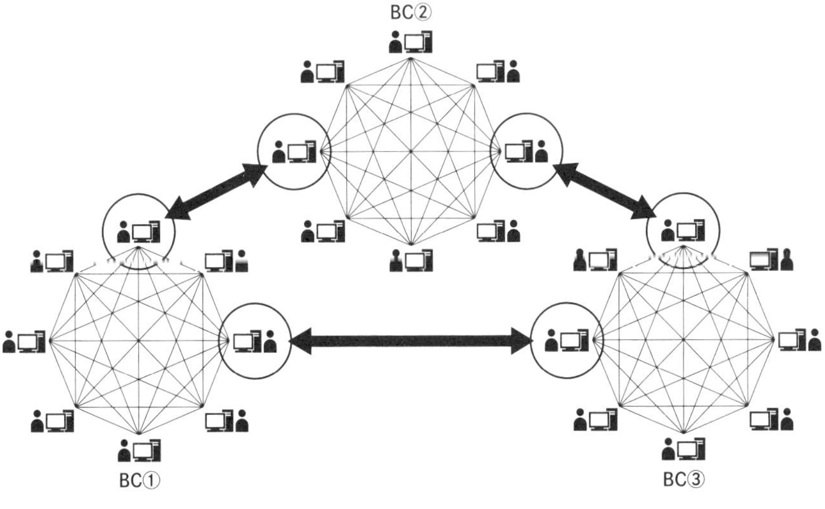
BC②
BC①
BC③

出典：筆者作成

2．AS による仮想通貨の交換

当事者 A が所有する仮想通貨 A と当事者 B が所有する仮想通貨 B を交換する場合，交換方法は以下の方法がある。まずそれぞれが仮想通貨を別個に送金する場合，一方が送金しないリスクがある。これを防ぐ為に取引所（仲介者）を経由して交換する場合も手数料と時間がかかり，取引所（仲介者）の破綻リスク等が残ることとなる。これらに対して AS を利用する場合以下の様になる（図表 4–22 参照）。

当事者 A は仮想通貨 A をマルチシグアドレス（Multi-Signature Address）に送金する。マルチシグアドレスは仮想金庫のような役割を果し，便宜上「仮想通貨 BOXa」と呼ぶ。Multi-Signature とは，scriptPubKey（送信先の公開鍵）での条件付けと scriptSig（送信元のデジタル署名）での条件解除にそれぞれ複数の公開鍵とデジタル署名を必要とする機能である。仮想通貨 BOXa の中には当事者 A のデジタル署名 a が内蔵され，公開鍵 a で仮想通貨 A が取り出せるようになっており，Hashed Time Lock Contract（HTLC）がこれを制御する。HTLC は一定の時間内に，ロック解除コードをハッシュ関数で算出する為の R 値が必要であり，① R 値と公開鍵 a が呈示されると当事者 B に仮想通貨 A を送金し，②デジタル署名 a と公開鍵 a が呈示される場合および，③期限切れの場合，当事者 A に仮想通貨 A を返却する。同様に当事者 B も仮想通貨 B を仮想通貨 BOXb に送金し，仮想通貨 BOXb の中には当事者 B のデジタル署名 b が内蔵され，公開鍵 b で仮想通貨 B が取り出せるようになっている。

当事者 A が R 値を有する場合，当事者 A はこれに交換した公開鍵 b を添えて，仮想通貨 BOXb を開け仮想通貨 B を取り出す。この際 BC（DLT）上では当事者 A が呈示した R 値は呈示と同時に当事者 B に共有される。この為，当事者 B もほぼ同時に仮想通貨 BOXa に R 値を呈示することが可能となり，仮想通貨 A を取り出せる。両取引がほぼ同時に履行される為，片方が責任を果たさないということは不可能となる。そして仮に一方の当事者が取引の途中で中止した場合も，HTLC によって一定期間後に仮想通貨が元の所有者に全額返金されるので，持ち逃げリスクもない。

図表4-22　ASによる仮想通貨の交換

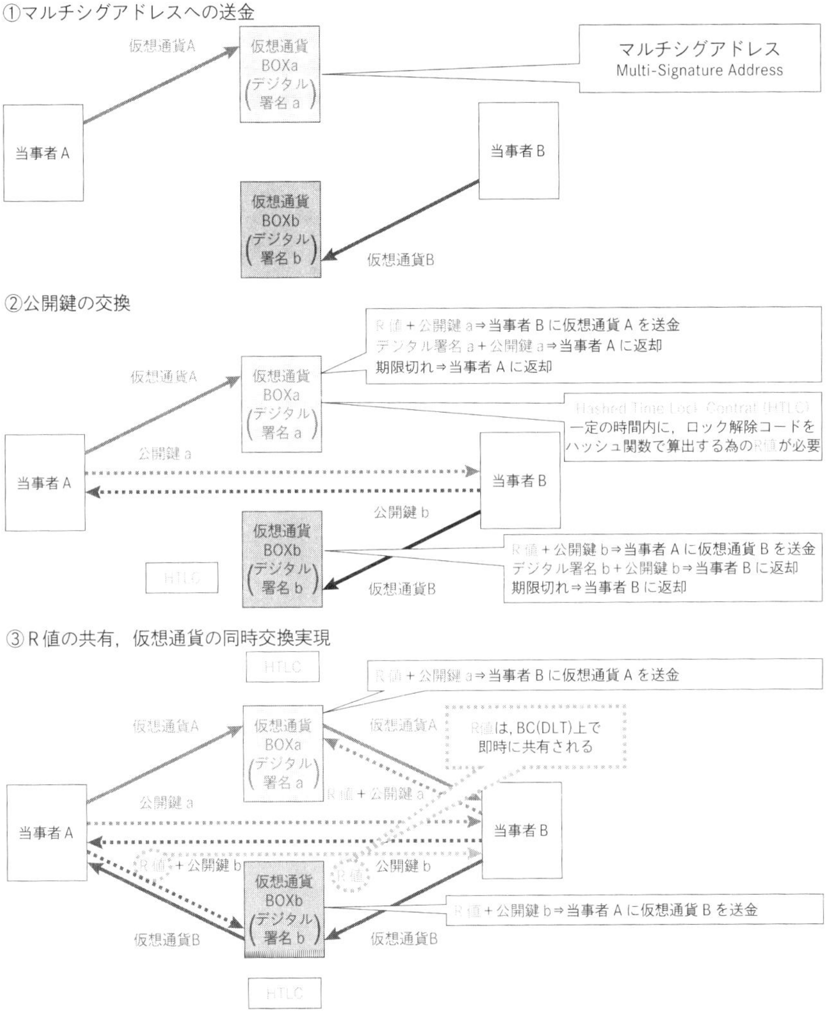
①マルチシグアドレスへの送金
仮想通貨A
仮想通貨 BOXa（デジタル署名 a）
マルチシグアドレス
Multi-Signature Address
当事者A
当事者B
仮想通貨 BOXb（デジタル署名 b）
仮想通貨B
②公開鍵の交換
R 値＋公開鍵 a⇒当事者 B に仮想通貨 A を送金
デジタル署名 a＋公開鍵 a⇒当事者 A に返却
期限切れ⇒当事者 A に返却
仮想通貨A
仮想通貨 BOXa（デジタル署名 a）
Hashed Time Lock Contract (HTLC)
一定の時間内に，ロック解除コードをハッシュ関数で算出する為のR値が必要
公開鍵 a
当事者A
当事者B
公開鍵 b
仮想通貨 BOXb（デジタル署名 b）
R 値＋公開鍵 b⇒当事者 A に仮想通貨 B を送金
デジタル署名 b＋公開鍵 b⇒当事者 B に返却
期限切れ⇒当事者 B に返却
HTLC
仮想通貨B
③R 値の共有，仮想通貨の同時交換実現
HTLC
R 値＋公開鍵 a⇒当事者 B に仮想通貨 A を送金
仮想通貨A
仮想通貨 BOXa（デジタル署名 a）
仮想通貨A
R値は，BC(DLT)上で即時に共有される
R 値＋公開鍵 a
公開鍵 a
当事者A
当事者B
R 値＋公開鍵 b
R 値
公開鍵 b
仮想通貨 BOXb（デジタル署名 b）
R 値＋公開鍵 b⇒当事者 A に仮想通貨 B を送金
仮想通貨B
仮想通貨B
HTLC

出典：筆者作成

3．ASの事例

わが国では，2017年11月㈱富士通研究所が「コネクションチェーン」開発を発表し，現状は仮想通貨の交換に留まるが，将来的に複数のスマートコント

ラクトを接続することも想定しているとした[34]。同社によれば「コネクションチェーン」によって，異なる BC（DLT）で管理される仮想通貨間の決済時

図表 4-23　コネクションチェーン取引図（導入前）

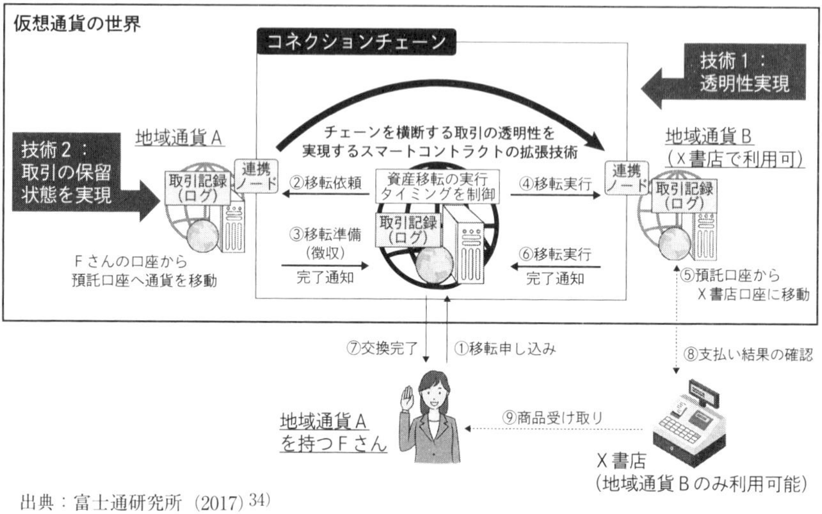

仮想通貨の世界
コネクションチェーン
技術1：透明性実現
技術2：取引の保留状態を実現
地域通貨A
チェーンを横断する取引の透明性を実現するスマートコントラクトの拡張技術
地域通貨B（X書店で利用可）
連携ノード
取引記録（ログ）
②移転依頼
資産移転の実行タイミングを制御
④移転実行
③移転準備（徴収）完了通知
⑥移転実行完了通知
Fさんの口座から預託口座へ通貨を移動
⑤預託口座からX書店口座に移動
⑦交換完了
①移転申し込み
⑧支払い結果の確認
⑨商品受け取り
地域通貨Aを持つFさん
X書店（地域通貨Bのみ利用可能）

出典：富士通研究所（2017）[34]

図表 4-24　コネクションチェーン取引図（導入後）

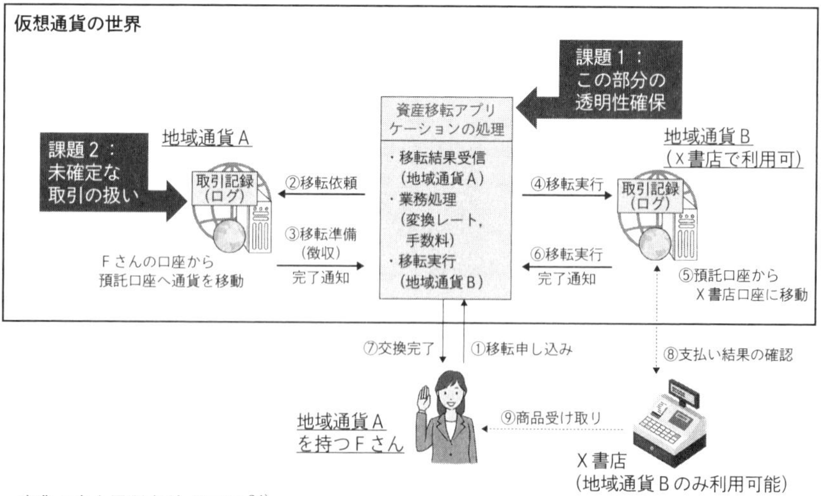

仮想通貨の世界
課題1：この部分の透明性確保
資産移転アプリケーションの処理
・移転結果受信（地域通貨A）
・業務処理（変換レート，手数料）
・移転実行（地域通貨B）
課題2：未確定な取引の扱い
地域通貨A
地域通貨B（X書店で利用可）
取引記録（ログ）
②移転依頼
④移転実行
③移転準備（徴収）完了通知
⑥移転実行完了通知
Fさんの口座から預託口座へ通貨を移動
⑤預託口座からX書店口座に移動
⑦交換完了
①移転申し込み
⑧支払い結果の確認
⑨商品受け取り
地域通貨Aを持つFさん
X書店（地域通貨Bのみ利用可能）

出典：富士通研究所（2017）[34]

に，①複数のBC（DLT）間を新たなBC（DLT）で接続し，②各BC（DLT）における通貨交換に関わる取引処理を紐づけることで，全体を1つの取引として自動実行可能とするスマートコントラクトの拡張技術と，各BC（DLT）での取引処理の実行タイミングを同期させるトランザクション制御技術を開発し，BC（DLT）を横断する場合にも，全ての取引処理が接続用のBC（DLT）に証跡として記録され，取引の透明性の保証が可能とするとした（図表4-23，24参照）。今後は，通貨交換のみならず企業間のデータ交換や契約自動化などへ発展させる計画で，2018年度以降の実用化を目指すとしている。

V．貿易金融への応用・可能性

1．貿易金融への応用

ところで，BC（DLT）実証実験は，概ね送金取引を対象にしたものである。貿易金融を行う上で，必要不可欠な荷為替手形取引全体を一気に代替するBC（DLT）実証試験は送金取引対比多くない。ここでは，NTTデータ（Trade Waltz），eTradeConnect，we.tradeの3つの実験事例を紹介したい。

⑴　貿易情報連携基盤システム（NTTデータ，三菱UFJ銀行）

2017年8月発足の㈱NTTデータ，三菱UFJ銀行等が参加する「ブロックチェーン技術を活用した貿易情報連携基盤」が挙げられる（図表4-25参照）[35]。

同社は，貿易書類のBC（DLT）による電子化推進策として，大手銀行，保険，総合物流，船会社，輸出入者の各業界の大手13社とともに，「ブロックチェーン技術を活用した貿易情報連携基盤実現に向けたコンソーシアム」を発足させた。同コンソーシアムでは，書面による手続きのため多くの人手を介して行われることが課題となっている企業や業態を跨ぐ情報連携を，BC（DLT）技術を活用した貿易情報連携基盤により円滑に実現し，多くの貿易企業における事務手続きの効率化，迅速化，利便性の向上を図ることを目指すとしていた。

2018年7月には，国立研究開発法人新エネルギー・産業技術総合開発機構

図表 4-25　貿易情報連携基盤システム取引図

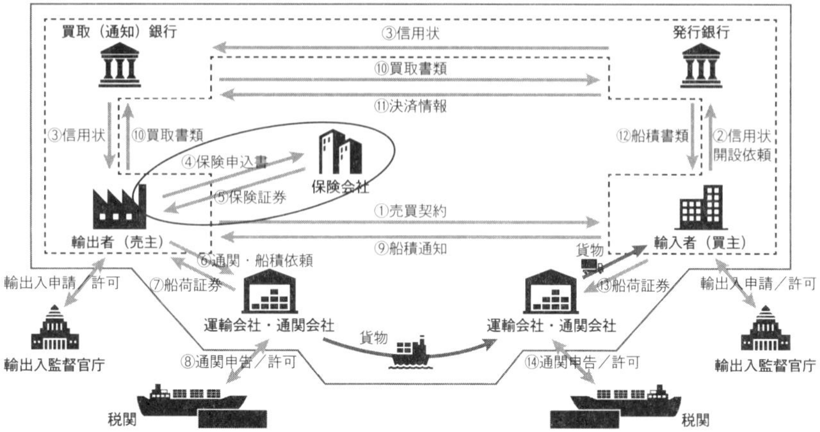
買取（通知）銀行
③信用状
発行銀行
⑩買取書類
⑪決済情報
③信用状
⑩買取書類
⑫船積書類
②信用状
開設依頼
④保険申込書
保険会社
⑤保険証券
①売買契約
輸出者（売主）
⑨船積通知
貨物
輸入者（買主）
⑥通関・船積依頼
⑦船荷証券
輸出入申請／許可
⑬船荷証券
輸出入申請／許可
運輸会社・通関会社
貨物
運輸会社・通関会社
輸出入監督官庁
⑧通関申告／許可
⑭通関申告／許可
輸出入監督官庁
税関
税関

出典：NTT データ[35]

（NEDO）が実施する「IoT を活用した新産業モデル創出基盤整備事業」の一環である「IoT 技術を活用した新たなサプライチェーン情報共有システムの開発」の委託先に選定され，貿易情報連携基盤システムを利用した実証事業を開始することが発表された。この中で，BC（DLT）を活用した輸出入者・フォワーダー・通関業・陸運業・ターミナルオペレーター・船会社・銀行・保険等を含めた貿易手続きに関わる事業者間で，貨物や手続きなどに関するデータ連携システムを構築するとしている（図表 4-26 参照）[36]。また，輸出入・港湾関連情報処理システム（NACCS）とのデータ連携により，NACCS で処理される業務との連携を実現する構想である。

2020 年 4 月 1 日には，NTT データを始め三菱グループを中心に，貿易プラットフォーム「TradeWaltz」を SaaS（Software as a Service）として提供，運営する目的で㈱トレードワルツを設立し，同年 11 月には事業開始した（図表 4-27）[37]。

⑵　貿易実務高度化における BC（DLT）実証実験（日本 IBM，三井住友銀行）

2017 年 12 月発表の実証実験[38] では，三井住友フィナンシャルグループ（三

図表 4-26　貿易情報連携基盤システムを利用した実証事業

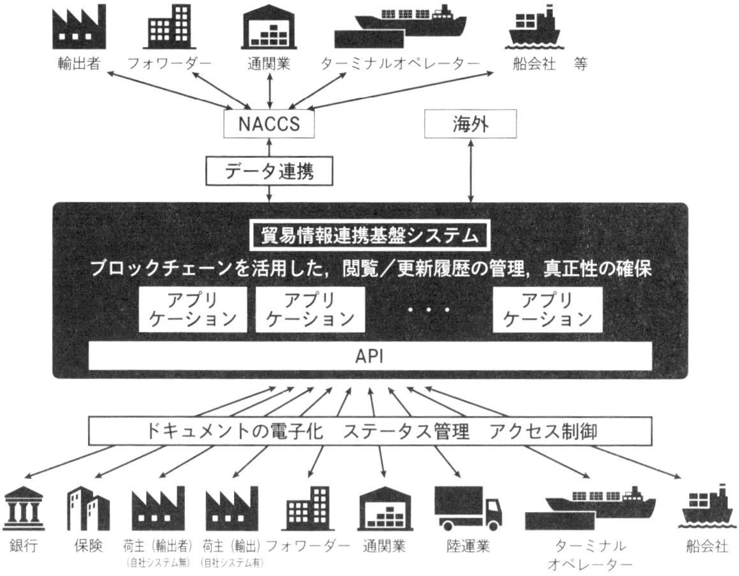
輸出者
フォワーダー
通関業
ターミナルオペレーター
船会社　等
NACCS
海外
データ連携
貿易情報連携基盤システム
ブロックチェーンを活用した，閲覧／更新履歴の管理，真正性の確保
アプリケーション
アプリケーション
・・・
アプリケーション
API
ドキュメントの電子化　ステータス管理　アクセス制御
銀行
保険
荷主（輸出者）(自社システム無)
荷主（輸出）(自社システム有)
フォワーダー
通関業
陸運業
ターミナルオペレーター
船会社

出典：NTT データ36)

井住友銀行，日本総合研究所）をはじめ，三井物産，商船三井，三井住友海上火災保険，日本アイ・ビー・エムが参加し，取引契約，物流，貨物保険などのドキュメントを電子化し，BC（DLT）により参加企業間で共有することで，記録や貿易手続き時間の短縮，ドキュメント間の齟齬や事務コストの削減，セキュリティ水準の高度化，等を図るとしている。また既存の貿易事務と比較も行い，将来の商用化を視野に，BC（DLT）の実貿易取引に対する有効性を検証するとしている。

三井グループによるBC（DLT）実証実験の意義であるが，評価できるポイントとしては，本邦初の貿易実務用のBC（DLT）として開発されたことや，全ての貿易当事者が参加することにより，当事者のニーズを汲み取ることが期待できることである。

(3)　eTradeConnect（香港）

香港のeTradeConnectは，2018年7月に香港金融監督局（The Hong

図表4-27　貿易プラットフォーム「TradeWaltz」イメージ

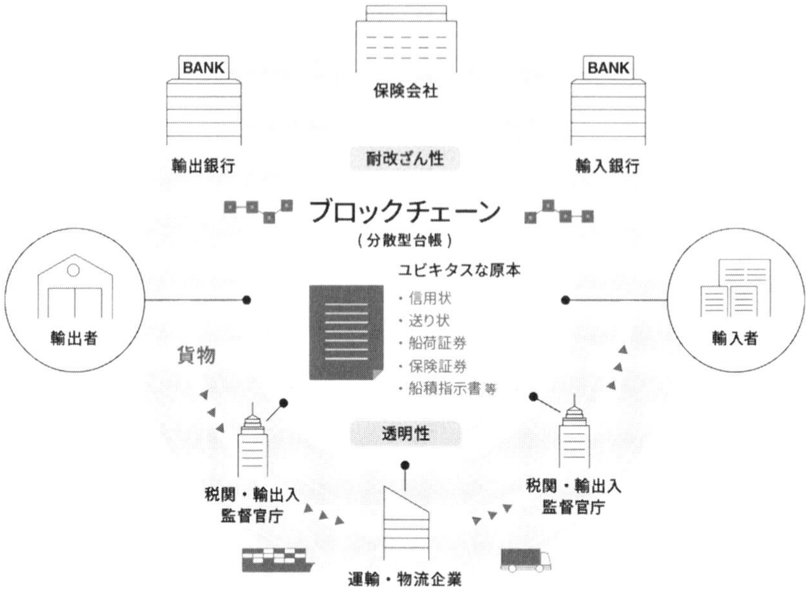
BANK
保険会社
BANK
輸出銀行
耐改ざん性
輸入銀行
ブロックチェーン
（分散型台帳）
ユビキタスな原本
・信用状
・送り状
・船荷証券
・保険証券
・船積指示書 等
輸出者
輸入者
貨物
透明性
税関・輸出入
監督官庁
税関・輸出入
監督官庁
運輸・物流企業

出典：㈱トレードワルツ[37)]

Kong Monetary Authority：HKMA）の主導で香港所在の銀行7行を中心に発足した。eTradeConnectを運営する香港貿易金融プラットフォーム社（Hong Kong Trade Finance Platform Company Limited：HKTFPCL）を中心に12行で実証実験が進められている[39)]。HKMAは，2018年10月に後述のwe.tradeとの連携を発表した。これは，BC（DLT）技術による貿易金融システム同士の初めての接続実験となる[40)]。

⑷　we.trade（欧州）

2017年1月，欧州の最大手9銀行とIBMが共同でプラットフォーム（we.trade blockchain platform）の開発を決定しwe.trade consortiumが発足した。2018年4月には，運営会社としてWe.Trade Innovation DACが設立された[41)]。同年7月，we.trade blockchain platformを利用する初の貿易決済（5か国に渡り10企業が参加した7件の貿易決済）が実施され，実用化段階に入った[42)]。

2018年10月，前述のeTradeConnect（香港）との連携を発表し，勢力を拡大しつつある[43)]。2019年4月にはEUが発足を公表したBC（DLT）技術に関する国際基準策定機関（International Association for Trusted Blockchain Applications：INATBA）へ参加を表明した[44)]。加えて同年8月には，初の銀行による輸出者宛支払確約（Bank Payment Undertaking：BPU）を発行が報じられた[45)]。

2．BC（DLT）実証実験・既存の貿易金融電子化の限界

ところで前述のBC（DLT）実証実験については，その実現可能性に懸念がある点を指摘したい。それは，貿易実務の全ての取引を単一のBC（DLT）上で実施する場合（コンソーシアム型），取引契約，物流，貨物保険など広範囲にわたるデータの処理や，開発当初から参加する企業グループ以外への展開（汎用化）の目途が立つのか等である。これは，荷為替手形の当事者（輸出入者，物流企業，銀行，保険，税関，商工会議所，検査機関等）は，業種，規模，種類等，多種多様であり，限られた業界・業務を対象とするならともかく，全ての当事者を包含するBC（DLT）の設立は，当事者の種類，予想されるデータ量，システム構築費用等から，困難が伴うと予想される為である。

これは，奈良（2015）[46)]が指摘するBoleroを始めとする，既存の貿易金融電子化プロジェクトが結果として普及しなかった原因と同じ要因である。この要因は，現在SWIFTが推進する貿易金融電子化プロジェクトであるTSU-BPO取引や，米essDOCS社による，“CargoDocs Bank Payment Obligation”にも当てはまる。同社は，CargoDocsシステムを通じ，船荷証券等の電子化を実現し，2015年4月には，TSU-BPO取引に応用され，SWIFTもこれに大きな期待を寄せ，次世代TSU-BPO取引，「BPO+」と命名している。しかし，既に指摘した通り，TSU-BPO取引の現状は，わが国のメガバンクや大手外銀等，内外大手銀行により一部大企業向けにのみ提供されるサービスに留まった。そして，TSU-BPO取引が，送金取引，信用状取引等と同等の決済方法として，あらゆる業種，規模の輸出入者に利用され，地域金融機関もサービスを提供できるまで普及するには，①対象取引，②対象顧客の範囲を拡

大する必要性を指摘し，それらの対策について提言したものの，一般的な貿易代金決済方法として普及しているとは言い難い。

この問題をクリアする為には，それぞれの当事者が必要なシステムを独自に且つ自由に，必要最小限のコストで構築するのを認めつつ，これら一連のシステムを，何らかの媒介を利用して繋ぐのが最も現実的であると考える。これは，インターネットが，これに参加する当事者が，それぞれ独自に且つ自由に，必要最小限のコストで構築する HP を繋ぐのと同じ発想である。現にこれを実現したインターネットは，世界的に広く普及している。この媒介として本節では AS に着目し，AS を活用して貿易取引当事者ごとに構築する複数のスマートコントラクト（BC（DLT））を結ぶ，（仮想）荷為替手形取引を提案したい。

3．AS 活用の可能性

⑴　AS 活用の意義

AS 活用の意義であるが，単一 BC（DLT）でのスキーム構築には，①取引契約，物流，貨物保険など広範囲にわたるデータが必要であり，②その結果，最大公約数的な質の情報量に甘んじ，③システム更新時に全ての当事者の了解が必要であり機敏なシステム更新が困難である，等の限界が想定される。また，BC（DLT）構築に当たり，その利用者が大企業グループに限定されない汎用性を確保する為には，取り扱いデータのサイズが大きくなる為に，オーダーメイドのシステムにならざるを得ない等の制約が予想される。

他方，AS を活用し複数の BC（DLT）による貿易金融ネットワークを構築することにより，①個々のデータを取扱う BC（DLT）を，業界ごとに構築可能となり，②取引契約，物流，金融，保険ごとに特化したデータを取扱うことで，データの内容充実，業界ニーズの変化に迅速に対応可能となる等のメリットがあると予想され，より汎用性の高いシステム構築による，その利用者が中小企業を含むことが可能となり，システムの汎用性が高くなると期待できる。

⑵　整備すべき BC（DLT）

次に整備すべき BC（DLT）の種類については，以下のようなものが挙げられる。主なものとして，①契約書，所有権登記を管理するBC（DLT）を想定し，契約データ，所有権データ等の記録に利用する契約BC（DLT），②船荷証券等の運送書類を管理するBC（DLT）を想定し，荷物引渡データの記録に利用する物流BC（DLT），③輸出入申告，関税納付を管理するBC（DLT）を想定し，通関データ，関税納付データの記録に利用する通関BC（DLT），④保険証券，保険金クレームを管理するBC（DLT）を想定し，保険契約データ，保険金請求データの記録に利用する保険BC（DLT），⑤外国送金，為替手形，信用状取引を管理するBC（DLT）を想定し，資金決済データ，代金請求データ，保証データの記録に利用する金融BC（DLT），等が挙げられよう。

他にも，品質証明，原産地証明など各種証明書を管理するBC（DLT）を想定し，品質保証データ，検査データ，原産地データの記録に利用する証明BC（DLT）や，本人確認─KYCを始めとするコンプライアンスチェックを管理するBC（DLT）を想定し，紛争鉱物データ，制裁対象者データの記録に利用するコンプライアンスBC（DLT）等が必要となろう。

(3)　AS活用のイメージ

これら想定されるBC（DLT）をASで結ぶイメージは，図表4-28のようになる。必要に応じて，必要なBC（DLT）の情報が交換されるイメージとなり，あたかも荷為替手形を構成する各種船積書類が，BC（DLT）上のデータに置き換わるイメージである。

(4)　貿易金融の将来像

以上を踏まえて貿易金融の将来像について私見を述べたい。

①　AS活用による（仮想）荷為替手形実現

AS活用により（仮想）荷為替手形，つまり荷為替手形の電子化を実現が可能だと考える。各当事者による自発的なBC（DLT）ネットワークの構築が行われ，ASによる相互連携が完成すると，あたかも，紙と印刷技術の普及が，書類の集合体である荷為替手形を生んだように，紙に代わる記憶媒体としてのBC（DLT）の集合体である，（仮想）荷為替手形が実現可能となると期待する。

図表 4-28　AS 活用のイメージ

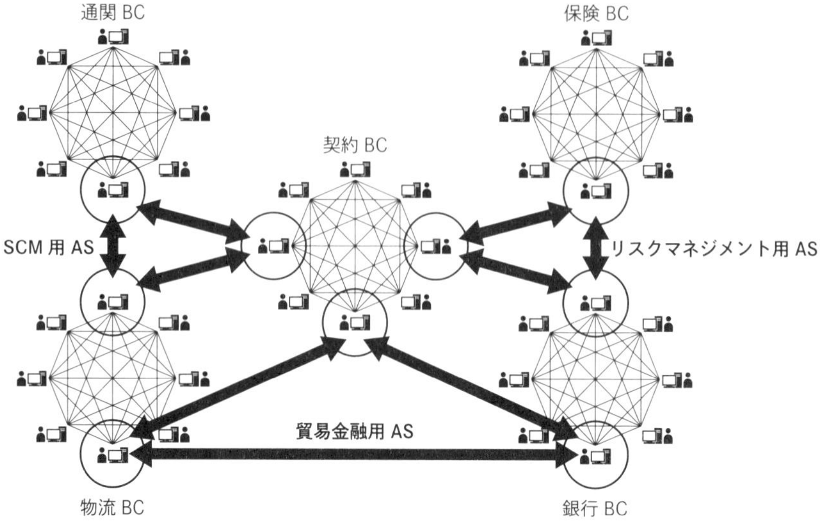
通関 BC
保険 BC
契約 BC
SCM 用 AS
リスクマネジメント用 AS
貿易金融用 AS
物流 BC
銀行 BC

出典：筆者作成

② 貿易当事者の役割変化（Unbundle，Rebundle 化）

そしてこれは，既存の貿易当事者の役割変化（Unbundle，Rebundle 化）をもたらすと考える。これは，物流業界，保険業界等銀行以外の業界による，貿易金融（輸出入金融，保証業務，保険業務）への進出を促す要因になり得ると考えるからである。丁度，18C 以降の荷為替手形の普及が，大手貿易商の手による商業銀行（Merchant Bank）の発展と同様に，（仮想）荷為替手形取引を通して，BC（DLT）を使いこなす当事者が，銀行以外の新たな貿易金融の主要な担い手になる可能性があると考える。

FinTech における BC（DLT）のポテンシャルは大きいと考える。①銀行業界のメリットとしては，銀行業務の効率化，与信管理管理，システム維持コスト削減，コンプライアンス管理が挙げられ，②利用者のメリットとしては，新しいサービスの享受，取引のスピードアップ，金融コスト削減効果，金融サービスの選択肢増加，があげられる。AS の活用は，BC（DLT）当事者のシステム開発負担を減らし，シームレスに多くの BC（DLT）を繋ぐことで，BC（DLT）そのものの発展にも大きく資すると期待する。既存の金融機関は，異業種との連携も含め，積極的に BC（DLT）を推進する必要に迫られるであろう。また，政策当局は，BC（DLT）は無論，AS に関しても国際的な統一規格制定に関与することが急務であると考える。

今後は，① BC（DLT），AS に関する国際的な取組み（法制度整備，標準化に関する取組み）や実証実験の動向，② BC（DLT），AS の推進要件の究明，③業界ごとの BC（DLT）化の実現可能性や実務との親和性検証，等を研究課題の１つとしたい。

第３節　TSU-BPO 失敗とその原因

Ⅰ．TSU-BPO 取引の終焉

１．TSU-BPO 取引終了の経緯

2018 年 11 月 23 日，Global Trade Review（GTR）により SWIFT が TSU-BPO 取引の将来性について慎重に検討中との報道があった[47]。そして，2019 年 4 月 8 日，同誌により SWIFT が TSU サービス提供を 2020 年末に終了するとの報道があった。その中で，SWIFT 側は TSU-BPO 取引が一部の銀行および企業に有効に機能しているものの，その採用状況は期待とは異なり限定的であったことを，サービス提供終了の判断理由としている[48]。同年 11 月に，essDOCS 社によるサービス継承が公表されたものの，SWIFT の TSU-BPO 取引推進は頓挫したかたちとなった。本節では TSU-BPO 取引普及を阻んだ要因を指摘する。

２．TSU-BPO 取引提供停止の影響

(1)　既存ユーザーの選択肢

2020 年末の TSU サービス提供停止により，TSU-BPO 取引利用企業は，後述の essDOCS 社が提供するスキームまたは，FinTech を活用した新たな貿易代金決済電子化スキームを採用するか，実用化が間に合わない場合，信用状取引に戻すか，送金取引にシフトする必要に迫られる。早くから TSU-BPO 取引を採用してきたイトーヨーカ堂等の大企業にとっては，取引銀行からの与信

も容易に受けることが可能であると予想され，大きな影響は回避できると思われる。他方，送金取引にシフトした場合，BPO が発行されなくなる為，輸出側の企業，特に中小企業については，輸出金融が受けられなくなる懸念がある。TSU-BPO 取引の性急なサービス提供停止は，中長期的には SWIFT や ICC に対する貿易当事者からの信頼低下という悪影響を招く恐れがあると指摘したい。

(2) essDOCS 社による TSU サービス継承

2019 年 11 月，従来から TSU-BPO 取引にセットする形で，電子船荷証券（eBL）サービスを提供していた essDOCS 社[49] は，SWIFT の TSU のデータ照合システムを事実上引き継ぐ形で，CargoDocs Transaction Matching Application（Cmatch）の開発を発表した。わが国の三菱 UFJ 銀行を始めとする TSU の主要利用金融機関がこれに参加をする予定であり，当面 SWIFT のサービス提供停止による大きな混乱は回避できる見通しである[50]。

Ⅱ．TSU-BPO 取引の普及阻害要因

1．TSU-BPO 取引の失敗要因

TSU-BPO 取引失敗の要因であるが，4 点指摘したい。まず第 1 節で紹介した FinTech の急速な発展，特に第 2 節で紹介したように BC（DLT）を活用した貿易代金決済電子化スキームの実用化に目途がつきつつあることである。BC（DLT）の実用化に伴い，従来型の中央サーバー型システムである TSU システムの陳腐化が意識されるようになった上に，TSU システムのリリースより 10 年以上が経過し，同システム自体も更新の必要性が意識されるようになった。SWIFT としては決済システムを始めとする，金融システムの BC（DLT）化を睨んで，TSU への新規投資打ち切りとの判断を下したものと思われる。

2 つ目は，2017 年にスタートした SWIFT の「国際決済イノベーション（Global Payments Innovation Initiative：gpi）」との比較である。TSU と同じく SWIFT により開発された gpi はわずか 2 年の，2019 年 11 月には 3,700 行

以上が導入を決定し，570行以上が実用化段階になり，外国送金取扱件数全体の56%を超えたと発表されている[51]。前述の通り，2007年以来10年以上の時間が経過したにもかかわらず，利用率が全く伸びなかったTSU-BPO取引とは好対照である。両者の相違点をチェックすることにより，TSU-BPO取引普及阻害要因の幾つかを指摘することが可能となる。

3つ目は，拙稿（2014～2018）で継続的に指摘したTSU-BPO取引自体が内包する要因である。具体的には，(a) TSU-BPO取引参加行における与信管理上の問題点，(b) TSU-BPO取引参加行における事務処理体制構築の負担，(c)貿易当事者におけるTSU-BPO取引のデータ作成負担，の3点である。

最後にイノベーション普及理論やクリティカル・マス理論に基づきTSU-BPO取引の普及が進まなかった要因について検討する必要性について指摘したい。

2．SWIFT gpiとの比較

(1)　gpiの経緯

2015年12月，SWIFTは，従来のホスト型資金決済システム改善を図る為，「国際決済イノベーション（Global Payments Innovation Initiative：gpi）」の発足を発表した[52]。gpiの目標は，(a)迅速な資金移動により，資金の即日利用を可能とさせること，(b)銀行間手数料の透明性確保および予測可能性を改善させること，(c)依頼人から受益者までの資金決済状況の追跡を可能とすること，(d)送金情報（インボイス番号や請求書番号等）の統一性を確保し，着金までの間に改変されないこと，の4点である。

2017年1月に正式リリースされたgpiであるが，前述の通り，その後の導入スピードは目覚ましいものがあり，2019年11月には3,700行以上がgpiの導入を決定し，570行以上がgpiを利用した送金（以下gpi送金）を実施しており，外国送金取扱件数全体の56%を超えたと発表されている。SWIFTは，2020年中に，外国送金取引を全てgpi送金化することを発表しており，外国送金のデファクトスタンダードとなるものと期待されている（図表4-29参照）。

図表 4-29　SWIFT gpi の進捗状況

年月	イベント	
2015年12月	国際決済イノベーション（Global Payments Innovation Initiative：gpi）の発足を発表	
2016年1月	大手銀行45行がgpiに参加	
2016年4月	大手銀行21行による実証実験が開始	
2017年1月	gpiサービスが開始	
2017年4月	大手銀行の6行と共にBC（DLT）の機能検証（proof of concept：PoC）開始	
2017年5月	gpiトラッカー（unique end to end transaction reference：UETR）が利用可能となる	
2017年7月	大手銀行の22行がBC（DLT）のPoCに参加	
2017年10月	120行以上が導入を決定	24行がgpi送金を実施
	BC（DLT）のPoCで実用化に向けた中間報告	
2018年2月	150行以上が導入を決定	50以上の決済システムが導入を決定
2018年3月	全ての外国送金にgpiトラッカーを付与することが決定	
2018年4月	リアルタイム送金研究開始	
2018年5月	165行以上が導入を決定	
	外国送金取扱件数全体の25%を超えたと発表	
2018年7月	2020年末までに全ての外国送金にgpiを適用する方針発表	
	180行以上が導入を決定	大手銀行50行中，49行が採用
2018年9月	外国為替円決済制度へのgpi機能付与	
	外国送金取扱件数全体の30%を超えたと発表	
2018年10月	オーストラリア，中国，タイ，シンガポールの銀行による，初のリアルタイム送金成功が発表	
	gpi導入済みの35行により，BC（DLT）を利用した資金決済の実証実験を開始	
2019年7月	京都銀行が，わが国の地方銀行として初の採用	
	3,500行以上が導入を決定	520行以上がgpi送金を実施
2019年11月	3,700行以上が導入を決定	570行以上がgpi送金を実施
	外国送金取扱件数全体の56%を超えたと発表	

出典：SWIFT 公表資料より筆者作成

(2)　gpi の概要

gpiの最大の特徴は，gpiトラッカー（unique end to end transaction reference：UETR）である。外国送金の支払指図（Payment Order：P/O）に利用されるSWIFTの電文雛形103番（Message Type 103：MT103）上に，UETR情報を追加し，併せて外国送金関連情報の送信に利用されるMT199に外国送金の事務処理状況，手数料明細等の情報を載せて，SWIFTの運用するPayment Trackerに送信することにより，SWIFTが受取人口座入金までの処理状況を把握する（図表4-30参照）。外国送金に関連する銀行は，gpiにアクセスすることで，SWIFTから，処理状況についてリアルタイムに情報をチェックすることが可能になった[53]。SWIFTによればgpi送金の

図表 4-30　SWIFT gpi 取引図

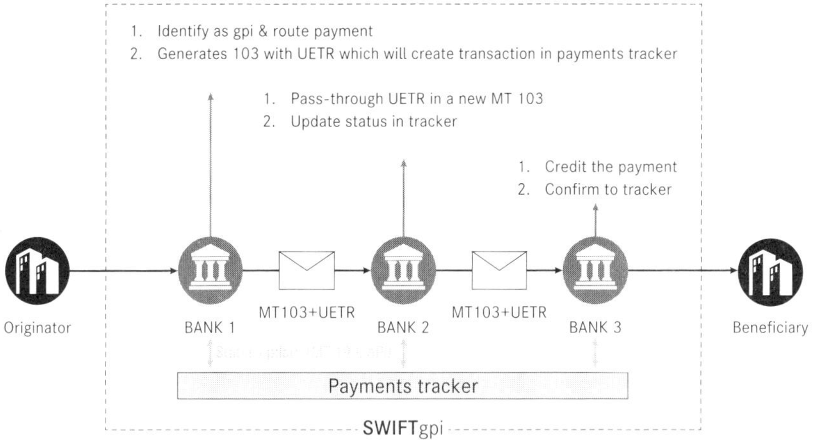
1. Identify as gpi & route payment
2. Generates 103 with UETR which will create transaction in payments tracker
1. Pass-through UETR in a new MT 103
2. Update status in tracker
1. Credit the payment
2. Confirm to tracker
Originator
BANK 1
MT103+UETR
BANK 2
MT103+UETR
BANK 3
Beneficiary
Payments tracker
SWIFTgpi

出典：SWIFT 53)

内，40%は5分以内，50%は30分以内，75%は6時間以内に着金しており，ほぼ全ての送金について24時間以内の決済が実現している。

(3)　gpi の成長理由

上記のように急激な成長を遂げつつある gpi 送金であるが，その成長理由として，以下の4点を指摘したい。

ア．既存インフラの活用

SWIFT は，将来のシステム構築を見越して BC（DLT）技術による実証実験を開始しているものの，gpi 立ち上げ時には，既存のインフラを最大限流用しており，Payment Tracker および，既存の電文雛形への UETR 対応等，gpi 実現に必要最低限のシステム更新のみに留めている。これにより SWIFT 自体の設備投資抑制につながりスムーズな移行が実現している。

イ．取引対象機能の制限

広く貿易金融取引全体を対象とした TSU-BPO 取引と異なり，gpi は外国送金機能のみを対象とした技術革新である。よって，LC や BPO の持つ，支払保証機能や，貿易金融機能は取扱対象外である。取引対象機能を絞ったことにより，システム全体の簡素化を図ることができたことも成長理由の1

つである。

ウ．関係当事者の範囲を限定

将来的な非金融機関への gpi 拡大構想はあるものの，TSU–BPO 取引と異なり，現状は銀行業界内に限定されたシステムである。この為銀行以外の貿易当事者にとって gpi 導入に対する制約は全くない。

エ．関係当事者の負担を抑制

SWIFT は gpi の利用件数等に応じて，複数のアプリケーションを提供している。これにより，銀行側のコストを最低限なものにすることができる[54]。また，gpi 送金専用の事務処理体制を新たに構築する必要がなく，既存の外国送金事務処理体制を大きく改変する必要がない為，gpi 導入に対する銀行側の負担感は抑制されたものとなる。

3．TSU-BPO 取引自体の要因

(1)　TSU-BPO 取引の与信管理上の懸念

国内融資取引等の与信取引を行う場合に比べ，銀行は貿易金融を行う際に締結する約定書において，輸出入者が取り扱う荷物そのものを担保物件と位置づける[55]。有事の際，スムーズに担保物件（荷物）の確保と売却を行う為に，荷為替手形に含まれる船荷証券を活用する。他方，銀行は前述の約定書により譲渡された荷物に対して寄託物返還請求権が認められるのであるが，万一輸入者が善意の第三者に荷物を売却してしまうと，第三者に荷物の所有権を主張できなくなるリスクに曝される[56]。

信用状取引と同様の貿易金融として取り扱われ，信用状取引枠と合算で与信管理することも可能な TSU–BPO 取引はデータのみ取り扱い，B/L 等を取り扱わない為，上記リスクが常時懸念される状況であり，既存の貿易金融対比与信管理面で劣後するといわざるをえず，銀行が中小企業宛 TSU–BPO 取引の採り上げに躊躇する原因となったと思料する。

前述の通り TSU–BPO 取引は結果として，一部の大手金融機関グループが，それぞれの主要顧客である大手企業宛に，オーダーメイド的に提供するサービスに留まり，金融機関側も大手企業宛に推進していた様子が窺える。しかし SWIFT や ICC が意図したように，既存の決済方法に比肩するまで普及する為

には，（大手企業の取引先でもある）中小企業にも広く利用を勧奨する必要があったと指摘したい。

(2) 銀行の事務処理体制構築負担

銀行はTSU-BPO取引の事務処理体制を構築する必要があり，TSU-BPO取引運用スキルを有する要員の育成や，TSU-BPO取引導入コスト，例えば専用端末の導入や，行内システムの構築に伴うコストを負担する必要があった。実際に年6回のTSU-BPO取引を実施する為にSWIFT宛に12,000ユーロの手数料負担が発生したベトナムの事例について報道があった[57]。

(3) 貿易当事者の事務処理体制構築負担

TSU-BPO取引では，貿易当事者に加えそれぞれの取引銀行の参加が必須であり，TSU-BPO取引導入に際しては，これら全ての当事者の協力が必要であった。更に貿易当事者は貿易事務処理体制を，既存の信用状取引（荷為替手形取引）とは別に，TSU-BPO取引用に新たに構築する必要もあり，当事者のTSU-BPO取引採用を躊躇させる原因になったと思料する[58]。

4. イノベーション普及理論による検討の必要性

ここまで，主として技術的，実務上の問題について指摘してきたが，最後にイノベーション普及理論や，クリティカル・マス理論に基づく検討の必要性を指摘したい。長沼（2014）[59]は電子運送書類の普及プロセスを，Rogersの普及理論[60]が示す双方向イノベーションの普及過程に基づき論じている。電子運送書類の普及に際して，取引先間の力関係や，競争戦略が影響を与えることや，組織内部の普及も必要であると指摘している。また，BOLERO等の普及が停滞する要因として，採用企業の電子運送書類に対する国の支援や法整備に対する不満・不安が原因であると指摘した。本節で論ずるTSU-BPO取引も双方向イノベーションであることから，その普及停滞についても大いに示唆を与えるものとなっている。本件については，今後の研究課題としたい。

第4節　TSU-BPO 取引失敗が与える示唆

本節では，TSU–BPO 取引失敗の原因から，今後の貿易代金決済電子化スキームに必要とされる要件を検討する。本研究が与える示唆として，9つの要件を指摘したい。

Ⅰ．FinTech 時代の貿易代金決済電子化への示唆

TSU–BPO 取引失敗の要因は，FinTech を活用した貿易代金決済電子化スキームの成否にも大きな示唆を与える。いかなる貿易代金決済電子化スキームにおいても，輸出入者に対する支払保証機能や，ファイナンス機能等の貿易金融機能を円滑に提供できるか否か，輸出入者や物流企業，税関等の貿易当事者間のスムーズな情報共有，伝達ができるか否かは，当該スキーム普及の鍵ともいえ，TSU–BPO 取引の失敗は教訓となる。

1．貿易代金決済の必要要件

いかなる貿易代金決済方法も，⑴迅速且つ確実な資金決済，⑵銀行間の取扱情報に関する真正性確保，⑶輸出者に対する取消不能な支払確約，⑷輸出入者に対するスムーズなファイナンス，⑸統一された規則，⑹銀行への信用補完，⑺ B/L に代わるスムーズな荷物引渡，⑻公的機関も含む貿易当事者の参入が容易であること，⑼マネー・ローンダリング防止等コンプライアンス対策，の9つの要件が必須である。各々の要件ごとに指摘したい。

2．BC（DLT）活用時の留意点

⑴　迅速且つ確実な資金決済

BC（DLT）のメリットとして情報伝達スピードの高速化が指摘されている。ただし高速化するのは情報のみであり，既存の法定通貨を利用する決済についてはファイナリティが重要となる。将来的には暗号資産（仮想通貨）による資金決済を検討する可能性もある。

(2)　銀行間の取扱情報に関する真正性確保

SWIFT を核とした既存の外国為替決済ではコルレス契約が果たす機能である。BC（DLT）のメリットとして取引情報の改竄が困難である点が指摘されるが，不正アクセス対策は必須である。この際重要となるのが BC（DLT）の類型選択である。BC（DLT）は，第7章で紹介した通り，参加者の公開範囲・制限内容によって，パブリック型，コンソーシアム型，プライベート型の3つの形態に分類される（図表 4-31 参照）。

(a)　パブリック型

誰でも参加可能なオープンな BC（DLT）であり，悪意のある者が参加するリスクを排除できないため，それらが改竄等を行うインセンティブを削ぐ為に，コンセンサスアルゴリズムの採用が必要となる。BC（DLT）の活用事例でもよく知られる暗号資産は，パブリック型の一例である。

(b)　コンソーシアム型

一定の条件を満たす者のみが参加資格を有する形態の BC（DLT）であり，参加者を信頼できる者に限定することで，悪意のある者が参加するリスクを低減し，よりユースケースに適した（例えば，処理速度の速い，ファイナリティ

図表 4-31（図表 4-13 の再掲）　BC（DLT）の3類型

	プライベート型	コンソーシアム型	パブリック型
管理者	単独の機関	複数のパートナー	存在せず
ノード参加者	管理者による許可制		制限なし
合意形成（コンセンサスアルゴリズム）	厳格ではないことが可能 PBFT 等の分散コンセンサス形成アルゴリズム（悪意のある参加者を前提としないコンセンサスアルゴリズムの採用が可能）		厳格であることが必要 PoW 等，悪意のある参加者を前提とする方式
ファイナリティ	PBFT 等のコンセンサスアルゴリズムを採用することで，ファイナリティを確保することが可能		チェーンが分岐し，ファイナリティが不確定となる（確率的となる）
取引速度	高速		低速
	現在，金融業界が実証実験のターゲットとしている BC（DLT）		仮想通貨の基盤に利用されている BC（DLT）

出典：全銀協（2017a）[61]，14 頁【図表3】を基に加筆修正

が確保できる）コンセンサスアルゴリズムの採用が可能となる。企業間取引における活用に適している。

(c)　プライベート型

単一組織内（社内システム等）で運営する形態の BC（DLT）であり，社外の者との間で情報共有を行わないため，情報の秘匿性の確保が可能となる。主には集中管理型システムの代替として利用が検討されている。

これら3つの類型はユースケースに応じて適切な形態が選択され，また，公開範囲に制限を加えることによって，より金融機関のユースケースに適したコンセンサスアルゴリズムの採用が可能となる。

(3)　輸出者に対する取消不能な支払確約

貿易金融には輸出者に対する取消不能な支払確約が必要となる。その基本的な要件は LC，BPO と不変であるが，取引の関係当事者にどこまで含めるのか検討する必要があると考える。例えば LC では，銀行，輸出入者であるのに対して，BPO では，銀行のみであった。これに対して，URBPO750 に対して輸出者を受益者とする改訂の要望があったとの報道があった[62]。

(4)　輸出入者に対するスムーズなファイナンス

ファイナンスの基本的な要件は，(a)輸出金融（輸出手形または輸出データの買取），(b)輸入金融（輸出者宛支払確約，輸入ユーザンス等）を中心とした，従来の貿易金融と変わることはないが，後述の信用補完に留意が必要だと考える。急速に成長を遂げている gpi は外国送金機能のみを対象とした技術革新である為，ファイナンス機能が具備されないという根本的な問題を抱えている。中小企業が抱えるファイナンスニーズに応える為に本項目は必須条件となる。

(5)　統一された規則

we.trade（BPU）の事例のように，スキームごとに準拠法または規則が乱立するのは混乱の基である。現在は，丁度 1920 年代前後の信用状統一規則制定前の状況と類似していると考える。国際商業会議所による規則制定が必要だと考える。

⑹　銀行への信用補完

銀行への信用補完機能の具備は難しい課題だと思料するが，これを解決する機能として，BC（DLT）のユースケースの1つである，スマートコントラクトに期待したい。スマートコントラクトとは，BC（DLT）上で契約を自動的に実行する仕組みであり，B/Lの有する受戻性に類似した効果を期待できるとされる。ただし，⑵と同様に，BC（DLT）の類型選択等，外部からの不正アクセス対策は必須であり，当該スマートコントラクトについてB/L同様の条約・法令・規則整備が必要となるのは言うまでもない。

⑺　B/Lに代わるスムーズな荷物引渡

B/Lに代わるスムーズな荷物引渡についても，同様にスマートコントラクトが有望視されている。三井住友フィナンシャルグループの実証実験報告(2019)[63]では，BC（DLT）を用いて貿易取引ワークフローシステムを構築し，⒜スマートコントラクト機能を用いて，貿易処理を自動化できるか，⒝銀行等，他システムと接続できるか，⒞貿易取引の手続時間を短縮できるか，の3点について，それぞれ検証した。具体的には，⒜コンテナに装着したIoTセンサが取得した位置情報をトリガーとして実験システム上で自動処理，⒝実験システムから銀行のインターネットバンキングシステム宛に振込指図，⒞実際の貿易取引システムと同時に実験システムを操作し所要時間を比較した。この結果，貿易手続きの所要時間が40分の1（書類運送時間を除いても4分の1）に短縮できることが，確認された。

⑻　公的機関も含む貿易当事者の参入が容易であること

これは最も難しい課題だと思料する。既に実用化されている貿易関連システム（わが国のNACCSシステム等）とのスムーズな情報交換や，TSU-BPO取引でもネックとなったデータの作成について，従来の荷為替手形（船積書類）をBC（DLT）で代替する場合，前章で指摘したように，複数のBC（DLT）を接続する技術であるASの活用が必要となると予想する。単一BC（DLT）での貿易金融スキーム構築には，⒜広範囲にわたるデータが必要，⒝（その結果）最大公約数的な質の情報量となる，⒞システム更新時に全ての当事者の了解が必要であり機敏な更新が困難，等の限界が想定される。ASを活用し複数のBC（DLT）による貿易金融ネットワークを構築することにより，(a)業界ごとに必要十分なデータを取扱うBC（DLT）を構築可能，(b)各BC（DLT）ごとにデータの内容充実，業界ニーズの変化に迅速に対応可能となる，等のメリットが予想される。また，システムの汎用性が高くなり，中小企業も参加し易くなると期待できる。

(9)　マネー・ローンダリング防止等コンプライアンス対策

筆者は，FinTechとりわけBC（DLT）活用による外国為替業務に対する影響の1つとして外国為替コンプライアンスの強化を指摘した。従来のコンプライアンス管理体制は，各国政府による個別チェックに基づくもので，それぞれの国が当該国の金融機関を通じて法令遵守を図っており，国別に情報伝達・指導が行われることから，①即時情報共有が不可能で，徹底までに時間がかかり，不徹底のリスクもあること，②相手国との連携が前提になっていない（国による温度差がある）ことを指摘した。BC（DLT）導入による改善が期待できる点として，①即時情報共有が可能で，各国政府自体がBC（DLT）に参加することも可能であること，②相手国とスムーズな連携が可能で，例えば国連安保理決議履行等に有効であること等を挙げた。

Ⅱ．TSU-BPO取引の遺産活用

最後にTSU–BPO取引を通してSWIFT，ICCが実現した，貿易代金決済電子化に関する初の本格的国際規則であるURBPO750の条項について，今後の貿易代金決済電子化スキームに対応した国際規則（将来の規則）制定時に活用すべき点を挙げ，FinTech時代への提言としたい。

1．URBPO750の継承

BPU等FinTech時代の貿易代金決済電子化スキームにおける輸出者宛支払確約は，基本的な要件はBPOと類似すると予想されることから，将来の規則における規定は，URBPO750の関連規定がモデルケースとなると考える。典型的なものとして，支払確約および補償履行の要件について指摘したい。

(1) 支払確約の要件

(a) 独立抽象性の原則

URBPO750第6条ではBPOはその原因関係（契約）と独立した別個の取引と規定されていた。独立抽象性は，信用状統一規則（UCP600）第4条等，支払保証に関する他のICC規則（URDG758，ISP98等）に共通する原則でもあり，将来の規則についても，同様の規定が必要である。

(b) 取消不能な約束

URBPO750第3条ではBPOは発行した時点で取消不能の約束と規定されている。UCP600第2条等，他のICC規則にも共通する規定であり，(a)と併せ，受益者からの請求に対して一義的な支払義務がある形となる。これについても，将来の規則にも必要な規定である。

(c) 個別条件による規則の除外，修正

URBPO750第2条では，確定したベースライン等による明示的な除外，修正がない限り，BPOは各参加銀行を拘束すると規定されている。UCP600第1条等，他のICC規則にも共通する規定であり，規則に運用上のフレキシビリティーを与える規定であり，将来の規則にも必要な規定である。

(2) 補償履行の要件

(a) 銀行の約束

URBPO750第10条では，BPO負担銀行の約束（補償履行の要件）として，BPOが組み込まれた確定済ベースラインに対して合致するデータ・セットが送信され，TSUからゼロ・ミスマッチ等の送信があった場合にのみ支払うと規定されており，将来の規則にも必要な規定である。尚，UCP600に対してISBP745があるように，支払確約条件に対する条件充足か否かの基準を具体例と共に明示することも検討の価値があると考える。

(b) 有効期限

URBPO750第8条では，BPOの期限管理は協定世界時ベース（Universal Time Coordinated：UTC）で行う旨規定され，有効期限当日の23:59:59UTC

に，マッチング結果は瞬時に判定される。将来の規則はデータを取扱うことを前提とすることから同様の規定が必要となる。

2．URBPO の修正

TSU-BPO 取引では，ベースライン等データの照合を行うプラットフォームであるデータ照合システム（Transaction Matching Application：TMA）は，専ら SWIFT の TSU が担う設計となっていた。この為，URBPO750 は特定の TMA 利用を前提にした規則となっている。TSU に縛られない将来の規則では，異なる規定が必要となる。以下に典型的なものを3つ指摘したい。

(1)　用語・解釈の定義

URBPO750 は，TSU の利用を前提にした規則であり，詳細な用語の定義，解釈が可能であった。しかし今後は，様々な BC（DLT）を基盤としたスキームが登場すると予想されることから，将来の規則においては，支払確約の名称（ex. BPO，BPU，e-L/C 等），関係当事者を含め，柔軟且つ包括的・網羅的な規定が必要となる。これは，UCP600 第2条の規定が参考になると思われる[64]。

(2)　取扱対象

URBPO750 第7条では，データ（Data）のみを取り扱い，書類（Documents），物品（Goods），サービス（Services），履行（Performance）は取り扱わないという，「データ取引の原則」が規定されている。これは，「書類取引の原則」を規定する他の ICC 規則とは異なる規定である。

一方で，BC（DLT）を基盤としたスキームの場合，物流に関するスマートコントラクトが実装される可能性が大となる為，改めて取扱対象の範囲を規定し直しする必要があると考える。例えば，対象となる BC（DLT）上の契約（自動）履行状況を取り扱う，所謂「スマートコントラクト取引の原則」が必要となると考える。

(3) 受益者

URBPO750第3条では，BPOの受益者はBPO受益銀行と示される，売主側銀行と規定されていた。他方，他のICC規則では，その者の利益のためにL/Cや保証書が発行される当事者と規定されており，買主など商取引契約の当事者や，銀行が受益者となる。

一方で，BC（DLT）を基盤としたスキームの場合，商取引契約自体に関するスマートコントラクトが実装される可能性が大となる為，改めて受益者の範囲を規定し直しする必要あると考える。対象となるBC（DLT）上の当事者（輸出者）を受益者とするのが自然の流れだと考える。

注

1）Jamie Dimon（2015），"Letter for Shareholders FY2014", JPMorgan Chase, p. 29.

2）FinTech企業に関する定義については，既存の金融IT関連企業や，大手IT企業等を含めるか否かで様々な定義がある。本稿以外の定義については，以下を参照。楠真（2016）『FinTech 2.0―金融とITの関係がビジネスを変える』中央経済社，11-26頁。

3）アクセンチュア（2016）『フィンテック　金融維新へ』日本経済出版社，51-67頁。

4）John McCarthy（1955），"A Proposal for the Dartmouth Summer Research Project on Artificial Intelligence", August 31（http://www.aaai.org/ojs/index.php/aimagazine/article/view/1904/1802, as of January 31, 2022）.

5）ブロックチェーンの構造，その代表的取組み事例である仮想通貨での活用方法については，以下を参照。岡田仁志他（2015）『仮想通貨』東洋経済新報社，31-75頁；増島雅和（2016）「ブロックチェーンのビジネス応用について」，『月刊資本市場』第368号，資本市場研究会，4-10頁。

6）R3CEV LLC（2015）プレスリリース "R3's distributed ledger initiative grows to 42 bank members and looks to extend reach to the broader financial services community", December 17.

7）R3CEV LLC（2016）プレスリリース "R3 TACKLES TRADE FINANCING CHALLENGES WITH DISTRIBUTED LEDGER TECHNOLOGY", August 10.

8）SWIFT HP, Find a SWIFT gpi member（https://www.swift.com/our-solutions/swift-gpi/about-swift-gpi/join-payment-innovation-leaders, as of January 31, 2022）.

9）SWIFT（2016），"The global payments innovation initiative factsheet".

10）アクセンチュア（2016）「SWIFTと分散型台帳技術」3-4頁（SWIFT HP：https://www.swift.com/file/27596/download?token=U_kdqh1l，最終閲覧日：2022年1月31日）。

11）金融審議会（2015）『決済業務等の高度化に関するワーキング・グループ報告』21-25頁（金融庁HP：http://www.fsa.go.jp/singi/singi_kinyu/tosin/20151222-2/01.pdf，最終閲覧日：2022年1月31日）。

12）金融審議会（2015）『金融グループを巡る制度のあり方に関するワーキング・グループ報告』10-15頁（金融庁HP：http://www.fsa.go.jp/singi/singi_kinyu/tosin/20151222-1/01.pdf，最終閲覧日：2022年1月31日）。

13）経済産業省・野村総合研究所（2016）『平成27年度　我が国経済社会の情報化・サービス化に係

る基盤整備（ブロックチェーン技術を利用したサービスに関する国内外動向調査）報告書』44頁。

14）輸出手形買取にあたり，輸出商と取引金融機関間で締結される『外国向為替手形取引約定書』第3条（担保）に，「付帯荷物および付属書類は，外国向荷為替手形の買取によって負担する手形上，手形外の債務ならびにこれに付随する利息，割引料，損害金，手数料および諸費用の支払の担保として貴行に譲渡します」，信用状発行にあたり，輸入商と取引金融機関間で締結される『信用状取引約定書』第3条（担保）に，「付帯荷物および付属書類は，信用状取引によって私が負担する債務ならびにこの取引に付随する利息，割引料，損害金，手数料，保証料および諸費用の支払の担保として，貴行に譲渡します」と規定される。

15）金融審議会，前掲注11），21-25頁。

16）全国銀行協会（2017）『ブロックチェーン技術の活用可能性と課題に関する検討会報告書―ブロックチェーン技術が銀行業務に変革をもたらす可能性を見据えて―』（https://www.zenginkyo.or.jp/fileadmin/res/news/news290346.pdf，最終閲覧日：2022年1月31日）。

17）経済産業省・野村総合研究所，前掲注13）。

18）三菱総合研究所（2017）『平成28年度 我が国におけるデータ駆動型社会に係る基盤整備（ブロックチェーン技術を活用したシステムの評価軸整備等に係る調査）調査報告書』（http://www.meti.go.jp/meti_lib/report/H28FY/000345.pdf，最終閲覧日：2022年1月31日）。

19）日本総合研究所（2018）『平成29年度 我が国におけるデータ駆動型社会に係る基盤整備（分散型システムに対応した技術・制度等に係る調査）報告書』（http://www.meti.go.jp/press/2018/07/20180723004/20180723004-2.pdf，最終閲覧日：2022年1月31日）。

20）全国銀行協会（2017）『第4回　決済高度化官民推進会議資料1　決済高度化に向けた全銀協の取組状況について』（https://www.fsa.go.jp/singi/kessai_kanmin/siryou/20171220/01.pdf，最終閲覧日：2022年1月31日）。

21）SBI Ripple Asia（2016）「「国内外為替の一元化検討に関するコンソーシアム」発足のお知らせ」（http://www.sbigroup.co.jp/news/pdf/2016/1025_a.pdf，最終閲覧日：2022年1月31日）。

22）SBI Ripple Asia（2017）「内外為替一元化コンソーシアムにおいて「RCクラウド」構築完了及び実証実験実施のお知らせ」（http://www.sbigroup.co.jp/news/pdf/group/2017/0302_a.pdf，最終閲覧日：2022年1月31日）。

23）SBI Ripple Asia（2017）「「内外為替一元化コンソーシアム」参加金融機関 追加のお知らせ～三井住友銀行，ゆうちょ銀行が新たに参加し，参加金融機関は61行に～」（http://www.sbigroup.co.jp/news/pr/pdf/2017/0711_a.pdf，最終閲覧日：2022年1月31日）。ただし参加行数については2018年3月に地方銀行11行が同コンソーシアムを離脱し50行まで減少したとの一部報道がなされている。

24）SBI Ripple Asia（2017）「内外為替一元化コンソーシアムにおける「日韓送金実験」に関するお知らせ」（https://www.sbigroup.co.jp/news/pdf/2017/1213_a.pdf，最終閲覧日：2022年1月31日）。

25）SBI Ripple Asia（2018）「内外為替一元化コンソーシアムにおけるスマートフォン向け送金アプリ「Money Tap（マネータップ）」提供に関するお知らせ」（http://www.sbigroup.co.jp/news/pdf/2018/0307_a.pdf，最終閲覧日：2022年1月31日）。

26）日本経済新聞（2018）「貿易リスク軽減にブロックチェーン，米中摩擦で脚光（CBINSIGHTS記事）」（https://www.nikkei.com/article/DGXMZO35263430S8A910C1000000/，最終閲覧日：2022年1月31日）。

27）CBINSIGHTS，"How Banks Are Teaming Up To Bring Blockchain To Trade

Finance" (https://www.cbinsights.com/research/banks-regulators-trade-finance-blockchain/, as of January 31, 2022).

28) SWIFT は gpi 導入効果として，①資金の即日利用が可能，②銀行間手数料の透明性と予測可能性が改善，③依頼人から受益者に至る決済の流れを追跡可能，④充実した決済情報を送信可能の 4 点を挙げている。gpi 導入状況等，基本的情報は以下を参照されたい。SWIFT (2018), "SWIFT global payments innovation" (https://www.swift.com/our-solutions/global-financial-messaging/payments-cash-management/swift-gpi/swift-gpi-document-centre, as of January 31, 2022).

29) SWIFT（2018）プレスリリース「SWIFT—転機となる DLT の実証実験を完了」。

30) 中島真志（2017）「ビットコインの将来性」日本金融学会 2017 年度秋季大会報告，10 月 30 日，報告中のデータは，以下を参照。三菱総合研究所（2017）『平成 28 年度我が国におけるデータ駆動型社会に係る基盤整備（ブロックチェーン技術を活用したシステムの評価軸整備等に係る調査）』43 頁，脚注 15（https://www.meti.go.jp/english/press/2017/pdf/0329_004b.pdf，最終閲覧日：2022 年 1 月 31 日）。

31) 日本銀行（2018）『決済動向（2018 年 3 月）』（http://www.boj.or.jp/statistics/set/kess/release/2018/kess1803.pdf，最終閲覧日：2022 年 1 月 31 日）。

32)「禁忌に触れた仮想通貨「ザ・ダオ」の教訓」『日本経済新聞』2017 年 1 月 7 日（https://www.nikkei.com/news/print-article/?R_FLG=0&bf=0&ng=DGXMZO11028470T21C16A2I10000&uah=DF311220161590，最終閲覧日：2022 年 1 月 31 日）。

33) AS については，仮想通貨業者（交換所運営企業等）や，関連する HP 等で説明があるが，統一された定義は確立していない状態である。

34) ㈱富士通研究所（2017）「PRESS RELEASE（技術）「ブロックチェーン同士を安全につなげるセキュリティ技術を開発」」（http://pr.fujitsu.com/jp/news/2017/11/15.html，最終閲覧日：2022 年 1 月 31 日）。

35) ㈱ NTT データ（2017）「ブロックチェーン技術を活用した貿易情報連携基盤の実現に向け，13 社でコンソーシアムを発足」（http://www.nttdata.com/jp/ja/news/services_info/2017/2017081501.html，最終閲覧日：2022 年 1 月 31 日）。

36) ㈱ NTT データ（2018）「ブロックチェーン技術を活用した貿易情報連携基盤の実証事業を開始」（http://www.nttdata.com/jp/ja/news/release/2018/082300.html，最終閲覧日：2022 年 1 月 31 日）。

37) ㈱トレードワルツ HP（沿革：https://www.tradewaltz.com/achievements/，概念図：https://www.tradewaltz.com/ecosystem/，最終閲覧日：2022 年 1 月 31 日）。

38) ㈱三井住友フィナンシャルグループ，日本アイ・ビー・エム㈱他（2017）「貿易実務の高度化におけるブロックチェーン技術の適用可能性に関する実証実験開始について」（http://www.smfg.co.jp/news/pdf/j20171212_01.pdf，最終閲覧日：2022 年 1 月 31 日）。

39) eTradeConnect HP, "Leading banks in Hong Kong are working to bring blockchain trade finance platform from proof-ofconcept to production", at https://www.etradeconnect.net/Portal/NewsDetail?id=7 (as of January 31, 2022).

40) eTradeConnect HP, "Announcement on collaboration between eTradeConnect and we.trade", at https://www.etradeconnect.net/Portal/NewsDetail?id=6 (as of January 31, 2022).

41) we.trade HP, "we.trade consortium becomes Joint Venture and gets ready to make its trade platform available to clients", at https://cms.wetrade.stag.prophets.me/app/uploads/we.trade_.press_.release.09.April_.18_final.pdf (as of January 31, 2022).

42）we.trade プレスリリース，“we.trade blockchain platform completes multiple real-time customer transactions”.

43）we.trade, “Announcement on collaboration between we.trade and eTradeConnect”. 内容は，eTradeConnect, 前掲注 44）参照。

44）we.trade HP, “we.trade are delighted to be a founding member of the new International Association of Trusted Blockchain Applications（INATBA）”, at https://cms.we-trade.com/app/uploads/INATBA-Press-release_APRIL_3_2019-1.pdf（as of January 9, 2020）.

45）we.trade プレスリリース，“Proud of having completed our first BPU based transaction through we.trade...”, at https://we-trade.com/article/proud-of-having-completed-our-first-bpu-based-transaction-through-we-trade（as of January 9, 2020）. BPU に関する情報は，FAQ の形で次のように記載されていた（最終閲覧日：2020 年 1 月 9 日）。

Q: How is Bank Payment Undertaking regulated, to what laws or regulations would it be subject?

A: The enrolling bank will issue a Bank Payment Undertaking upon the request of its customer, as a buyer. The Bank Payment Undertaking is issued in favour of the seller and constitutes an irrevocable and absolute undertaking by the Bank to make a payment directly to the seller, following the satisfaction of the Settlement Conditions defined in the Smart Contract. The Bank Payment Undertaking is governed by the law of England. It is very similar to the Bank Payment Obligation, governed by ICC's Uniform Rules for BPO. However the difference is that BPU is based on fulfilment of settlement conditions in the smart contracts and payment is in favour of seller（not seller's Bank）.

we.trade HP, “Frequently Asked Questions How is Bank Payment Undertaking regulated, to what laws or regulations would it be subject?”, at https://we-trade.com/faq/business（as of January 9, 2020）.

46）奈良順司（2015）「貿易金融電子化の系譜」『日本貿易学会誌』第 52 号，28-38 頁。1983 年の米国 B/L 電子化プロジェクト（SeaDocs）の事例を挙げ，失敗原因として，①システム構築コスト，②参加者の責務が不明で保険費用が多額，③登録機関への情報登録忌避，④ B/L の受渡が残る場合，これを忌避，⑤民間企業が登録機関になることへの懸念，⑥法的不備，⑦登録機関の情報公開制限，の 7 点を挙げている。

47）Global Trade Review HP, “Swift in talks about future of trade services utility”, at https://www.gtreview.com/news/global/swift-in-talks-about-future-of-trade-services-utility/（as of January 31, 2022）.

48）Global Trade Review, “Exclusive: Swift calls time on TSU”, at https://www.gtreview.com/news/global/exclusive-swift-calls-time-on-tsu/（as of January 31, 2022）. Marc Delbaere 氏（global head of corporates and trade at Swift）が次のコメントを述べている。“TSU has been a very niche success and important for banks and corporates using it, however its adoption has been limited, and as a cooperative we have to focus on solutions with wider adoption and application”.

49）essDOCS 社 HP, “Cmatch to enable Bank Payment Obligation（BPO）continuity & facilitate fully digital trade finance”, at https://www.essdocs.com/press-room/cmatch-enable-bank-payment-obligation-bpo-continuity-facilitate-fully-digital-trade（as of January 31, 2022）.

50）essDOCS の eBL, BPO+ の概要については，以下を参照。檜垣拓也（2014）「電子船荷証券を用いた essDOCS の電子貿易取引スキームについて」『国際金融』1266 号，58-64 頁；檜垣拓也（2017）「報告シラバス　拡大する essDOCS の電子貿易取引と，電子海上運送状活用の提言」『国際商取引学会年報』第 19 号，118-131 頁。

51）SWIFT HP, "The digital transformation of cross-border payments Join the payment innovation leaders", at https://www.swift.com/our-solutions/swift-gpi/the-digital-transformation-of-cross-border-payments/members?tl=en#topic-tabs-menu (as of January 31, 2022).

52）SWIFT HP, "SWIFT announces global payments innovation initiative", at https://www.swift.com/news-events/press-releases/swift-announces-global-payments-innovation-initiative (as of January 31, 2022).

53）SWIFT, "SWIFT GPI Making your cross-border payments faster, more transparent and traceable", pp. 10-23.

54）SWIFT,『SWIFT gpi：gpi ビジネスケース立案ガイド』。

55）貿易金融の内，輸出金融に関する『外国向為替手形取引約定書』の位置づけおよび主要条項については，以下を参照。経済法令研究会（1983）『外国向為替手形取引約定書ひな型の解説』経済法令研究会，2-22 頁；松本貞夫（1983）「外国向為替手形取引約定書ひな形の制定について」『金融』434 号，13-25 頁。輸入金融に関する『信用状取引約定書』の位置づけおよび主要条項については，以下を参照。全国銀行協会連合会（1989）「信用状取引約定書ひな型の制定」『金融』502 号，22-31 頁。

56）民法の根拠条文として，662 条（寄託者による返還請求）「当事者が寄託物の返還の時期を定めたときであっても，寄託者は，いつでもその返還を請求することができる」および，466 条（債権の譲渡性）「債権は，譲り渡すことができる。ただし，その性質がこれを許さないときは，この限りでない。2　前項の規定は，当事者が反対の意思を表示した場合には，適用しない。ただし，その意思表示は，善意の第三者に対抗することができない」が挙げられる。

57）Global Trade Review HP, "Why some banks still back BPO", at https://www.gtreview.com/news/fintech/why-some-banks-still-back-bpo/ (as of January 31, 2022).

58）2019 年 11 月に TSU-BPO 取引を推進しているメガバンク 1 行にヒアリングを実施した。その際，同行担当者より，「TSU-BPO 取引の提案時に，全ての信用状取引商流の完全な代替が実現できるならば導入しても良いが，全量移行できず信用状取引が一部でも残る場合は，事務が二分化し，大きな負担になるとの反応が多く，導入の最大のハードルとなった」との発言があった。邦銀の TSU-BPO 取引推進状況については，以下を参照のこと。釜井大介（2013）「BPO 統一規則（URBPO）の概要」『金融法務事情』1974 号，55-65 頁；釜井大介（2014）「貿易データマッチング基盤への参加により最短 3 日で決済可能に」『金融財政事情』1950 号，20-26 頁；釜井大介（2015）「BPO 発展に向けた実務面からの考察―商品性，リスクおよびその発展性について―」『金融法務事情』2016 号，43-51 頁。

59）長沼健（2014）「国際商取引における電子運送書類の必要性とその普及理論」『同志社商学』第 66 巻 1 号，302-324 頁。

60）Rogers，三藤利雄訳（2007）「普及ネットワーク」『イノベーションの普及』翔泳社，255-336 頁，第 6 章。

61）全国銀行協会（2017）『ブロックチェーン技術の活用可能性と課題に関する検討会報告書―ブロックチェーン技術が銀行業務に変革をもたらす可能性を見据えて―』（https://www.zenginkyo.or.jp/fileadmin/res/news/news290346.pdf，最終閲覧日：2022 年 1 月 31 日）。

62) Global Trade Review HP, "Why some banks still back BPO", at https://www.gtreview.com/news/fintech/why-some-banks-still-back-bpo/ (as of January 31, 2022).

63) 金子雄介・田村浩気・河合伸浩・田中俊太郎・岡知博（2019）「貿易実務のブロックチェーン利用，実践と課題」『デジタルプラクティス』第10巻3号，492-505頁。

64) UCP600 第2条（定義）に以下のように規定されている。「信用状（Credit）」とは，いかなる名称が付されまたは表示がなされているかを問わず，取消不能（撤回不能：irrevocable）であって，充足した呈示をオナー（honour）することの発行銀行の確約となる取決め（arrangement）をいう。

参考文献

Government Office for Science, "FinTech Futures The UK as a World Leader in Financial Technology", Mar. 2015.

Government Office for Science, "Distributed Ledger Technology beyond block chain", Jan. 2016.

World Bank Group, "Distributed Ledger Technology (DLT) and Blockchain", Dec. 2017.

翁百合・柳川範之・岩下直行（2017）『ブロックチェーンの未来　金融・産業・社会はどう変わるのか』日本経済新聞出版社。

岡田仁志他（2015）『仮想通貨』東洋経済新報社。

楠真（2016）『FinTech 2.0―金融と IT の関係がビジネスを変える』中央経済社。

久保田隆（2018）『ブロックチェーンをめぐる実務・政策と法』中央経済社。

隈本正寛（2016）『Fintech とは何か―金融サービスの民主化をもたらすイノベーション』きんざい。

経済産業省（2016）『産業・金融・IT 融合に関する研究会（FinTech 研究会）発言集』。

経済産業省（2016）『産業・金融・IT 融合（FinTech）に関する参考データ集』。

斉藤賢爾（2015）『未来を変える通貨　ビットコイン改革論』インプレス R&D。

斉藤賢爾（2014）『これでわかったビットコイン：生きのこる通貨の条件』太郎次郎社エディタス。

宿輪純一（2015）『決済インフラ入門』東洋経済新報社。

辻庸介他（2016）『FinTech 入門』日経 BP 社。

トーマツ（2016）『金融・IT 融合（FinTech）の産業金融等への影響に関する調査研究』。

中島真志（2016）『外為決済と CLS 銀行』東洋経済新報社。

中島真志（2017）『アフター・ビットコイン：仮想通貨とブロックチェーンの次なる覇者』新潮社。

野口悠紀雄（2014）『仮想通貨革命―ビットコインは始まりにすぎない』ダイヤモンド社。

野村総合研究所（2016）『IT ロードマップ　2016年版―情報通信技術は5年後こう変わる！』東洋経済新報社。

花木正孝（2014）「SWIFT-ICC による TSU-BPO が貿易金融に与える影響」『日本貿易学会リサーチペーパー』第3号，1-16頁。

花木正孝（2015）「TSU-BPO とフォーフェイティングの融合による新しい貿易金融」『日本貿易学会リサーチペーパー』第4号，47-51頁。

花木正孝（2016）「海上運送状の活用による中小企業宛 TSU-BPO 利用促進の提言」『日本貿易学会誌』第53号，31-42頁。

花木正孝（2016）「請求払保証取引への TSU-BPO（URBPO）活用提言」『国際商取引学会年報』第18号，71-78頁。

花木正孝（2016）「TSU-BPO 取引の現状と今後～貿易金融電子化の可能性」『商経学叢』第63巻2号，106-107頁。

花木正孝（2017）「NACCSとの連携強化による貿易金融高度化」『港湾経済研究』第55号，53-57頁。
花木正孝（2018）「TSU-BPO取引活用による地域金融機関の貿易金融高度化」『国際商取引学会年報』第20号，84-97頁。
松尾真一郎（2018）『ブロックチェーン技術の未解決問題』日経BP社。
森・濱田松本法律事務所 増島雅和（2017）『FinTechの法律 2017-2018』日経BP社。

第5章
FinTech時代の貿易代金決済電子化

本章では，FinTech時代の貿易代金決済電子化について説明する。第1節では，新時代の電子商取引国際規則—URDTT1.0について説明したい。第2節では，進まぬ電子化に対するPlanB的なアプローチとして，信用状取引における荷為替手形のPdfファイル化について，eUCP2.0・SWIFT等活用による実現可能性を検討したい。第3節では，近時の貿易プラットフォーム開発の方向性について，BC（DLT）技術を利用した貿易プラットフォーム—TradeWaltzの挑戦を紹介し，その傾向について指摘したい。第4節では，NACCSシステムについて紹介し，API連携による貿易金融電子化推進の可能性を指摘したい。

第1節　新時代の電子商取引国際規則—URDTT 1.0

Ⅰ．URDTT1.0 vs URBPO750

2021年10月，ICCは新しい国際規則，『デジタル貿易取引統一規則』（ICC Uniform Rules for Digital Trade Transactions Version 1.0, ICC Publication No. KS102E：URDTT1.0，以降，和文は全て花木仮訳）を発効させた[1)]。本規則は，電子商取引を対象とした規則としては，2013年発効の『バンク・ペイメント・オブリゲーション統一規則』（ICC Uniform Rules for Bank Payment Obligation Version 1.0, ICC Publication No. 750：URBPO750）に続く第2弾である。

本節では，新旧両規則を対比しながら，URDTT1.0の特徴を紹介し，昨今のブロックチェーン技術（Blockchain：BC）と呼ばれる，分散台帳技術（Distributed Ledger Technology（DLT，以降BC（DLT）とする）を活用するFinTech時代における，URDTT1.0制定の意義について検討するものである。

ここでURBPO750の条文と比較しながら，URDTT1.0各条文の概略を説明し，URDTT1.0の特徴を紹介したい。図表5-1の通り両規則共に，貿易代金電子化スキームに関する統一規則であるので，類似する条文は多い。一方で，TSUという特定のTMAを前提に起草されたURBPO750に対して，URDTT1.0は，不特定のTMAを対象にしている点や，関係当事者の定義についても，TSU開発時点から20年近く経過した2020年代のITテクノロジーに則った規定となっている。また，将来の金融業界における，Banking as a Service（BaaS）化や，銀行等の役割見直しによる解体（Unbundle），再編成（Rebundle）を見据えた規定もあるように見受けられる。

図表5-1　URBPO750・URDTT1.0条文比較

URBPO750	URDTT1.0（花木仮訳）
第1条　範囲	第1条　範囲
第2条　適用	第2条　定義
第3条　一般定義	第3条　解釈
第4条　メッセージ定義	第4条　主要な当事者
第5条　解釈	第5条　金融サービスプロバイダー（FSP）
第6条　バンク・ペイメント・オブリゲーションと契約	第6条　送信者（Submitter）および受信者（Addressee）
第7条　データと書類、物品、サービスまたは履行	第7条　電子記録
第8条　BPOの有効期限	第8条　電子記録の不突合
第9条　参加銀行の役割	第9条　電子記録の破損
第10条　BPO負担銀行の約束	第10条　電子署名
第11条　条件変更	第11条　データ処理システム
第12条　データの有効性に関する責任排除	第12条　ペイメント・オブリゲーション
第13条　不可抗力	第13条　FSP・ペイメント・アンダーテイキング
第14条　取引データ・マッチング・システム（TMA）の利用不能	第14条　条件変更
第15条　適用法	第15条　譲渡
第16条　代わり金の譲渡	第16条　不可抗力
	第17条　適用法

出典：筆者作成

１．条文構成およびその特徴

⑴　条文数

URBPO750・URDTT1.0 の条文構成であるが，両規則とも 16 または 17 条とコンパクトである。これは，両規則共に試行的な位置づけであり，本格的な普及前で，取引ボリュームも少なかったことが影響している。

⑵　関係当事者

関係当事者については，両規則では以下の通り定義される。

①　URDTT1.0（第２条　定義）

URDTT1.0 では，受信者（Addressee），受益者（Beneficiary），買主（Buyer），金融サービスプロバイダー（Financial Services Provider：FSP），債務者（Obligor），当事者（Party），人（Person），主要な当事者（Principal Party），売主（Seller），送信者（Submitter）の 10 関係当事者が定義されている。

②　URBPO750（第３条　一般定義）

URBPO750 では，買主側銀行（Buyer's Bank），参加銀行（Involved Bank），BPO 負担銀行（Obligor Bank），BPO 受益銀行（Recipient Bank），売主側銀行（Seller's Bank），データ・セット送信銀行（Submitting Bank）の 6 関係当事者が定義されている。

URBPO750 が専ら銀行を関係当事者とした規則である反面，URDTT1.0 は輸出入者を始め，広く貿易当事者を関係当事者とした規則であることがわかる。これは，URBPO750 を準拠規則とする TSU-BPO 取引が，銀行間で完結させたシステムであるのに対して，URDTT1.0 が準拠規則として想定する取引が，UCP600 等と同様に，広く貿易当事者も関与する取引であることを示している。

⑶　データ処理システム

データ処理システムについては，両規則では以下の通り定義される。

①　URDTT1.0（第２条　定義）

URDTT1.0 は，データ処理システム（Data Processing System）について，

データの処理やメッセージへの応答に使用するコンピュータ化，電子化，自動化された処理システムを意味すると定義し[2]，特定のシステム，技術を想定していない。

② URBPO750（「はじめに」，第3条　一般定義）

他方，URBPO750は実質的にTSUに基づくシステムである。取引データ・マッチング・システム（Transaction Matching Application：TMA）の定義では，特定のシステムに限定していないものの，URBPO750「はじめに（Introduction）」で，SWIFTとの協働であること，TSUの仕様に合わせていることを明記している[3]。

(4) 電子記録

電子記録（Electronic Record）については，両規則では以下の通り定義される。

① URDTT1.0（第2条　定義，第7条）

URDTT1.0の定める電子記録（Electronic Record）は，送信者から，受信者に対して送信される，電子的手段によって作成などされたデータで，記録の一部となるように論理的に関連付けられた，またはリンクされた情報を含み，内容の真正性，デジタル貿易取引との整合性を確認できる内容と規定される。

② URBPO750（第3条　一般定義）

URBPO750では，ベースライン（Baseline）がこれにあたるが，銀行間でTMAに送信される，貿易取引に関するデータとして定義されている。

(5) ペイメント・オブリゲーション

ペイメント・オブリゲーション（Payment Obligation：P/O）については，両規則では以下の通り定義される。

① URDTT1.0（第2条　定義，第12条）

URDTT1.0では買主による義務として，ペイメント・オブリゲーションが「買主による，受益者に対する一覧払または後日払いの取り消し不能の約束」として規定されている。

② URBPO750（第3条　一般定義）

URBPO750でこれに該当するのは，確定済ベースライン（Established Baseline）である。これは銀行間で送信された後，TMAでマッチングされたベースラインである。

(6) 金融サービスプロバイダー（銀行）

次に規則における金融機関の位置づけであるが，両規則では以下の通り定義される。

① URDTT1.0（第2条　定義，第5条）

URDTT1.0では，金融サービスを提供する者として，金融サービスプロバイダー（Financial Services Provider：FSP）という名称が規定されている。FSPとは，主要当事者つまり買主または売主以外の人（個人，法人），または金融機関と規定される。これらが，銀行を意味するのか，FSPを規定した第5条にも明確に銀行（Bank）との記述がなく，判然としない。

② URBPO750（「はじめに」，第3条　一般定義）

他方，URBPO750は銀行が前提となっている。また「はじめに」においてもURBPOの領域が，銀行対銀行の領域（bank-to-bank space）に限定されると明記されており，伝統的な「銀行」を念頭に置いているのは明快である。

しかし，伝統的な「銀行」に対するICCの考え方がについて示唆を与えるのは，UCP600の，2006年3月版Draftである。同Draftの第3条（解釈）に以下の記述があった。

The term “bank” includes, but is not limited to, entities traditionally known as bank or other financial institution.

銀行業界にとっては幸いにも，この後同条項案は削除された上で，UCP600は正式に発効した。10年以上も前のことであるが，金融機関というものに対するICCの考える未来が垣間見えるように感じている。

(7) 金融機関の支払保証

金融機関による支払保証については，両規則では以下の通り定義される。

①　URDTT1.0（第2条　定義，第13条）

URDTT1.0では，FSP・ペイメント・アンダーテイキング（FSP Payment Undertaking）という用語が「FSPによる，P/O受益者に対する一覧払または後日払いの取消不能の約束」と規定された。

②　URBPO750（第3条　一般定義）

他方，URBPO750でこれに該当するのが，バンク・ペイメント・オブリゲーション（Bank Payment Obligation：BPO）であり，「確定済ベースラインによって要求されたデータ・セットがデータ・マッチすることを条件とした，BPO負担銀行のBPO受益銀行に対する取消不能の約束」と規定されている。当事者の範囲に違いがあるものの，支払保証に関する基本的な位置づけは変わらないと考える。

(8)　2大原則

2大原則（独立抽象性の原則，データ取引の原則）については，両規則では以下の通り定義される。ただし，両規則は代表的な統一規則UCP600の独立抽象性の原則，書類取引の原則と比較すれば，取り扱い対象が書類からデータに代わっている点は留意が必要である[4)]。

①　URDTT1.0（第2条　定義，第5条）

URDTT1.0にも，2大原則に該当する規定は明記されている。第5条b項およびc項で，FSPは，電子記録に関係する，物品（Goods），サービス（Services）は取扱わない旨規定される。

②　URBPO750（第6条，第7条）

URBPO750も同様に，独立抽象性の原則，データ取引の原則の2つが規定されている。

2．両規則の類似点・相違点

次に両規則の類似点・相違点について説明する。

(1)　両規則の類似点

まず類似点であるが，電子貿易を取り扱う規則という共通点から，基本的なコンセプト，例えば，①条文構成，②2大原則（独立抽象性の原則，データ取引の原則），③ P/O，④ FSP・ペイメント・アンダーテイキング，⑤期限に関わる規定について，協定世界時間（Coordinated Universal Time：UTC）による管理を行う点などが挙げられる。

(2)　両規則の相違点

次に相違点であるが，これはURDTT1.0がより汎用性の高い規則となっていることから生じるものである。既に述べたように①関係当事者の範囲は，URDTT1.0が主要当事者（売主，買主）を含む貿易当事者であるのに対して，URBPO750は銀行のみである。また，②データ処理システムについては，URDTT1.0は特定のアプリケーションはもちろんのこと，ベースとなる技術も特定していない。ただし，URDTT1.0では「はじめに」で，光学文字認識（Optical Character Recognition：OCR），人工知能（Artificial Intelligence：AI），分散台帳（Distributed Ledger：DLT），スマートコントラクト（smart contracts）に言及しており，BC（DLT）技術を強く意識した設計となっている[5)]。これに対して，URBPO750は，SWIFTが提供するTMA（TSU）のみを前提にしており，且つTSUは従来型のシステムであり，BC（DLT）を含むFinTechの概念は採り入れられていない。

Ⅱ．URDTT1.0 発効の意義

ここで，URDTT1.0制定の意義について指摘したい。UCP600をはじめとする，ICC銀行実務委員会制定の規則は，URBPO750に至るまで，専ら貿易代金決済業務に関わる規則であった。他方，URDTT1.0は，これに留まらず，将来のスマートコントラクトの実用化を見据えたものと考える。また，現在実用化段階に入りつつあるBC（DLT）技術を活用した貿易代金決済電子化スキームの利用促進に資するものである。

URDTT1.0起草時に採用された方向性は，紙の文書ではなく電子記録を使用して実施されることを除けば，デジタル貿易取引として基礎となる貿易取引を実行する為に使用される媒体に囚われない規則を作成することであった。また，URDTT1.0が想定するBC（DLT）の類型は，ひとまずコンソーシアム型を想定しているものと思われ，現実的な選択だと考える。

加えてICCは，規則制定の目的・理由について，既に述べたものの他に，UCP600，URC522等，既存のICC規則に対する電子化対応の為の追補規則である，e-UCP，e-URC[6]が，完全なデジタル貿易取引を対象としていなかったことから，新たにURDTT1.0を制定する必要があったと述べており，これは首肯できる。

最後にBC（DLT）実証実験プロジェクトへの影響であるが，TradeWaltzは，起草段階から，Draft確認に参加していたことを公表している[7]。海外の，Marco Polo Networkに至っては，ICCのMain collaborator，Main partnerとしてURDTT起草そのものに参加していたことを公表している[8]。従来，ICC規則のDraft確認はメガバンクなど大手銀行が中心となっていたが，URDTT1.0については，貿易プラットフォームの主体とICCが密接に関係していることがうかがえる。更に，本年3月，ICCはWTOと共同で，貿易デジタル化のための標準ツールキットを発表した[9]。これは，ICCが定める貿易デジタル標準ルール（URDTT）に続く，データ項目・細目レベルをガイドするスターターキットであり，既存の参照すべき標準ルールをマッピング・リンク設置したものである。今後国際貿易関連のシステムを作っていく上で，これらのルールに準拠したつくりになっていくことが予想される。

まず，URDTT1.0発効の意義である。URDTT1.0の特徴であるが，両規則共，貿易代金電子化スキームに関する統一規則であるので，類似する条文は多いものの，その一方で，TSUという特定のTMAを前提に起草されたURBPO750に対して，URDTT1.0は，不特定のTMAを対象にしている点や，関係当事者の定義についても，TSU開発時点から20年近く経過した2020年代のITテクノロジーに則った規定となっている。また，将来の金融業界における，Banking as a Service（BaaS）化や，銀行等の役割見直しによる解体（Unbundle），再編成（Rebundle）を見据えた規定もあるように見受けられる。

次に，URDTT1.0に期待される役割であるが，UCP600をはじめとする，ICC銀行実務委員会制定の規則は，URBPO750に至るまで，専ら貿易代金決済業務に関わる規則であった。他方，URDTT1.0 は，これに留まらず，将来のスマートコントラクトの実用化を見据えたものと考える。将来的には，カネの動きだけでなく，スマートコントラクトで移動する荷物の動きや，所有権の移転についても対象に加える可能性があると推測する。加えて，現在実用化段階に入りつつある BC（DLT）技術を活用した貿易代金決済電子化スキームの利用促進に資するものであることも指摘したい。

第2節　信用状取引における荷為替手形の Pdf ファイル化

I．荷為替手形の Pdf ファイル化

現在様々な貿易代金決済電子化プロジェクトが試行されているが，導入時の設備投資コストや，人材育成が必要になる等，導入ハードルはまだまだ高いと思料される。そのような中，本学会の対ロシア経済制裁に関するミニシンポジウム報告にあたり，複数の金融機関（大手金融機関，地方銀行，信用金庫，各2行・金庫）に対するヒアリングを実施した際，複数の大手金融機関より，信用状取引に関する荷為替手形を Pdf ファイルの形で送受信したいという海外銀行からの要請があったと聴取した[10)]。要請の背景として，2020 年 4 月に，新型コロナウイルス感染爆発を受け，国際商業会議所（ICC）が公表した，“Guidance paper on the impact of COVID-19 on trade finance transactions issued subject to ICC rules”[11)]（以下，Guidance paper：GP と表示）に基づく新型コロナウイルス感染防止が目的であった。要請を受けた大手金融機関は，いずれも 2019 年 7 月に，従来の信用状統一規則に追補する目的で制定された eUCP2.0[12)] の適用も含め，対応を検討したが最終的に謝絶したとのことであった。

本稿では，これらの状況を踏まえて以下の2点について検討したい。まず，GP の概要を紹介し，信用状取引における荷為替手形の Pdf ファイル化について ICC の考え方を点検し，その可能性を検討したい。次に，荷為替手形の Pdf ファイル化に際してデータを送受信する為の具体的要件，荷為替手形の Pdf 化による効用について指摘したい。

現在，信用状取引に関する国際規則のde facto standardはUCP600である。本稿で検討する荷為替手形のPdf化（≒電子記録）に対応するICC規則は事実上，UCP600＋eUCP2.0の組み合わせのみとなる。以下に，信用状取引の現状を俯瞰し，関連するICC規則や，ICCが公表したGPの概要について整理したい。

1．信用状取引の現状

(1)　信用状取引の取引状況

ICC（2020）[13]によれば，信用状取引は，アジア太平洋地域で引き続き一定のニーズがある。図表5-2は，2019年の，地域別の輸入信用状取引件数および，平均取引金額である。取引件数は，SWIFTの信用状発行電文（MT700）数であり，同地域は輸入信用状の76%，輸出信用状の78.1%（約3,100千件）を占めている。また，輸入信用状の平均金額が，同地域においても525千米ドルと大口取引に利用されているのがうかがえる。

また，わが国の信用状取扱件数についても，ICC（2020）は，図表5-3の通り，上位10以内に入っており（6位），2019年に182,074件を記録している。

図表5-2　2019年の，地域別の輸入信用状取引件数および，平均取引金額

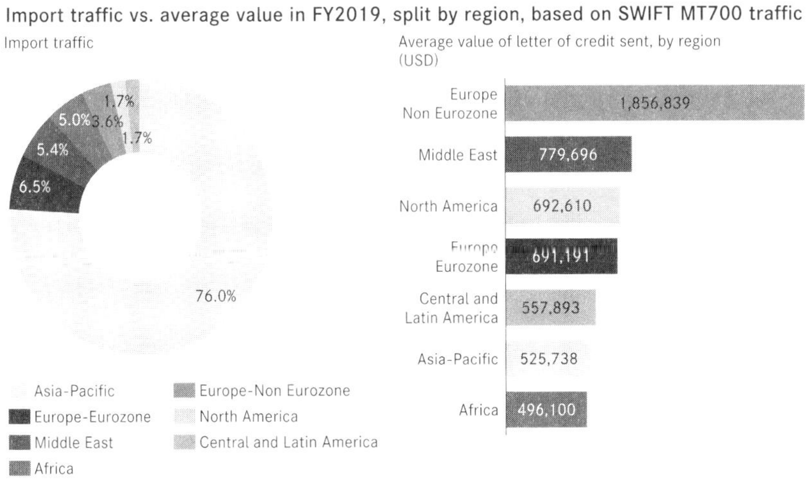
Import traffic vs. average value in FY2019, split by region, based on SWIFT MT700 traffic
Import traffic
1.7%
5.0%
3.6%
1.7%
5.4%
6.5%
76.0%
Asia-Pacific
Europe-Eurozone
Middle East
Africa
Europe-Non Eurozone
North America
Central and Latin America
Average value of letter of credit sent, by region (USD)
Europe Non Eurozone
1,856,839
Middle East
779,696
North America
692,610
Europe Eurozone
691,191
Central and Latin America
557,893
Asia-Pacific
525,738
Africa
496,100

出典：ICC（2020）[13]，p. 40, Figure 28.

図表 5-3　2019年の，国／地域別の輸出信用状取引件数

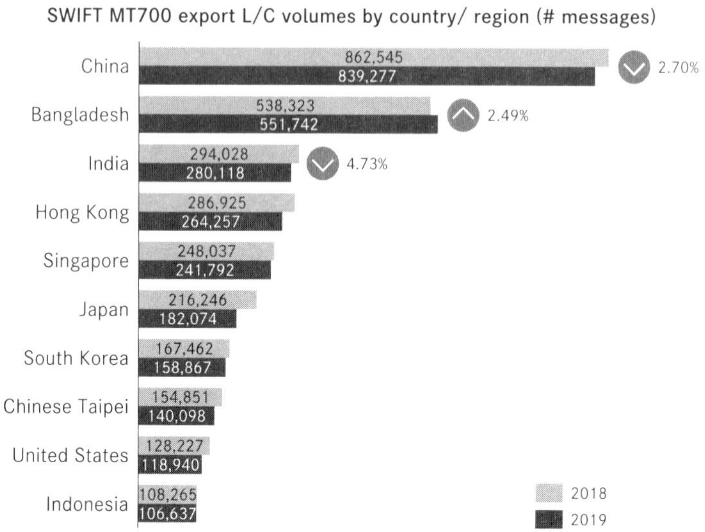
SWIFT MT700 export L/C volumes by country/ region (# messages)
China
862,545
839,277
2.70%
Bangladesh
538,323
551,742
2.49%
India
294,028
280,118
4.73%
Hong Kong
286,925
264,257
Singapore
248,037
241,792
Japan
216,246
182,074
South Korea
167,462
158,867
Chinese Taipei
154,851
140,098
United States
128,227
118,940
Indonesia
108,265
106,637
2018
2019

出典：ICC（2020）[13]，p. 43, Figure 34.

年間260営業日前後であることを考慮すると，毎日700件前後の取扱があることがわかる。信用状取引は，拙稿（2018, 2020）[14)15)] で紹介した通り，地域金融機関からの業務委託を含め，太宗が大手金融機関3行によって取り扱われており，各行毎日200～300件の取扱があると推測される。大手金融機関各行毎日5,000～10,000件，繁忙日では，20,000件を超えると推測される送金取引と比べると，信用状取引件数は小さいが，送金取引に貿易代金決済以外且つ小口取引が相当数含まれる為，信用状取引は一定の存在意義を持っているといえる。

(2)　信用状取引と運送書類の利用状況

長沼（2015）[16] によれば，代表的な海上運送書類である船荷証券，海上運送状および，便宜的な取扱である元地回収船荷証券の利用状況について，東証一部・二部上場企業186社に対する調査で，それぞれ24.8%，42.5%，35.1%，外航フォワーダー11社に対する調査で，それぞれ平均9.7%，51.0%，39.3%となっている。海上運送全体でみれば，船荷証券は少数派であることがわか

図表 5-4　UCP 関連略年表

年	出版物名	備考
1920 年		国際商業会議所（International Chamber of Commerce：ICC）設立 米国にて，初の信用状取引規則「米国信用状規約」が採択
1923 年		ドイツ，翌年フランス，等以後，10 か国以上が独自の信用状取引規則を採択
1933 年	UCP82	初の信用状統一規則「商業信用状に関する統一規則及び慣例」 "Uniform Customs and Practice for Commercial Documentary Credit" 採択
1951 年	UCP151	第２次大戦後の初の改訂，米国の本格的参加
1962 年	UCP222	英国経済圏の参加：信用状統一規則の世界規模化
1974 年	UCP290	コンテナ輸送等，複合運送書類の定義新設
1983 年	UCP400	SWIFT 等通信技術向上に対応
1993 年	UCP500	書類点検日数等の制定，国際的な標準銀行実務（isbp）の定義新設
2002 年	eUCP 第 1.0 版	UCP500 を補完する，電子呈示に関する追補
2003 年	ISBP645	国際的な標準銀行実務（isbp）の具現化
2007 年	UCP600	「ICC 荷為替信用状に関する統一規則および慣例」 "ICC Uniform Customs and Practice for Documentary Credits 2007 REVISION, ICC Publication No.600" 信用状統一規則（UCP）最新版
	ISBP681	「荷為替信用状に基づく書類点検に関する国際標準銀行実務」 "International Standard Banking Practice for the examination of documents under documentary credit, ICC Publication No.681 2007 REVISION for UCP600"
	eUCP 第 1.1 版	「電子呈示に関する〈UCP600〉への追補第 1.1 版」 "Supplement for Electronic Presentation Version 1.1"
2013 年	ISBP745	「荷為替信用状に基づく書類点検に関する国際標準銀行実務」 "International Standard Banking Practice for the examination of documents under documentary credit, for the Examination of Documents under UCP600", ICC Publication No.745 国際標準銀行実務（ISBP）最新版
2019 年	eUCP 第 2.0 版	「電子呈示に関する〈UCP600〉への追補第 2.0 版」 "Supplement for Electronic Presentation Version 2.0"

出典：筆者作成

る。

他方，大手金融機関宛のヒアリングで，①信用状取引等で利用される荷為替手形を構成する海上運送書類が，太宗船荷証券であり，取引の途中で権利者が移転するようなケースも極めて稀である，②元地回収船荷証券は至極普通に利用されているものの，海上運送状の利用はほとんどない，③荷落とし条件（船荷証券の一部直送，元地回収船荷証券呈示許容等，譲渡担保権を事実上放棄する取引条件）を許容される，与信上懸念のない輸出入者数は，社数ベースでは少ないものの，１社当たりの取引ボリュームが大きい為，取引件数，金額では過半数以上となっている，旨聴取している[17]。尚，拙稿（2016）[18]で，海上運送状利用率停滞の原因について（当時の）法整備の遅れ等指摘した。

2．eUCP2.0に至る経緯

(1)　UCPの進化

信用状取引に関する国際規則について，ICCが1933年に初の『荷為替信用状に関する統一規則および慣例（The Uniform Customs and Practice for Documentary Credits, ICC Publication No. 82：UCP82)』を発効させて以来，2つの技術的発展，①通信技術の技術的飛躍であるSWIFT，および，②物流面での技術的飛躍であるコンテナ物流の本格化を端緒とする，サプライチェーン・マネジメント（SCM）の高度化に対応する形で改訂等を重ねてきた。拙稿（2017）[19] では，これまでの経緯を踏まえて，今後信用状取引に影響を与える貿易金融取引の新しい動き，①貿易決済方法の多様化や，②近年米国を始め強化される傾向にある経済制裁，③貿易決済の電子化について，主要取引事例と共に紹介した。

(2)　eUCP2.0改訂までの経緯

2002年にICCは，将来の電子化への備えとして，UCP500を補完する『電子呈示に関する追補』として，初のeUCP第1.0版（eUCP1.0）が制定された。2007年には，現行のUCP600改訂に合わせて，『荷為替信用状に基づく書類点検に関する国際標準銀行実務（International Standard Banking Practice for the examination of documents under documentary credit, ICC Publication No. 681 2007 REVISION for UCP600：ISBP681)』と同時にeUCP1.0も改訂され，eUCP第1.1版（eUCP1.1）が制定された。この間，ICCからeUCP準拠の取引事例報告がいくつかなされたが，あくまで試行的な位置づけに留まるもので，本格的に活用されることはなかった。

2017年に，ICCは既存のICC規則について電子化対応状況確認した。これは，従来の書類に加え電子データの受け入れを企図する目的があった。その結果，2017年時点で，ICCが把握した既存ICC規則の電子化対応状況は，図表5-5の通りであった[20]。

これによれば，UCP600は既にeUCP1.1が発効済みであるが，eUCP1.1については，電子化対応済みであるが，現状に即した内容の見直しが必要と位置づけた。また，ISBP745に関してはeUCPに関する標準銀行実務は確立して

図表 5-5　ICC 規則の電子化対応状況

UCP 600: no requirement to update for e-compatibility-the eUCP applies for electronic records.	ISBP 745: no standard practice and, therefore, no demand for a similar publication relating to eUCP. As practice evolves, this will, inevitably, lead to drafting of such a publication.
ISP98: e-compatible-documents and data acceptable. ISP98 provides basic definitions should a standby credit permit or require presentation of documents by electronic means.	URR 725: e-compatible (authenticated transmissions)-where applicable, both documents and data acceptable.
URDG78: e-compatible (refers to paper and electronic)-where applicable, both documents and data acceptable.	
URF 800: e-compatible-where applicable, both documents and data acceptable.	eUCP 1.1: e-compatible, however an update of the existing content required in order to ensure compatibility with digital data and to ensure in line with current/evolving market practice.
URBPO 750: e-compatible-but only in bank-to-bank space. New sub-stream established under e-compatibility stream to address next steps.	URC 522: not e-compatible, paper-based only-only documents acceptable, not data. New e-rules to be produced.

出典：ICC（2019）[21)]

おらず，今後eUCPの取引が進展すれば起草を検討すべきとした。

他のICC規則に関する結論は，スタンドバイ信用状を取り扱うISP98，銀行間補償を取り扱う『ICC荷為替信用状に基づく銀行間補償に関する統一規則（ICC Uniform Rules for Bank-to-Bank Reimbursements under Documentary Credits, ICC Publication No. 725：URR725)』，請求払保証を取り扱うURDG758，フォーフェイティングを取り扱うURF800については書類，電子データ双方を取り扱う規定があり，ひとまず対応不要，TSU-BPO取引を取り扱うURBPO750は，そもそも電子化対応済みであるが，銀行間取引のみを対象としており，新しい貿易電子化規則（URDTT1.0を念頭に置いているものと思料）が発効済みであるとした[21)]。最後に，信用状のない荷為替手形（いわゆるD/P, D/A）や手形，小切手等の取立に関する『取立統一規則（Uniform Rules for Collections, ICC Publication No. 522：URC522)』については，書類のみ取り扱う規定であることから，新しい電子化対応規則の必要性を指摘し，後に『電子呈示に関する〈URC522〉への追補第1.0版（URC522 Supplement for Electronic Presentation Version 1.0：eURC1.0)』[22] として結実した。

⑶ eUCP 改訂作業

ICC はこれら電子化対応状況検討結果を受けて，eUCP 改訂，eURC 制定に乗り出すこととなった。その際 eUCP に関する課題として以下の８つ，① eUCP の適用範囲，②電子記録損傷の定義，③データ処理システムの定義，④再呈示のプロセス，⑤独立抽象性，データ取引の原則，⑥点検の期間，⑦免責事項，⑧不可抗力条項の不在，を挙げた。また，eUCP の改訂ポイントとして以下の６つ，①最低限の基準，②電子記録の認証方法，③完了通知，④電子記録の送付先アドレス，⑤拒絶の通知期間，⑥原本，を挙げた[23]。

そして 2017 年から翌 2018 年にかけて，4 回 eUCP の Draft を ICC 参加国国内委員会へ配布し，その過程で約 2,000 のコメントが ICC 本部に寄せられ検討された。最終的に，2019 年 7 月に eUCP2.0 が制定された。同時に eURC1.0 も発効した[24]。

UCP600，eUCP2.0，eUCP1.1 の条文構成であるが，eUCP1.1，2.0 とも 12～14 条とコンパクトである。これは，前述の URDTT1.0 と同様に，試行的な位置づけであり，取引ボリュームも少なかったことが影響している。

3．eUCP2.0 の関連条項

ここで，本稿で検討する荷為替手形の Pdf 化に関連の深い条文６つ紹介したい。

⑴ 電子記録の定義（e3 条 b iii 項）

まず，電子記録の定義（e3 条 b iii 項）には，「電子記録とは，電子的手段によって作成，生成，送信，通信，受信，または保存されたデータを意味し，同時に生成されたかどうかにかかわらず，必要に応じて，記録の一部になるように論理的に関連付けられた，または他の方法でリンクされた全ての情報を含む」とあり，必ずしも Pdf など画像データを排除するものではないと規定されている。

(2) 電子記録のフォーマット（e5条）

次に，電子記録のフォーマット（e5条）には，「eUCP信用状は，電子記録のフォーマットを指定しなければならない。電子記録のフォーマットが指定されていない場合，任意のフォーマットで呈示できる」とあり，電子記録のフォーマットについて，Pdfファイル形式である旨，信用状条件に明示する必要がある。

図表5-6　UCP600・eUCP2.0条文構成

UCP600		eUCP2.0（花木仮訳）	
第1条	UCPの適用	第e1条	UCP600およびeUCPの適用
第2条	定義	第e2条	eUCPとUCPの関係
第3条	解釈	第e3条	定義
第4条	信用状と契約	第e4条	電子記録および書類と物品，サービスまたは履行
第5条	書類と物品，サービスまたは履行	第e5条	フォーマット
第6条	利用可能性，有効期限および呈示地	第e6条	呈示
第7条	発行銀行の約束	第e7条	点検
第8条	確認銀行の約束	第e8条	拒絶の通知
第9条	信用状および条件変更の通知	第e9条	オリジナルとコピー
第10条	条件変更	第e10条	発行日
第11条	テレトランスミッションによる信用状・条件変更	第e11条	運送
第12条	指定	第e12条	電子記録の損傷
第13条	銀行間補償の取決め	第e13条	eUCPに基づく電子記録呈示にかかわる追加免責
第14条	書類点検の標準	第e14条	不可抗力
第15条	充足した呈示		
第16条	ディスクレパンシーのある書類，権利放棄および通告	【為参考】eUCP1.1（2007年）	
第17条	書類の原本およびコピー	第e1条	eUCPの適用範囲
第18条	商業送り状	第e2条	eUCPのUCPに対する関係
第19条	少なくとも2つの異なった運送形態を対象とする運送書類	第e3条	定義
第20条	船荷証券	第e4条	フォーマット
第21条	流通性のない海上運送状	第e5条	呈示
第22条	傭船契約船荷証券	第e6条	点検
第23条	航空運送書類	第e7条	拒絶の通知
第24条	道路，鉄道または内陸水路の運送状	第e8条	オリジナルとコピー
第25条	クーリエ受領書，郵便受領書または郵送証明書	第e9条	発行日
第26条	“On Deck”，“Shipper's Load and Count” 等	第e10条	運送
第27条	無故障運送書類	第e11条	呈示後の電子記録の損傷
第28条	保険書類および担保範囲	第e12条	eUCPに基づく電子記録呈示にかかわる追加免責
第29条	有効期限または最終呈示日の延長		
第30条	信用状金額，数量および単価の許容範囲		
第31条	一部使用または一部船積		
第32条	所定期間ごとの分割使用または分割船積		
第33条	呈示の時間		
第34条	書類の有効性に関する銀行の責任排除		
第35条	伝送および翻訳に関する銀行の責任排除		
第36条	不可抗力		
第37条	指図された当事者の行為に関する銀行の責任排除		
第38条	譲渡可能信用状		
第39条	代わり金の譲渡		

出典：筆者作成

⑶ 電子記録の損傷（e3 条 b i 項，e12 条）

電子記録の損傷（e3 条 b i 項，e12 条）には，「記録の損傷とは，呈示された電子記録の全体または一部を読み取ることができない，データの歪みまたは損失を意味する。指定銀行が受領した電子記録が損傷していると判断した場合，銀行は呈示者に通知し，再呈示を要求することができる」とあり，Pdf ファイルに何らかの異常があれば，再呈示を要求可能と規定される。

⑷ データ処理システム（e3 条 b ii 項）

データ処理システム（e3 条 b ii 項）には，「データ処理システムとは，データ処理および操作，アクションの開始，またはデータメッセージまたは履行への全体または一部の応答に使用される，コンピュータ，または電子的に自動化された手段を意味する」とのみ規定される。これは，URBPO750 が SWIFT の運用していた TSU システムを前提にした規則であったのに比べ，URDTT1.0 同様特定のシステムを前提としない規則であることがわかる。

⑸ eUCP に基づく電子記録呈示にかかわる追加免責（e13 条）

eUCP に基づく電子記録呈示にかかわる追加免責（e13 条）には，「a. 銀行は，電子記録の外見上の認証について満足することにより，送信者の身元，情報のソース，データ処理システムで明確に認証できないもの以外，一切の責任を負わない。b. 銀行は，自行のデータ処理システム以外で発生する，データ処理システムのシステムダウンから生じる結果について，一切の責任を負わない」と規定され，UCP 同様，銀行側に広く免責が認められている。

⑹ 不可抗力（e14 条）

最後に，不可抗力（e14 条）であるが，「銀行は，不可抗力により発生した，データ処理システムへのアクセス不可，機器，ソフトウェア，通信ネットワークの障害を含む，業務の中断から生じる結果について，暴動，内乱，暴動，戦争，テロ行為，サイバー攻撃，またはストライキやロックアウト，機器，ソフトウェア，通信ネットワークの障害を含むその他の原因により，生じる結果について，一切の責任を負わない」とあり，UCP 同様広く不可抗力が認められている。

Ⅱ．Pdf ファイル化の可能性検討

ここで，荷為替手形の Pdf ファイル化に関する ICC の見解，質疑応答内容や，大手金融機関へのヒアリング事項（取引事例，顧客動向，検討状況）を紹介し，これを踏まえて Pdf ファイル化に必要な要件，具体的には，①ICC の見解を踏襲すべき点，その前提条件と異なる点，②UCP600，eUCP2.0 の条文に関する修正・除外の要否，③銀行間のデータ送受信に関し SWIFT 利活用の可能性，④輸出入者，銀行，船会社，税関等，貿易取引当事者間のデータ送受信に関し，外為 EB，NACCS 利活用の可能性，⑤銀行のリスク管理に関する検討事項，の５点について要件を検討してみたい。

１．ICC Guidance Paper（2020）

本稿で荷為替手形の Pdf ファイル化を検討するにあたり，新型コロナウイルス感染爆発を受け，ICC が 2020 年４月に公表した GP が参考になる。GP の概要は以下の通りである。

まず，GP 公表の目的[25]（GP 冒頭）であるが，パンデミック期間中，つまり非常時に，専門家から実務的な視点，アドバイスを提供するものと位置づけられ，ICC は GP の内容について責任を負わない旨明示されている。この為，実際に非常時における個別対応を実行する際には，あくまで当事者間の合意に基づき対応すべきとしている。

次に不可抗力の概念[26]（GP3.）である。COVID-19 による「不可抗力」発生時に注意すべき ICC 規則の参照条文を列挙し，ICC 自体は「不可抗力」を判断する立場にないことを明示した。

ICC 規則の修正[27]（GP4.）については，銀行営業時間の短縮・休業，通信，書類配送のインフラに関わる遅延等へ対応する為に，必要に応じて ICC 規則の修正についての考え方を示し，当事者間の合意形成により適宜修正をすること自体は有益であるとしつつも，修正に当たっては専門家を交えて慎重に対応することの重要性を強調している。また，想定される UCP600 の修正事項と

して，書類点検期間，拒絶通告期間（5Days Rule）の延長（GP4. (i)），等を例示した。

本稿に最も関連が深い，紙に印刷された書類以外を利用する場合の想定[28)]（GP5.）については，以下の４つのケース，①電子化された書類，②スキャンされた書類，③ファックスされた書類，④電子メールで送信される画像データとしての書類，を想定している。更にGP5のⅰからⅵの６つの細目では，① UCPは紙に印刷された書類以外を利用するのを制限しない（GP5. (i)），②書類を上記４つのケースに置き換えるのは解決策の１つであるが，その際にSWIFTメッセージで補足することが必要である（GP5. (ii)），③船荷証券等，原本呈示が必須の場合には，留意が必要である（GP5. (iii)），④ eUCP等，電子商取引に即したICC規則や，電子商取引に関連するUNCITRALモデル法に準拠する必要がある（GP5. (iv)），⑤ UCP600のみ準拠する紙ベースの信用状取引から，eUCP2.0にも準拠する電子的呈示も含む信用状取引への条件変更が必要（GP5. (v)），⑥電子記録の対象に上記の４つのケースは含まれる（GP5. (vi)），と明示されている。このことからICCは（通常，②スキャンされた書類と識別される）Pdfファイル化された書類も取扱対象に含まれるとの見解を示していることが明白である。

2．ICCへの質問・回答内容

さて，Pdfファイル化の可能性を検討するにあたり，2022年11月にeUCP2.0並びにGPに関するICCの見解について追加の質問を行った[29)]。

(1)　質問内容

質問の主旨は，① e-UCPがPdfファイルの利用を認めるか，② GPの考え方が平時においても適用可能か，の２点を明らかにすることであった。後述の通りわが国においても，“Paper document”のPdfファイル化事例があることも踏まえ，以下の３点について質問した。

①　Pdfファイルの位置づけ

GP5. (ii) に例示された，scanned, faxed or emailed images of paper documentsには，Pdfファイルが含まれると理解しているが，GP5. (i) にあ

る，digitalised documentsにPdfファイルは含まれると考えてよいか？

② “Electronic record”の定義

eUCP2.0（e3条b iii項）にある“Electronic record”にPdfファイルは含まれるか？　含まれていない場合，eUCP2.0は，Pdfファイルの利用を想定していないのか？　または，Pdfファイルの利用を禁止する規定を意味するのか？

③ GPの適用

GPは，冒頭で述べられているようにCOVID-19への対応という，通常とは異なる状況下での運用を念頭に公表されたものと理解しているが，平時においても，GPの考え方は，適用可能と考えて良いか？

(2) 回答内容

これに対して，2023年1月にICC銀行実務委員会事務局長のTomasch Kubiak氏より回答があった。その主旨は，以下の３点である。

① GPの主旨にPdfファイルは含まれており，UCP，eUCPはこれを排除しない。

② eUCP e3条の定義“Electronic record”には，Pdfファイルが含まれる。“A digital record”は，電子的に記録されたもののみを意味する（Pdfファイルは含まれない）が，“Electronic record”は，“digital record”に付随するPdfファイル等を含むより広い意味を持つ。

③ COVID-19終息後の，電子メール呈示に関するICCの新たなBriefing Paperを起草中である。

特に回答③からICCは，将来，荷為替手形のPdfファイル化，電子メール呈示を，現実的な実務として検討する方針が窺える。

３．取引事例等（大手金融機関へのヒアリング内容）

2022年11月，12月に本件に関して改めて大手金融機関２行へヒアリングを行った。その結果，実際の取引事例１件と，顧客動向，検討状況などについて聴取した。

(1) 取引事例

本件は，わが国からの輸出案件であるが，当初輸入国側から通常通り荷為替手形を要求する信用状が発行されたが，荷為替手形呈示直前になって，条件変更により荷為替手形の Pdf ファイル化と，電子メール呈示を求められた。その背景として，GP が想定する COVID-19 対応に加え，ロシア経済制裁や，書類配送に伴う危険が増加したことが背景にあるものと推測されたが，大手金融機関は本件限りとして実行した。

他の大手金融機関では複数の国・地域から同様の申し出を受けていた。いずれも GP を念頭に置いた申し出と推測されるが，全て謝絶しているとの説明であった。

(2) 顧客動向

ある大手金融機関では，輸出者の要請で，荷為替手形の Pdf ファイル化を試行する動きがある旨聴取した。輸出者は，荷為替手形作成に当たり，Pdf ファイルを事前に送付することにより書類の事前点検を実施するもので，書類作成不備の早期発見と訂正により，大幅な業務効率化（作業時間短縮）を期待している。

(3) 検討状況

中長期的に金融機関として検討する際に，荷為替手形の Pdf ファイル化について，メリットを感ずる点がないか質問したところ，大手金融機関２行共に，①荷為替手形と信用状条件の点検業務や，②後述のコンプライアンスチェック体制の自動化，つまり現在の人による書類点検業務や，光学的文字認識（Optical character recognition：OCR）装置による書類読み込み作業の廃止に繋がれば，大きなメリットになるとの認識が示された。事実，ある大手金融機関では，将来的な書類点検業務自動化を見据えて OCR 設備導入を行っている様子であった。

４．検討事項

ICC，大手金融機関２行の動向を踏まえて荷為替手形の Pdf ファイル化に必要な要件について5点指摘したい。

(1) GPの考え方を踏襲すべき点，その前提条件と異なる点

まず，GPの考え方を踏襲すべき点であるが，①紙に印刷された書類以外を利用する場合，必要に応じてICC規則の修正・除外の検討が必要，②当事者間の合意に基づく取引であり，当事者に最終的な責任がある，の2点が挙げられる。

他方，GPの前提条件と異なる点であるが，①パンデミック等の有事ではなく平時対応であり，銀行営業時間の短縮・休業，通信，書類配送のインフラに関わる遅延等は想定する必要はない，②一時的ではなく恒常的な仕組みづくりを検討する必要がある，の2点が挙げられる。

(2) UCP600，eUCP2.0の条文に関する修正・除外の要否

UCP600の修正・除外であるが，eUCP2.0のe2条「eUCPとUCPの関係」には，「a. eUCP信用状は，UCPを明示的に組み込むことなく，UCPが適用される。b. eUCPが適用される場合，UCPが適用される場合と異なる場合，eUCPの規定が優先される」と規定されていることから，特段の修正・除外は不要であると考えられる。

また，eUCP2.0の修正・除外であるが，修正・除外ではなく，信用状条件として明示することで対応すべきと考える。まず，電子記録として，Pdfファイルを含める旨明示する方が無難であろう。具体的には，①電子記録のフォーマットについては，Pdfファイルを指定，②データ処理システムについては，電子メールを利用，③認証の為にSWIFTを利用，④Pdf化された書類をチェックする為に，光学的文字認識（OCR）機器の利用，等を明示するのが適当である。

(3) 銀行間データ送受信にSWIFTの利活用

次に，Pdfファイルの取り扱い方法，つまり送受信の手段であるが，現在の通信手段では，電子メールが妥当であろう。メールに添付するPdfファイルに暗証番号を設定し，メールタイトルにL/C No.など，Ref.番号を明示する

ことで識別を容易にする。ただし，ハッキング，なりすまし等のリスクあるので，GP5. (ii) にあるように，これらのリスクを回避する為，銀行間の通信インフラとして de facto standard である SWIFT を利用する。具体的には Pdf ファイルの暗証番号，メールタイトル，送信元メールアドレス情報など，識別情報を別途 SWIFT を利用して送受信することにより，電子メールの内容について真正性担保を図るものである。

(4)　貿易取引当事者間のデータ送受信—外為 EB，NACCS 利活用

貿易取引当事者間のデータ送受信について，銀行－輸出入者間は，外国為替取引の受付・内容照会で de facto standard である外為 EB を利用するのが妥当である。銀行間データ送受信に SWIFT を利活用したのと同様に，外為 EB による Pdf ファイルの暗証番号，メールタイトル，送信元メールアドレス情報など，識別情報を別途送受信する。SWIFT，外為 EB は共に，メッセージの真正性担保について実績あるので，これらを利用するのは有効である。税関，物流業界等，Pdf ファイル化の対象となる，貿易取引当事者の範囲が拡大すれば，NACCS 等を活用するのも有効であろう。

(5)　銀行のリスク管理に関する検討事項

最後に銀行側のリスクも検討したい。まず，与信管理面であるが，譲渡担保の取り扱いが挙げられる。銀行は貿易金融実行時に，輸出入者の取扱商品，書類は譲渡担保と位置づける。Pdf ファイルを呈示する場合，有価証券（B/L，I/P 等）の確保が困難となる為，サレンダー B/L や，B/L 一部直送を認める条件の信用状と同様に与信判断する必要がある。次いで，ディスクレパンシーの取り扱いが挙げられるが，基本的な対応は不変である。またコンプライアンス管理についても基本的な対応は不変である。最後にトラブル発生時の対応であるが，GP にあるように，ICC 規則などに拠らず，個別対応が必要となる。銀行側の立場に立てば，これが Pdf 化にとって最も大きな障害になるものと考えられる。

Ⅲ．Pdfファイル化の効用・課題

1．Pdfファイル化の意義

荷為替手形のPdfファイル化は，現状極めて特殊な取り扱いであり，大手金融機関もこれを積極的に推進する動きはない。また，ICCもGPに続くBriefing Paperをまさに起草中であり，まだ途に就いたばかりの手法である。しかし，現在に至るまで，貿易代金決済の電子化が進んでいないことや，米中対立等により，国際ルール，技術標準の形成が一層困難になりつつあること，その一方でOCR等のIT技術の高度化により，既存の（紙ベースで行われていた）業務の自動化が射程に入ってきたこと等から，今後，貿易代金決済電子化を一部補完する取引に発展する可能性を感じる。

これを踏まえてPdfファイル化の効用・課題について指摘したい。効用については，①取引スピード向上，②関係当事者の取引コスト削減，③コンプライアンス対応コスト削減，④既存インフラの利活用，⑤貿易電子化スキームの代替策，の５点を，課題については，①書類原本の取り扱い，②貿易取引の確認，③Pdfファイルの真正性，④関係当事者への啓蒙，⑤トラブル発生時の対応，の５点について指摘したい。

2．Pdfファイル化の効用

⑴　取引スピード向上

Pdfファイル化の効用でまず挙げられるのが，取引スピード向上であり，他の貿易電子化スキーム同様，「B/Lの危機」対策として有効であろう。荷為替手形を銀行経由でデリバリーする必要がないことから，取引スピードの大幅向上につながることが期待できる。また，貿易金融取組み期間の短縮が実現するので，輸出入金融における，金利・保証料等，金融コスト削減効果が見込める。

⑵　関係当事者の取引コスト削減

関係当事者間の書類デリバリーコストがそもそも不要となることも，大きな効用として挙げられる。差し替えの迅速化により，関係当事者間で行われる貿易実務の精度向上が期待できる。対銀行では，ディスクレパンシー発生時等，不備書類の差し替え手続き迅速化が可能となることから，余裕を持って対応できる点も挙げられよう。取引銀行にとっても，ディスクレパンシー発生時の，不備書類差し替え迅速化により（輸出手形買取時の）与信管理の向上に繋がる。

また，従来人手をかけて行ってきた荷為替手形の書類点検業務（ドキュメント・チェック）も，荷為替手形のPdfファイル化が実現すれば，OCRに加えてAI等を活用して業務を自動化することも視野に入ってくる。既に，輸出入者側にPdfファイル化試行の兆しが見えることや，大手金融機関側が，各行100名から200名を超える人員を，日々700件前後存在する信用状取引の書類点検業務に充てており，その自動化に大きなメリットを認識していることを考慮すれば，これは信用状取引を始めとする貿易金融の人件費等コスト削減に資するものと期待できる。

(3)　コンプライアンス対応コスト削減

またPdfファイル化は，コンプライアンス対応コスト，とりわけ人件費削減にも効果的であろう。現在，ロシア経済制裁を始め，荷為替手形上の情報を精緻に確認する必要に迫られ，大手金融機関では，書類をOCRで読み込んだ上，文字情報を機械処理で判別するコンプライアンスチェック体制構築を余儀なくされており，これに必要な追加コストとして，① OCR設備への投資，② AML/CFT要員と別にコンプライアンスチェック要員を配置，の2つが発生

図表5-7　貿易金融から撤退する地域金融機関（2020～2022年公表情報）

撤退年	金融機関名
2020年	南日本銀行（鹿児島），熊本第一（熊本）
2021年	大東銀行（福島），豊和銀行（大分），福邦銀行（福井），栃木銀行（栃木），みちのく銀行（青森），青梅（東京），熊本（熊本）
2022年	沖縄海邦銀行（沖縄），福岡中央銀行（福岡），倉吉（鳥取），福島（福島），興能（石川），京都北都（京都），石巻（宮城）
2023年	コザ（沖縄）

下線：信用金庫
出典：筆者作成

している。その結果，主に地域金融機関による貿易金融からの撤退加速という事象が発生している。

Pdfファイル化により，上記のOCRを利用した書類の読み込み作業の削減と，それに伴う人件費削減効果が期待できる。

(4) 既存インフラの利活用

更に既存インフラの利活用できることも効用といえる。荷為替手形に含まれる貿易書類は全く変わることがないのは勿論のこと，銀行間通信インフラとして，電子メール，SWIFTを利用することにより，追加コスト発生を抑制できる。銀行－輸出入者間通信インフラとして，電子メール，外為EBを利用することにより，同様に追加コスト発生を抑制できる。

(5) 貿易電子化スキームの代替策

従来の貿易代金決済電子化が，中々普及していない中，現在の米中対立の激化を勘案すれば，今後電子データの①フォーマット，②処理システム，③保管ルールに関する，国際的な合意形成が困難になる可能性が高まると懸念される。これは，益々貿易代金決済電子化普及のハードルが上がることを意味する。この様な事態に陥った場合の，貿易電子化スキームの代替策として検討できるのではないかと考える。

3．Pdfファイル化の課題

(1) 書類原本の取り扱い

まず，書類原本の取り扱いに関する課題が挙げられる。B/L等，書面で発行される有価証券等は，輸出入者間で直接デリバリーせざるを得ない。これに伴い与信管理上の課題解決を行う必要が発生する。例えば，別途与信見返りを確保する等の対応が必要となろう。

(2) 貿易取引の確認

次に，貿易取引の確認であるが，銀行が，輸出入与信取引を採り上げる際に，貿易取引そのものの存在を確認する手法を検討する必要がある。具体的には，契約，船積みの事実確認を行う必要があり，NACCS 等，ロジスティックス・通関に関する既存システムとの連携が必要となろう。

(3) Pdf ファイルの真正性

Pdf ファイルの真正性を担保する手法は，ファイルへのパスワード設定が基本となるが，更なるセキュリティー強化の検討を行うのが無難であろう。

(4) 関係当事者への啓蒙

Pdf ファイル化の実現には関係当事者の合意形成が必要不可欠である。関係当事者の合意形成を促進する為，UCP600，eUCP2.0 に関する啓蒙を行い，取引銀行は，輸出入者の売買契約への反映等，実務面でのアドバイス機能を果たす必要がある。

また，信用状取引を行う相手国銀行との合意形成や，準拠法，裁判管轄地等に関する合意形成も必要となる。

(5) トラブル発生時の対応

最後にトラブル発生時の対応であるが，GP が指摘するように，UCP，eUCP の修正・除外箇所や，Pdf ファイルに関する信用状条件の詳細な検討が必要であろう。加えて紛争発生時に備えて，準拠法，裁判管轄地等の信用状条件への明示も必要になるものと考える。

４．Pdf ファイル化検討の意義

Pdf ファイル化検討の意義であるが，まず貿易電子化の停滞への備えとして意味があると考える。これは，貿易決済電子化の停滞に加え，昨今の国際情勢から，電子データの①フォーマット，②処理システム，③保管ルールに関する，国際的な合意形成が困難になるシナリオも想定される為である。

そして，かかる情勢下では，書類取引を完全に排除できない公算が大きいものと懸念され，荷為替手形の Pdf ファイル（JPEG 等，単なる画像データファイル）化は１つのオプションになり得ると考える。これに対応できるのは，UCP600＋eUCP2.0 の組み合わせをおいて他にない訳で，eUCP2.0 の今後に期

待したい。

第3節　貿易プラットフォーム開発の方向性

Ⅰ．集中型から分散型プラットフォームへの転換

2020年末でSWIFTの撤退に至った，Trade Services Utility（TSU）ならびに，その支払保証機能である，バンク・ペイメント・オブリゲーション（Bank Payment Obligation：BPO）からなるTSU-BPO取引を始め，1980年代から多くの貿易代金決済電子化プロジェクトが試行されてきた。拙稿（2014, 2015, 2016a, 2016b, 2018, 2020, 2022）[30)31)32)33)34)35)36)]では，TSU-BPO取引推進策提言と，その失敗要因の検討を行った。また，拙稿（2017, 2019, 2023）[37)38)39)]では，BC（DLT）技術の活用状況，国際商業会議所（ICC）の新規則，URDTT1.0[40)]について紹介した。

この様な状況下，貿易代金決済電子化を担う「貿易プラットフォーム」開発の方向性は，TSU-BPO取引等，既存の電子化プロジェクトのような，集中・一元的な開発から，BC（DLT）技術等を活用した，分散・多元的な開発へ移行していると思料する。本稿では便宜上，集中・一元的な方向性で開発された，貿易プラットフォームを「集中型プラットフォーム」，分散・多元的な方向性で開発されたものを「分散型プラットフォーム」と定義する。

ここで，わが国におけるBC（DLT）技術を活用した貿易プラットフォームである「TradeWaltz®」の概略と特徴を紹介したい。2023年3月に，運営主体である㈱トレードワルツや，関連の深い大手・外資系金融機関等へのヒアリングを行った[41)]。これを踏まえ，「TradeWaltz®」等BC（DLT）技術を活用し，複数のプラットフォームを連携しネットワーク化を図るアプローチについて検討したい。

1．貿易プラットフォーム開発の方向性

(1)　集中型プラットフォーム開発の行き詰り

全世界共通プラットフォーム実現を目指した，SWIFTが主導した

BORELO，TSU-BPO取引や，わが国の「貿易金融EDI（TEDI）」等，国家プロジェクトと位置づけられた，集中型プラットフォームは，いずれのケースも広く普及したとは言い難い。これは9要件の内，特に，⑥銀行への信用補完，⑦B/Lに代わるスムーズな荷物引渡，⑧公的機関も含む貿易当事者の参入が容易であること，がネックとなったためと思われる。

(2) 分散型プラットフォームへのシフト

2020年のTSU-BPO取引の失敗後，BC（DLT）技術を活用する分散型プラットフォームが，数多く試行されるようになった。NTTデータ（2021）[42]の報告書では，分散型プラットフォーム開発の潮流として，開発目的の多様化，および開発主体の多様化を指摘している。開発目的は，①サプライチェーン管理，②トレードファイナンス（貿易金融），あるいは③その双方を目的とすると分類している。また，開発主体の多様化については，①電子信用状を取り扱うContourなど，金融機関のアライアンスによるもの，②欧米では，貿易当事者（業界）主導のもの（コモディティートレーダーが中心となって設立されたKomgo等），③アジア地区で目立つ，政府主導のもの（NTP（シンガポール），TradeWindow（豪州・ニュージーランド），NDTP（タイ））を挙げている。

(3) 海外貿易プラットフォームの状況

分散型プラットフォームへのシフトを受け，BC（DLT）技術を活用した実証実験は，海外を中心に同時多発的に進行している。他方，貿易プラットフォーム間の優勝劣敗，初期投資コストの回収遅延等により，有望視されていたいくつかの貿易プラットフォームが行き詰まりを見せている。

アイルランド法人であるMarco Poloは，2023年2月に破産が報じられた[43]。2017年9月にBC（DLT）技術の開発企業のR3が提供するCordaフレームワーク上で開始されたMarco Poloは，30以上の銀行が実験に参加し，金融機関が中心となった実証実験プロジェクトとして，注目を集めた。しかし，2019年初頭とした当初の目標までに本番稼働に移行できず，先送りした後，2020年第2四半期とした目標に対しても未達であった。2020年第4四半

図表 5-8　BC（DLT）を活用した海外の主要貿易プラットフォーム

	TradeLens	Marco Polo	Bolero	essDOCS	Contour
主体	IBM Maersk	R3 TradeIX 33 企業によるコンソーシアム	Bolero International SWIFT 国際銀行間金融電気通信協会	essDOCS	世界主要銀行 12 行 R3 Crypto BLT Bain & Company
設立年	2018	2020 Marco Polo Network は，2017	1998 Galileo Trade Finance Platform は，2020	2005	2020
地域	米国を中心に 5 大陸	5 大陸	5 大陸 Marco Polo Network の一部	5 大陸 203 か国	17 か国・地域 Bolero，essDOCS と連携済
利用者数	175 社	50 社 Marco Polo Network の参加社数	単体では不明 Marco Polo Network 参加社数約 50 社	55,000 社超	80 社超
プラットフォームの種類	サプライチェーン管理	トレードファイナンス	サプライチェーン管理 トレードファイナンス	サプライチェーン管理 トレードファイナンス	トレードファイナンス
役割	貿易書類や貨物情報のリアルタイム・シームレス共有	銀行と顧客の間の商業資本および運転資本の運用を効率化	企業，取引相手の金融機関，およびその重要なロジスティクスパートナーをシームレスに接続して，世界中の金融機関と取引を実現	貿易関係書類の管理 原産地証明手続き	電子信用状による取引効率化・不正防止
主な機能	貨物トラッキング 貿易書類の電子化共有 アラート	売掛債権流動化 支払保証 買掛金に対する融資 ERP 連携	信用状，回収，保証，口座開設取引，および電子船荷証券の作成，編集，および管理 コンプライアンスチェックや原産地証明書，不一致，資金調達，価格見積もり，レポート等の分野で追加の貿易サービスを提供	CargoDocs 貿易関係書類やり取りのためのプラットフォーム essCert 原産地証明関連手続き	貿易書類の作成・検証・共有
ブロックチェーン技術	Hyperledger Fabric IBM Blockchain Platform	Corda R3	Corda R3	Hyperledger Fabric IBM Blockchain Platform	Corda R3

出典：NTT データ経営研究所（2021）[42] を基に筆者作成

期までに，売掛金の割引と支払約定という2つのモジュールを正式に稼働させたが，その採用は少数の取引先に限定された。Marco Poloは製品の開発に多大なリソースを投資する必要があり，1,200万米ドルの投資に関しバンク・オブ・アメリカと戦略的提携について協議していたが，2022年末に同行は協議からの撤退を決定し，1月下旬にMarco Poloに対して提携を進めないと通告し破産に至った。

また，ロジスティックス業界が中心となった実証実験として注目された，AP Moller–MaerskとIBMによる，TradeLensも2022年11月に突然事業停止を公表した[44]。AP Moller–MaerskとIBMは，コンテナ物流用のBC（DLT）技術を基盤としたサプライチェーンエコシステムであるTradeLensを開発したが，事業停止の理由として，「事業を継続し経済的な期待に応える為に必要な商業的実行可能レベル」に達していないことを挙げた。

また2022年6月には，we.tradeが事業継続の為の投資を確保できなかった為，事業停止に追い込まれ，同年9月に同業のContourに買収されている[45]。

⑷　わが国の貿易プラットフォーム

わが国のBC（DLT）技術を活用した，貿易プラットフォームの実証実験であるが，「貿易実務を完全電子化」を目的に，2020年4月設立された㈱トレードワルツが挙げられる。当社は，貿易プラットフォーム「TradeWaltz®」を提供，運営し，2021年4月より，「貿易情報連携効率化・普及に向けたコンソーシアム」（通称：貿易コンソーシアム）を設立した。2023年5月には貿易コンソーシアム会員企業が200社[46]，2023年5月には商用版利用企業が，62社に達した。その内訳であるが，商社・メーカー24社，金融機関1社，物流会社・船会社36社，ITベンダー1社となっている[47]。

2．ICCによる規則の整備

⑴　URDTT1.0の概要

第1節で紹介したように，BC（DLT）技術活用の流れを受けて，2021年10月，ICCはURDTT1.0を発効させた。本規則は，電子商取引を対象とした規則としては，実用化の域に達しながら，貿易代金決済電子化のde facto standardとはならなかったTSU-BPO取引専用の規則（URBPO750）に続く第2弾である。

ICCは，規則制定の目的について，デジタル貿易取引の基礎となる，使用システム，技術にとらわれない規則の必要性から，新たにURDTTを制定する必要があったとしている[48]。

(2) URDTT1.0の意義

拙稿（2023）[39] では，URDTT1.0発効の意義として，①TSUというSWIFTが運営する特定のデータ照合システム（Transaction Matching Application：TMA）を前提に起草されたURBPO750に対して，URDTT1.0は，不特定のTMAを対象にしている点や，②関係当事者の定義についても，TSU開発時点から20年近く経過した2020年代のITテクノロジーに則った規定となっている点，③将来の金融業界における，Banking as a Service（BaaS）化や，銀行等の役割見直しによる解体（Unbundle），再編成（Rebundle）を見据えた規定もあるように見受けられることを指摘した。

また，URDTTに期待される役割について，ICC銀行実務委員会制定の規則は，専ら貿易代金決済業務に関わる規則であったが，URDTT1.0はこれに留まらず，将来のスマートコントラクトの実用化を見据えたもので，カネの動きだけでなく，スマートコントラクトで移動する荷物の動きについても対象に加える可能性があり，BC（DLT）技術を活用した貿易プラットフォームの利用促進に資するものであることも指摘した。

Ⅱ．TradeWaltzの概要

1．TradeWaltzの基本構造

(1) 事業内容

まず，TradeWaltzの基本構造について紹介したい。図表5-9の通り，同社は産学金から出資と人的支援を受けており，㈱NTTデータから，BC（DLT）基盤を含む技術面の支援を受けている。これらの支援に基づき，同社は，貿易プラットフォーム「TradeWaltz®」を運営している。「TradeWaltz®」とは，

BC（DLT）技術を利用した，貿易情報連携基盤（貿易プラットフォーム）の名称である[49]。

図表 5-9　㈱トレードワルツを中心とした関係者

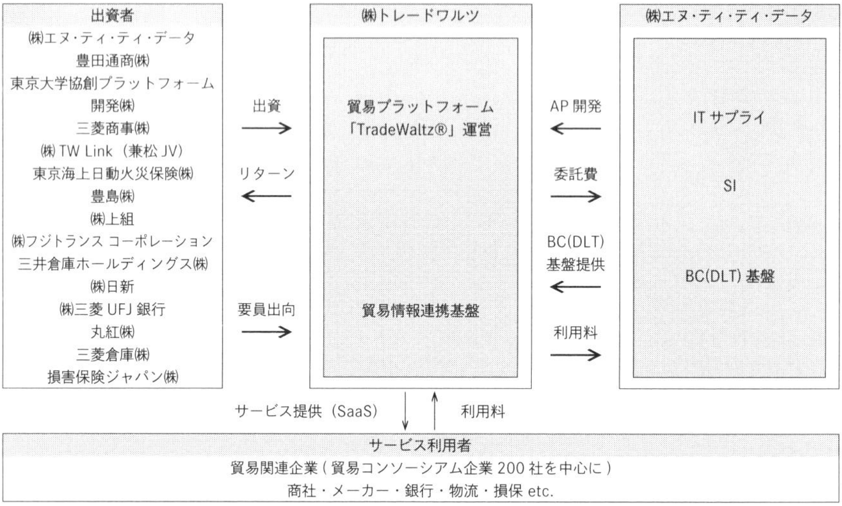
出資者
㈱エヌ・ティ・ティ・データ
豊田通商㈱
東京大学協創プラットフォーム
開発㈱
三菱商事㈱
㈱ TW Link（兼松 JV）
東京海上日動火災保険㈱
豊島㈱
㈱上組
㈱フジトランス コーポレーション
三井倉庫ホールディングス㈱
㈱日新
㈱三菱 UFJ 銀行
丸紅㈱
三菱倉庫㈱
損害保険ジャパン㈱
出資
リターン
要員出向
㈱トレードワルツ
貿易プラットフォーム
「TradeWaltz®」運営
貿易情報連携基盤
AP 開発
委託費
BC(DLT)
基盤提供
利用料
㈱エヌ・ティ・ティ・データ
IT サプライ
SI
BC(DLT) 基盤
サービス提供（SaaS）
利用料
サービス利用者
貿易関連企業 (貿易コンソーシアム企業 200 社を中心に)
商社・メーカー・銀行・物流・損保 etc.

出典：㈱トレードワルツ（2023）[49] を基に筆者作成

図表 5-10　TradeWaltz を中心にした API 接続イメージ

海外プラットフォーム
National Trade Platform-NTP（シンガポール）
National Digital Trade Platform-NDTP（タイ）
TradeWindow（豪州・ニュージーランド）
API 接続
輸出者のプラットフォーム
SAP，BINAL，MINEHUB 等
保険会社のプラットフォーム
電子原産地証明書発行機関
日本商工会議所
2022 年度末接続
物流会社のプラットフォーム
港湾関データ連携基盤
（Cyber Port）2023 年接続
API 接続
TradeWaltz
API で
プラットフォーム間接続
ブロックチェーンで
セキュリティ担保
輸入者のプラットフォーム
SAP，BINAL，MINEHUB 等
銀行のプラットフォーム
税関のプラットフォーム
NACCS
2023 年 4 月許可証連携
船会社のプラットフォーム

出典：㈱トレードワルツ（2023）[49] を基に筆者作成

⑵　システムイメージ

次にTradeWaltzのシステムイメージであるが，図表5-10の通りBC（DLT）技術を利用した貿易情報連携基盤（貿易プラットフォーム）に各当事者がAPI連携する形で結びついている。輸出入者とのデータ交換は，SAPや㈱バイナルといった，輸出入データ管理・貿易書類作成サービスを運営している企業が提供するソフトウェアを通して送受信する。㈱バイナルは，国際物流システムシェアNo. 1「TOSSシリーズ」を開発・販売しており，TOSSユーザーは，2021年3月時点で7,400社を超えている[50]。その他の当事者も，それぞれのプラットフォームを生かしたままで，必要なデータをAPI連携により，TradeWaltzと送受信する。

2．㈱トレードワルツの問題意識および解決策

次に同社の問題意識とその解決策を，㈱トレードワルツ（2023）[49]を基に紹介したい。

⑴　㈱トレードワルツの問題意識

まず同社は現在の貿易手続きについて，①所要時間，②取引コスト，③在庫・物流ステータスの不明瞭さ，④通関知識を有する人材の枯渇，の4つの問題点であると指摘している。

同社は，貿易取引1回当たりの所要時間について，日本では72時間かかると試算しており，デジタル化が進むEUの111倍の時間がかかると指摘している。また，貿易取引1回当たりのコストについては，わが国においては342米ドルと試算し，高コストである旨指摘している。加えて，貿易手続きに関する情報が膨大な紙（ドキュメント）やPDF，WEBサイトにバラバラに記載され，リアルタイムで貨物の所在地，処理状況が把握できず，在庫・物流ステータスがつかめないと指摘している。更に，今後少子高齢化の影響などで，そもそも通関知識を持つ人材が枯渇しつつある点も問題としている。

⑵　TradeWaltzによる解決策の提示

これらの問題に対し，TradeWaltzは，①産業横断的なプラットフォームで

あること，②幅広い書類をカバーできること，③貿易エコシステムを形成可能であること，の3つの特徴を備え，これらの課題を解決するとしている。具体的には，TradeWaltzの利用者は，貿易取引に関わる全ての業種に及ぶため，産業横断的な貿易プラットフォームを形成できること。またPDF形式でなく，構造化（流用可能）データで保管するため，幅広い書類をカバーできること。更に流用可能データを他のプラットフォームと連携し，蓄積されたデータを活用することで，新規ビジネスを生み出すエコシステムを形成できることである。そして，㈱トレードワルツは図表5-11の通り今後のサービスリリースを発表している。

図表5-11　TradeWaltzサービスリリース情報

カテゴリ	プロセス・機能	リリース済・予定
共通	通知・メール／電子承認／アーカイブ	済
契約	P/O送付，契約締結	済
LC	LC発行申請・買取	2024年度予定
	LC接受，保管	済
輸出通関	輸出船積依頼（書類作成依頼・輸出通関依頼・荷役依頼・船積予約依頼・付保依頼）／輸出許可書保管	済
輸送	Booking依頼／BL発行依頼／BL保管	済
	eBL発行	2025年度予定
保険	IP／DN発行依頼	2023年度予定
	IP／DN接受，保管	済
決済書類	CO申請／CO保管（非特恵）	2023年5月予定
	CO申請／CO保管（特定）	2023年度予定
	決済書類作成／決済書類送付	済
輸入通関	輸入荷捌依頼（書類作成依頼・輸入通関依頼・荷捌依頼・船積予約依頼・付保依頼）／輸入許可書保管	済

出典：㈱トレードワルツ（2023）[49]を基に筆者作成

(3)　TradeWaltz導入効果

㈱トレードワルツが指摘する，①所要時間，②取引コスト，③在庫・物流ステータスの不明瞭さ，④通関知識を有する人材の枯渇，の4つの問題点に対し，同社はTradeWaltz導入効果をそれぞれ挙げている。

まず，所要時間短縮については，2018－2019年実施の日本での概念実証（Proof of Concept：PoC）結果として44％の短縮が図れたとしている。コストについても，2018－2019年実施の日本でのPoC結果として同様に44％のコストカットが達成できたとしている。

また，取引情報が貿易プラットフォーム（TradeWaltz）上に集まり，ダッシュボード化されるため在庫，物流状況が可視化，一元化されるため，在庫・物流ステータスが明瞭化可能となるとしている。そして，システムによってコンプライアンスチェックや，申請をサポートすることで，特殊な知識が不要になり，若手が参加可能となり，人手不足解消に役立つとしている。

他にも，当事者ごとにTradeWaltz導入のメリットとして，図表5-12を挙げている。

図表5-12　TradeWaltz導入のメリット

輸出者・輸入者	運輸・物流企業	銀行	保険会社	行政機関
書類作成・クロスチェックの稼働低減	船荷証券，海上貨物運送状などの書類準備の簡略化，正確性向上	簡易且つ正確な信用状発行，およびそのチェック稼働低減	書類作成の簡素化と稼働の低減，正確性向上	各種貿易書類を電子化し，原本性・真正性を担保することによる取引透明性の向上
B/L（船荷証券）クライシスの回避	リードタイム短縮化と郵送コストの削減	リードタイム短縮化と郵送コストの削減	書類紛失・盗難・改ざんリスクの低減	
デマレージ（貨物の保管超過料金）負担の軽減	書類紛失・盗難・改ざんリスクの低減	書類紛失・盗難・改ざんリスクの低減	リードタイム短縮化と郵送コストの削減	各種申請の関連情報（インボイス情報等）を活用した審査業務の高度化の向上
リードタイム短縮化と郵送コストの削減	物流の可視化など新たな付加価値の創出	貿易プラットフォームを利用した新たな金融サービスの実現	二重支払いリスクの低減	
貨物受取時期の予測，トレーサビリティの実現	変化の激しいトレードコンプライアンスへの確実な対応			

出典：㈱トレードワルツ（2023）[49] を基に筆者作成

3．わが国政府による支援

(1)　経産省による支援（貿易投資促進事業費補助金）

経済産業省は，令和4年度補正予算で，貿易プラットフォームの利用拡大による貿易手続きの効率化，わが国企業の貿易コスト削減，貿易振興を目的とした補助金制度を開始した[51]。これは，貿易プラットフォームと利用企業の社内システムとの連携構築に係る費用の一部，および貿易プラットフォーム間の連携構築に係る費用の一部を補助する事業であり，貿易プラットフォームサービスを利用する日本国の法人（【類型 1】），貿易プラットフォームサービスを提供する日本国の法人（【類型 2】）を対象としている。一般社団法人日本貿易手続簡易化協会（JASTPRO）を事務局とし，2023 年 4 月 17 日～5 月 19 日（第 1 次公募），同年 7 月 3 日～8 月 4 日（第 2 次公募）の 2 回にわたって公募を実施し，【類型 1】7 社，【類型 2】12 社が採択された[52)]。

Ⅲ．分散型プラットフォームの可能性

1．9 つの要件に対する効果

次に分散型プラットフォームの可能性について検討したい。具体的には，第 4 章で指摘した 9 つの要件に対してどのような効果が期待できるかという点である。特に，集中型プラットフォームで特にネックとなった要件に対する効果を指摘したい。

⑴　迅速且つ確実な資金決済

迅速且つ確実な資金決済の実現に，BC（DLT）技術のメリットとして挙げられる情報伝達スピードの高速化は，有益であることは言うまでもない。ただし，高速化するのは情報のみであり，既存の決済システム同様に，法定通貨を利用する決済については資金精算（ファイナリティ）が重要となる。

⑵　銀行間の取扱情報に関する真正性確保

銀行間の取扱情報に関する真正性確保に対して，BC（DLT）技術のメリットとして挙げられる取引情報の改竄が困難である点は，有益である。ただし，BC（DLT）技術の類型選択を始めとする外部からの不正アクセス対策は，引き続き重要である。

⑶　輸出者に対する取消不能な支払確約

既存の貿易金融と同様に，輸出者に対する取消不能な支払確約が必要となる

が，TradeWaltz も含め，多くの貿易プラットフォームにトレードファイナンス機能の１つとして実装される予定である。

(4)　輸出入者に対するスムーズなファイナンス

輸出入者に対するスムーズなファイナンスが必要となるが，(3)と同様にトレードファイナンス機能を具備した貿易プラットフォームに実装される予定である。引き続き基本的な要件は従来の貿易金融と不変であるため，後述の信用補完に留意が必要だと思料する。

(5)　統一された規則

統一された国際規則については，URDTT1.0 制定により，根拠となる国際規則が発効した。ただし，同規則が試行的な位置づけである点には留意が必要である。また，（完全に電子化できておらず一部の）書類が伴う取引には，UCP600 と 2023 年７月に，従来の信用状統一規則に追補する目的で改訂された『電子呈示に関する〈UCP600〉への追補第 2.1 版（UCP600 Supplement for Electronic Presentation Version 2.1：eUCP2.1）』の組合せによる取引も有効であると考える[53)54)]。

(6)　銀行への信用補完，(7)　船荷証券に代わるスムーズな荷物引渡

銀行への信用補完および，スムーズな荷物引渡の実現については，引き続き難しい課題だと思われる。B/L 電子化[55)] がベストであることは言うまでもないが，代替策（SWB の活用等）の検討も必要だと考える。また，BC（DLT）技術を生かしたスマートコントラクトによる，荷物（銀行にとっての譲渡担保物件）の所在確認（位置，所有権の移転状況）も検討の価値があると考える。

(8)　公的機関も含む貿易当事者の参入が容易であること

貿易代金決済電子化の普及に貿易当事者の参入が容易であることは必要不可欠であり，且つ最も難しい課題だと指摘しているが，API 連携により，データの作成がスムーズに進む可能性が高まったと期待する。その理由は，既存の貿易業務用プラットフォーム（貿易書類作成ソフト等）と貿易プラットフォー

ムが API 連携することで，輸出入者にとってシステム移行に関する作業が激減することが期待できるからである。

(9)　マネー・ローンダリング防止等コンプライアンス対策

貿易プラットフォームへ電子データの形で情報を集約することは，マネー・ローンダリング防止等コンプライアンス対策についても効果が期待できる。近時のロシア制裁など，コンプライアンスチェック項目は激増しており，貿易当事者同士が，貿易プラットフォームを中心に API 連携することにより，自動チェック化が可能となると期待できる。

2．分散型プラットフォーム vs 集中型プラットフォーム

これらを踏まえて，分散型プラットフォームの有効性が，集中型プラットフォームの弱点を克服するカギとなることを改めて整理したい。図表 5-13 の通り，TSU-BPO 取引等，過去の失敗事例を含む，集中型プラットフォームは，貿易代金決済電子化の 9 要件の内，特に⑥銀行への信用補完，⑦ B/L に代わるスムーズな荷物引渡，⑧公的機関も含む貿易当事者の参入が容易であること，の 3 つについて大きな困難があると指摘できる。

これに対して，TradeWaltz に代表される分散型プラットフォームは，大きく改善していると思料する。③輸出商に対する取消不能な支払確約，④輸出入商に対するスムーズなファイナンス，の 2 点については多くの分散型プラットフォームは，実装が予定されている。また，⑤統一された規則，については ICC による URDTT1.0 の発効により，ひとまず統一規則が整備されている。

加えて，⑧公的機関も含む貿易当事者の参入が容易であること，については，分散型プラットフォームはそもそも，国ごと，若しくは業界ごとに立ち上がっており，複数の国，または業界に跨る当事者が直接参加することはなく，API 連携によって束ねられる為，参加のハードルは，はるかに低くなると期待できる。

最も難題である，⑥銀行への信用補完，⑦ B/L に代わるスムーズな荷物引渡，の 2 つについては，船荷証券など運送書類電子化に対する法整備が進められており[55]，国ごとにプラットフォームが立ち上がっていることを前提とす

図表 5-13　分散型プラットフォーム vs 集中型プラットフォーム

項目		集中型プラットフォーム		分散型プラットフォーム	
		実現可能性	主なポイント	実現可能性	主なポイント
貿易代金決済電子化の9要件	①迅速且つ確実な資金決済	○	既に実用の域に達している	○	既に実用の域に達している
	②銀行間の取扱情報に関する真正性確保	○	既に実用の域に達している	○	既に実用の域に達している
	③輸出商に対する取消不能な支払確約	△	概ね実用の域に達しているが，⑤，⑥により難あり	○	既に実用の域に達している（プラットフォームに実装予定）
	④輸出入商に対するスムーズなファイナンス	△	概ね実用の域に達しているが，⑤，⑥により難あり	○	既に実用の域に達している（プラットフォームに実装予定）
	⑤統一された規則	△	URBPO のように，プラットフォーム毎に専用の規則が必要	○	URDTT の発効等，国際規則の整備が進む
	⑥銀行への信用補完	×	専らデータのみを取り扱う為，信用補完面で難点あり	△	⑦，および譲渡担保に対する法整備が進めば対応可能
	⑦ B/L に代わるスムーズな荷物引渡	×	多くの国，当事者にまたがる法令等の整備が必要で困難	△	国ごとにプラットフォームを立ち上げた場合，当該国のみの法整備で対応可能
	⑧公的機関も含む貿易当事者の参入が容易であること	×	多くの当事者を一つのプラットフォームで接続する必要があり困難	○	分散型であり，当事者ごとに利用可能なプラットフォーム経由 API 連携可能である
	⑨マネー・ローンダリング防止等コンプライアンス対策	○	既に実用の域に達している	○	既に実用の域に達している
TSU-BPO 取引の失敗要因	①取引参加行における与信管理上の問題点	×	専らデータのみを取り扱う為，信用補完面で難点あり	△	⑦，および譲渡担保に対する法整備が進めば対応可能
	②取引参加行における事務処理体制構築の負担	×	集中型プラットフォームに接続する為，既存の事務処理体制以外に別途体制構築が必要	△	分散型であり，当事者ごとに利用可能なプラットフォーム経由 API 連携可能である
	③貿易当事者における取引のデータ作成負担	×	集中型プラットフォームに接続する為，既存の事務処理体制以外に別途体制構築が必要	△	分散型であり，当事者ごとに利用可能なプラットフォーム経由 API 連携可能である

出典：筆者作成

れば，自国法のみを考慮すればよい為に，スムーズに法整備が進むと期待できる。

３．TradeWaltz が示す分散型プラットフォームの可能性

次に，分散型プラットフォームの持つ潜在的な可能性について，㈱トレードワルツは，将来構想として，データ駆動型サービスを６点挙げている[49]。

⑴　コンプライアンスチェック（関税）

商品マスタに世界各国の HS コードも登録することで，TradeWaltz 上で，関税計算の自動化を実現するものである。現在実施されるロシア等特定国向けの経済制裁や，TBML（貿易取引に便乗したマネー・ローンダリング：Trade-Based Money Laundering）対策にも有効であろう。

⑵　取引データを基にした信用格付（世界版帝国データバンク）

過去の取引・支払データ等から規模の大小に関わらず，企業の信用力を判断・提示することで，中小企業が貿易に参画しやすくなることを目的としている。未進出先国の取引先探しが容易になる効果も期待できる。

⑶　商流マッチング・EC（B2B Amazon の越境版をイメージ）

海外の主要 EC と連携，あるいは TradeWaltz 上に商談機能をつければ，これを介して世界中と取引開始が可能となる。

⑷　物流・カーゴマッチング（米国 FLEXPORT をイメージ）

米国の Flexport Inc.[56] が展開する，物流プラットフォーム上で，全船社の空きスペース情報を活用し，荷主と運送業者のカーゴマッチングを実施し，より効率的で環境負荷の小さい物流手配を目指す。

⑸　デジタル通貨決済

よりタイムリーで決済手数料が安価なデジタル通貨決済の活用する為，TradeWaltz に実装するとしている。

⑹　スマートコントラクトによる貿易自動化

コンテナまたは貨物への IC タグ装着などにより IoT センサーで物流情報を取得し，契約の履行状況を判断，スマートコントラクト上での支払い機能まで実装するとしている。

Ⅳ．TradeWaltz の挑戦への期待と課題

１．TradeWaltz の挑戦への期待

分散型プラットフォームである TradeWaltz は，過去の集中型プラットフォームに比して，既存の様々なプラットフォームや，貿易実務アプリケーションと API 連携により，柔軟，スムーズ且つ，低コストで貿易データをやり取りできることが期待できると考える。

また，他の貿易プラットフォームと単に対立するだけではなく，相互にAPI連携することにより，それぞれの得意分野を利活用することも可能なように見受けられる点も大いに評価できる。加えて，貿易当事者のITリテラシー向上や，船荷証券を始めとする電子化への法整備の機運[57]，わが国政府による補助金などの直接的支援策[30][31]も，フォローとなると期待できる。

2．TradeWaltz推進上の課題

他方，分散型ゆえに国内外で多くの当事者が，それぞれのスケジュール感で電子化を推進する為，全体の調整を行う司令塔が必要であり，一民間企業がこれを担うのは難しいと思われ，国による積極的な関与が必要と思われる[58]。国，公的機関，業界団体挙げて，国内外宛の交渉・啓蒙・普及支援を行う必要がある。

ヒアリングの中で，海外貿易プラットフォームに深く関与する外資系金融機関は，早期の顧客獲得（商用版利用企業数向上）が，TradeWaltzの対外的なプレゼンス向上に必要不可欠と指摘している。また，海外との連携に際して，相手方の技術面，信用面のみならず，相手国・地域そのものに対する見極めが重要となることも指摘したい。

第4節　NACCSシステムと貿易電子化—API連携

1980年代から貿易電子化の取組みは様々な分野で行われている。この内，わが国における輸出入通関手続きにおいては，1978年に稼働開始した輸出入・港湾関連情報処理システム（Nippon Automated Cargo and Port Consolidated System：NACCS）により手続きの電子化が行われており，数次のシステム改訂，対象業務の拡大，行政手続のシングルウィンドウ化等を経て，現在は国際物流に不可欠なサプライチェーンマネジメントを支援する総合物流情報プラットフォームになっている。

他方，通関手続きに比べて，貿易金融分野の電子化は，同様に様々な試行がなされているが，未だ実用化に至ったものがなく，道半ばである。本稿は，停

滞する貿易金融業務電子化の推進策の１つとして，NACCS システムとのアプリケーション・プログラミング・インターフェース（Application Programing Interface：API）連携強化による貿易金融高度化策を提言するものである。

尚，2023 年 3～6 月に，NACCS を運営する，輸出入・港湾関連情報処理センター株式会社（以下 NACCS 社），メガバンク２行，外資系金融機関１行，国際商業会議所（International Chamber of Commerce：ICC）日本委員会，わが国の貿易プラットフォーム（以下，貿易 PF）である，株式会社トレードワルツ（以下，TradeWaltz 社）へのヒアリングを行った。また，NACCS 社，TradeWaltz 社のシステム開発を主導する株式会社エヌ・ティ・ティ・データ（以下，NTT データ）と，本件に関して意見交換を実施した。ここに，ヒアリング，意見交換を実施した企業の担当者各位に感謝の意を表明したい[59]。

Ⅰ．NACCS の概要

１．NACCS 社の沿革

NACCS 社は，1978 年の成田空港開港に向け 1977 年 10 月に設立された認可法人航空貨物通関情報処理センター（以下，NACCS センター）を前身とする。NACCS センターは，先に航空貨物の手続などを行う Air-NACCS を稼働させ，続く 1991 年に海上貨物の手続などを行う Sea-NACCS を稼働させた。

2003 年 10 月に独立行政法人通関情報処理センターに改組し，2008 年 5 月の「電子情報処理組織による税関手続の特例等に関する法律の一部を改正する法律」に基づき，同センターを解散し，2008 年 10 月に NACCS 社が設立された。2010 年の第 6 次 NACCS 更改時に，Air-NACCS，Sea-NACCS を統合さ，2025 年には第 7 次 NACCS 更改を予定している（図表 5-14 参照）[60]。

２．NACCS システムの概要

現在，NACCS システムは，総合物流情報プラットフォームの役割を果たしており，税関手続，空港・港湾手続，貿易管理手続，食品衛生手続，検疫手続（人），動物検疫手続，植物検疫手続，入国管理手続に関する業務からなる，輸出入等関連業務と，ベトナム，ミャンマーに対する NACCS 型貿易関連システ

図表 5-14　NACCS 社，NACCS システムの沿革

年月	Air-NACCS　Sea-NACCS 海上／航空システム統合後は NACCS		トピックス
1977 年 5 月			「航空運送貨物の税関手続の特例等に関する法律」（特例法）成立
10 月			認可法人「航空貨物通関情報処理センター」設立
1978 年 8 月	Air-NACCS（第 1 次）		航空貨物通関情報処理システム（Air-NACCS）稼働開始（航空貨物輸入システム）
1985 年 1 月	Air-NACCS（第 2 次）		輸出入統合システム稼働開始，Air-NACCS（第 2 次）更改
1991 年 3 月			特例法「航空運送貨物の税関手続の特例等に関する法律」を「電子情報処理組織による税関手続の特例等に関する法律」に改正
7 月			特例法を受け「航空貨物通関情報処理センター」を「通関情報処理センター」に改称
10 月		Sea-NACCS（第 1 次）	海上貨物通関情報処理システム（Sea-NACCS）稼働開始
1993 年 2 月	Air-NACCS（第 3 次）		Air-NACCS（第 3 次）更改
1994 年 9 月			他省庁システムとワンストップサービス供用
1999 年 10 月		Sea-NACCS（第 2 次）	Sea-NACCS（第 2 次）更改
2001 年 10 月	Air-NACCS（第 4 次）		Air-NACCS（第 4 次）更改
2002 年 12 月			特例法を一部改正（「通関情報処理センター」の独立行政法人化）
2003 年 10 月			認可法人としての「通関情報処理センター」を解散し，「独立行政法人通関情報処理センター」を設立
2008 年 4 月			PAA（Pan-Asian e-Commerce Alliance）に正式加入
5 月			「電子情報処理組織による税関手続の特例等に関する法律」を「電子情報処理組織による輸出入等関連業務の処理等に関する法律」に改正（「独立行政法人通関情報処理センター」の民営化）
10 月			「独立行政法人通関情報処理センター」を解散し，「輸出入・港湾関連情報処理センター株式会社」を設立
2010 年 2 月	NACCS（第 5 次）		システム統合（Air-NACCS と Sea-NACCS のハードウェア等の統合），NACCS（第 5 次）更改
2014 年 4 月			JICA プロジェクトの下，NACCS センターが開発に貢献した NACCS 型貿易関連システム（VNACCS）がベトナムで稼働開始
2016 年 3 月			政府保有株式の過半数以外の株式が売却された事に伴う，民間資本導入
11 月			JICA プロジェクトの下，NACCS センターが開発に貢献した NACCS 型貿易関連システム（MACCS）がミャンマー（ヤンゴン地区）で稼働開始
2017 年 4 月			新規事業として業務状況等分析業務のサービス開始
10 月	NACCS（第 6 次）		NACCS（第 6 次）更改
2019 年 12 月			新規事業として貿易関連書類電子保管業務（NACCS-DMS®）のサービス開始
2025 年 10 月	NACCS（第 7 次）		NACCS（第 7 次）更改予定

出典：NACCS 社 HP [60] から筆者作成

ムの導入支援および，新規事業等，財務大臣の認可を受けて行う業務を行っている。

NACCS は，国際物流の当事者である，輸出入者，貨物の運送事業者，貨物を保管する事業者，これらを代理して行政手続を行う事業者，銀行，保険会社，行政機関など，多くの当事者の間でやりとりされる，様々な情報をオンラインで結び，貨物の流れに沿って必要な行政手続や，当事者間の手続を総合的に処理することにより，情報の一元的管理や共有化，再利用を実現している（図表 5-15 参照）。

NACCSは今や，この分野でわが国の官民が共同で利用する唯一のシステムとなっており，国際物流に不可欠なサプライチェーンマネジメントを支援する総合物流情報プラットフォームとして利用され，広く普及している。

図表 5-15　NACCS の業務概要

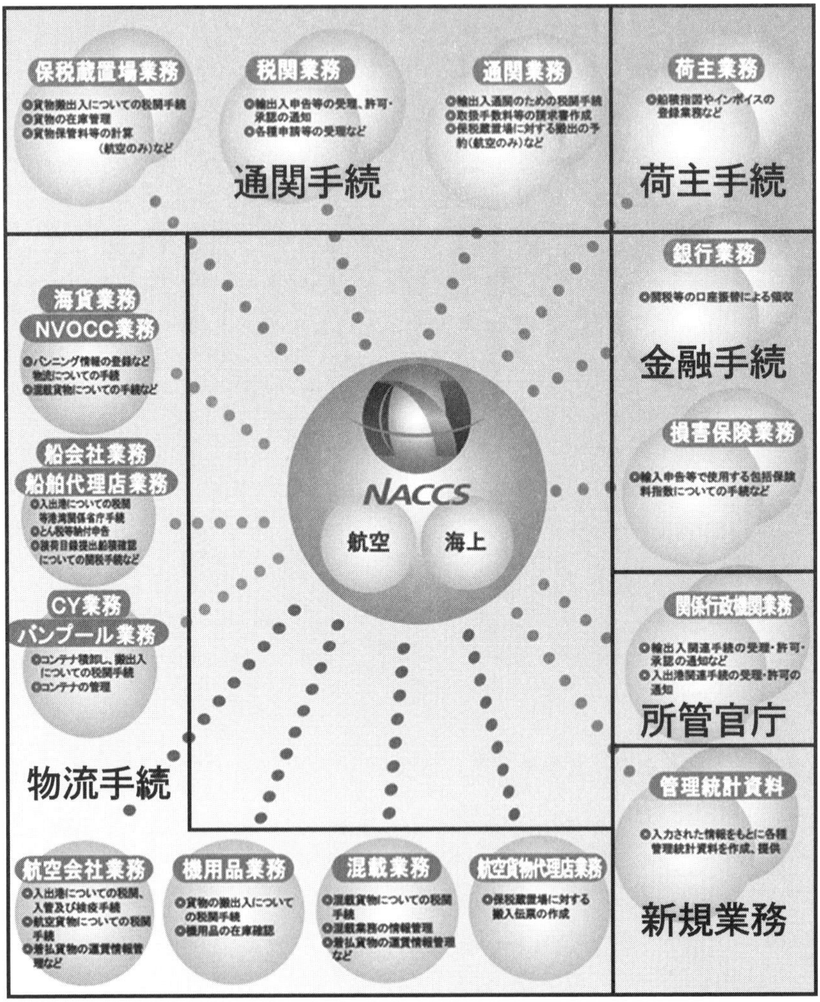
保税蔵置場業務
◎貨物搬出入についての税関手続
◎貨物の在庫管理
◎貨物保管料等の計算（航空のみ）など
税関業務
◎輸出入申告等の受理、許可・承認の通知
◎各種申請等の受理など
通関業務
◎輸出入通関のための税関手続
◎取扱手数料等の請求書作成
◎保税蔵置場に対する搬出の予約（航空のみ）など
通関手続
荷主業務
◎船積指図やインボイスの登録業務など
荷主手続
海貨業務
NVOCC業務
◎バンニング情報の登録など物流についての手続
◎混載貨物についての手続など
船会社業務
船舶代理店業務
◎入出港についての税関等港湾関係省庁手続
◎とん税等納付申告
◎積荷目録提出船積確認についての関税手続など
CY業務
バンプール業務
◎コンテナ積卸し、搬出入についての税関手続
◎コンテナの管理
NACCS
航空
海上
銀行業務
◎関税等の口座振替による領収
金融手続
損害保険業務
◎輸入申告等で使用する包括保険料指数についての手続など
関係行政機関業務
◎輸出入関連手続の受理・許可・承認の通知など
◎入出港関連手続の受理・許可の通知
所管官庁
物流手続
航空会社業務
◎入出港についての税関、入管及び検疫手続
◎航空貨物についての税関手続
◎着払貨物の運賃情報管理など
機用品業務
◎貨物の搬出入についての税関手続
◎機用品の在庫確認
混載業務
◎混載貨物についての税関手続
◎混載業務の情報管理
◎着払貨物の運賃情報管理など
航空貨物代理店業務
◎保税蔵置場に対する搬入伝票の作成
管理統計資料
◎入力された情報をもとに各種管理統計資料を作成、提供
新規業務

出典：NACCS社HP 61）に筆者加筆

Ⅱ．API 連携と NACCS（第7次）更改

1．FinTech 並びに API の概要

(1) FinTech の技術的基盤

FinTech という言葉は，リーマンショック以降，米国で生まれた，金融（Finance）と，技術（Technology）の合成語である。既存の金融システムには，従来から多額のシステム投資がなされており，そこには先進的な IT 技術が使用されている。拙稿（2017a）[62] では，既存の金融システムに利用される IT 技術と，FinTech の間には明確な相違点があると指摘した。その相違点とは，FinTech では，① API，②人工知能（Artificial Intelligence：AI），③ブロックチェーン（Blockchain：BC）技術，若しくは分散台帳技術（Distributed Ledger Technology：DLT）という，従来の金融 IT 技術と一線を画す革新的な3つの技術的基盤が導入されている点である。

(2) API

API とは，他のシステム等に機能を提供する為の規約のことで，オープンソース（Open Source）実現の鍵となる技術である。オープンソースとは，自らの技術に係るプログラム（Source Code）をネット上等に公開し，第三者がこれを取り込み，改善を加えることで，更なる技術革新を行う開発手法のことである。FinTech では API を活用し，銀行の持つ閉鎖的なシステム内にあるソースコードやデータを，FinTech 企業（IT 技術を利用し，新たな金融サービスを提供するベンチャー企業）が提供するサービス開発・運営の為に提供する。API により異なる2つのシステムが相互にデータをやり取りできる状態になることを API 連携という。

(3) AI

AI とは，その命名者といわれる John McCarthy 博士の定義では，知的な機械，特に知的なコンピュータプログラムを指し，知能とは，実際の目標を達成する能力の計算的な部分を意味する[63]。代表的な事例として，IBM の“Watson”や，Apple の“Siri”が挙げられる。フィンテックでは，ロボ・ア

ドバイザーとして，①投資銘柄自動選定，②与信取引自動判定，③電話・窓口応対システム，の３つの業務に活用することが期待されている。

⑷　BC（DLT）技術

ブロックチェーンとは，対等な者―Peer 同士が繋がるネットワーク―peer-to-peer network（P2P Network）を利用した，改竄不能なデータベース技術を意味し，中央サーバーを維持する，信頼できる第三者を必要としない，取引の非可逆性を実現できる仕組みのことである。既存の金融システムにおいては，信頼できる第三者とは，決済システムにおける集中決済機関や，銀行の支店を束ねる本店の勘定システム統括部門が有する中央サーバー等がこれに該当する。

⑸　FinTech における API の位置づけ

API 連携により，様々な分野のデジタルトランスフォーメーション（Digital Transformation：DX）進展に貢献すると期待されている。個人金融分野では，家計簿ソフトと，銀行の勘定系システムや，クレジットカード会社のシステムとの API 連携により，複数の銀行，クレジットカード会社の取引情報の一元管理が可能となり，企業金融分野では，会計ソフトと，銀行の勘定系・為替系システム，与信管理システムとの API 連携により，複数の銀行との間で，預金残高だけではなく，資金移動，融資申込まで，様々な取引情報，申込手続きを一元管理することができるようになった。

2．第７次更改に向けての動き

⑴　NACCS 社を取り巻く環境の変化

NACCS 社（2020）[64] によれば，2025 年の第７次更改に向けて，NACCS 社を取り巻く環境の変化として，①政府の動向，②関係省庁との連携，③利用者の期待，④最新技術の動向，⑤新たなデジタル・プラットフォーム，⑥安定性・信頼性の確保，の６点を挙げている。

まず，①政府の動向であるが，デジタル庁が推進する『デジタル社会の実現に向けた重点計画』[65] に，情報連携基盤（公共サービスメッシュ）の整備方針

図表5-16　NACCS社を取り巻く環境変化

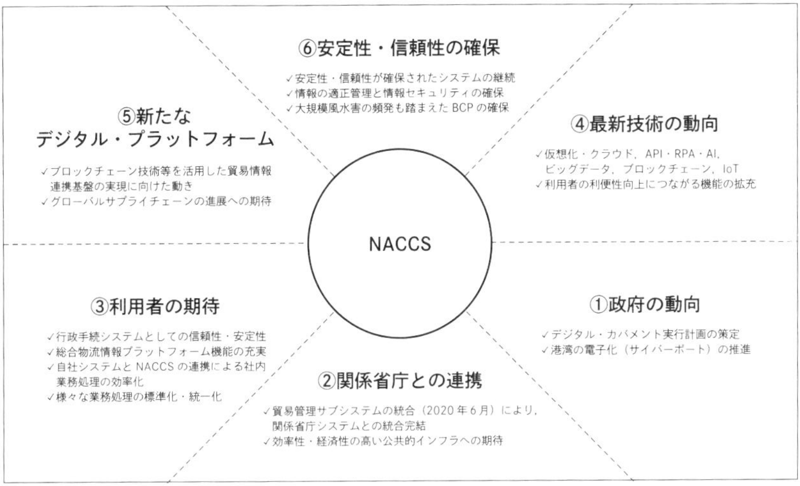
⑥安定性・信頼性の確保
✓安定性・信頼性が確保されたシステムの継続
✓情報の適正管理と情報セキュリティの確保
✓大規模風水害の頻発も踏まえたBCPの確保
⑤新たな
デジタル・プラットフォーム
✓ブロックチェーン技術等を活用した貿易情報連携基盤の実現に向けた動き
✓グローバルサプライチェーンの進展への期待
④最新技術の動向
✓仮想化・クラウド，API・RPA・AI，ビッグデータ，ブロックチェーン，IoT
✓利用者の利便性向上につながる機能の拡充
NACCS
③利用者の期待
✓行政手続システムとしての信頼性・安定性
✓総合物流情報プラットフォーム機能の充実
✓自社システムとNACCSの連携による社内業務処理の効率化
✓様々な業務処理の標準化・統一化
①政府の動向
✓デジタル・ガバメント実行計画の策定
✓港湾の電子化（サイバーポート）の推進
②関係省庁との連携
✓貿易管理サブシステムの統合（2020年6月）により，関係省庁システムとの統合完結
✓効率性・経済性の高い公共的インフラへの期待

出典：NACCS社（2020）[64]，p. 2に筆者加筆

が掲げられ，これにより，「更なる添付書類の削減やプッシュ型サービス実現のため，行政が保持するデータを様々なユーザーやシステム同士で安全・円滑に連携できるように，行政機関間のバックオフィスでの情報連携・地方公共団体内の情報活用・民間との対外接続を一貫した設計で実現する。尚，ガバメントクラウド上で共通機能を提供しつつ情報の管理主体は各機関とすること等により，データの分散管理を確保する」を目標にしている。

これを受けて，NACCS社も，②関係省庁との連携推進を実施している。具体的には，2020年6月の貿易管理サブシステム（外為法に基づく輸出入許可・承認に係る申請，裏書情報登録システム）の統合を始め，関係省庁システムとの統合を進め，効率性・経済性の高い公共的インフラへの期待に応えるとしている。

③利用者の期待については，利用者自身のシステムとの連携による，業務効率化ニーズが高まっていることから，業務処理の標準化・統一化を推し進めつつ，④最新技術の動向を注視し，APIを含め，利用者の利便性向上につながる機能の拡充，⑤新たなデジタル・プラットフォーム構築の動きに対応するための準備，⑥安定性・信頼性の確保を継続しつつ，情報セキュリティの確保を

図るとしている。

⑵　第7次更改の開発コンセプト

2025年に予定される第7次更改のコンセプトとして，①NACCSは行政・貿易手続業務の遂行に必要不可欠な「ミッションクリティカル・システム」と位置づけられていることから，②安定稼働の確保のための信頼性・可用性・保守性の向上，③経済性（コストの低減，効率的で簡素），利便性（機能の拡張）の向上，④グローバルサプライチェーンの進展に伴ったシステム進化，⑤利用者の影響を考慮した最新技術の応用への取組み，⑥各種貿易情報連携基盤構築に関する動向の注視とシステム連携の可能性の精査，の6点が挙げられ，NACCS社は官民が運営する他のシステム（貿易関連プラットフォーム）との情報連携強化を打ち出している。

3．今後の連携計画

⑴　第7次更改時の外部システム連携構想

NACCS社（2020）[66]では，従来以上に，政府または民間主導で運用・開発されているデジタル・プラットフォームとの連携について検討するとしてい

図表 5-17　第7次更改の開発コンセプト

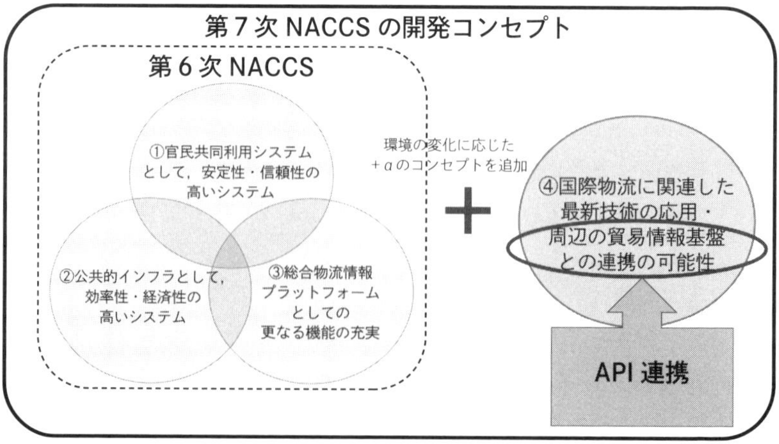
第7次NACCSの開発コンセプト
第6次NACCS
①官民共同利用システムとして，安定性・信頼性の高いシステム
②公共的インフラとして，効率性・経済性の高いシステム
③総合物流情報プラットフォームとしての更なる機能の充実
環境の変化に応じた＋αのコンセプトを追加
④国際物流に関連した最新技術の応用・周辺の貿易情報基盤との連携の可能性
API連携

出典：NACCS社（2020）[64]，p. 3に筆者加筆

る。第7次更改時点で想定される接続対象システムは，国内外の外部システムとなっており，①国内の外部システムは，官公庁システム，収納機関関係システム，民間システム，②海外の外部システム，③各種貿易情報基盤が挙げられている（図表5-18参照）。

(2)　Cyber Port（港湾物流分野）との連携

2021年4月，国土交通省港湾局が運営するCyber Port（以下，CP）の第一次運用が開始された。CPは，①「港湾関連データ連携基盤」を構築し全ての港湾情報を電子的に取り扱う環境を実現すること，②「CONPAS（新・港湾情報システム）」などを推進することで，「ヒトを支援するAIターミナル」を実現し，世界最高水準の生産性と良好な労働環境を創出すること，③港湾に関する様々な情報が有機的に連携した「サイバーポート」を実現すること，の3つを目的としてスタートした。

図表5-18　第7次NACCSで想定される外部システムとの連携図

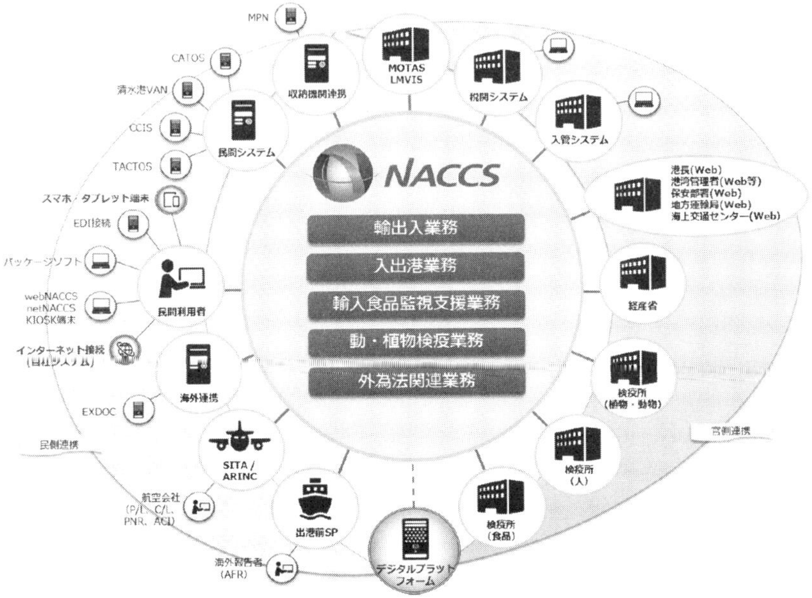
MPN
CATOS
清水港VAN
CCIS
TACTOS
スマホ・タブレット端末
EDI接続
パッケージソフト
webNACCS
netNACCS
KIOSK端末
インターネット接続
EXDOC
民側連携
航空会社
(P/L、C/L、PNR、ACI)
海外報告者
(AFR)
収納機関連携
MOTAS
LMVIS
税関システム
入管システム
民間システム
港長(Web)
港湾管理者(Web等)
保安部署(Web)
地方運輸局(Web)
海上交通センター(Web)
NACCS
輸出入業務
入出港業務
輸入食品監視支援業務
動・植物検疫業務
外為法関連業務
民間利用者
経産省
海外連携
検疫所
(植物・動物)
官側連携
SITA /
ARINC
検疫所
(人)
出港前SP
検疫所
(食品)
デジタルプラットフォーム

出典：NACCS社（2020）[66]，p. 14に筆者加筆

図表 5-19　Cyber Port（港湾物流分野）の対象範囲

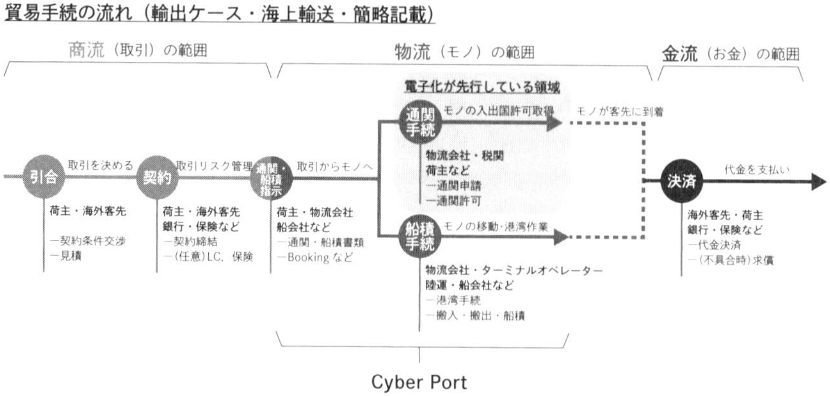
貿易手続の流れ（輸出ケース・海上輸送・簡略記載）
商流（取引）の範囲
物流（モノ）の範囲
金流（お金）の範囲
電子化が先行している領域
引合
取引を決める
契約
取引リスク管理
通関・船積指示
取引からモノへ
通関手続
モノの入出国許可取得
モノが客先に到着
船積手続
モノの移動・港湾作業
決済
代金を支払い
荷主・海外客先
—契約条件交渉
—見積
荷主・海外客先
銀行・保険など
—契約締結
—(任意)LC，保険
荷主・物流会社
船会社など
—通関・船積書類
—Bookingなど
物流会社・税関
荷主など
—通関申請
—通関許可
物流会社・ターミナルオペレーター
陸運・船会社など
—港湾手続
—搬入・搬出・船積
海外客先・荷主
銀行・保険など
—代金決済
—(不具合時)求償
Cyber Port

出典：サイバーポート（港湾物流）運営者（2023）68)，12頁

CPシステム自体は，①民間事業者間の港湾物流手続（港湾物流分野），②港湾管理者の行政手続や調査・統計業務（港湾管理分野），港湾の計画から維持管理までのインフラ情報（港湾インフラ分野）の3分野について構築されている。CP（港湾物流分野）の流れは，商流，物流，金流の内，貿易手続のうち，商流・金融分野を除いた民間事業者間のコンテナ物流手続が対象としている（図表5-19参照）67)。

2021年4月のCPスタート時から，CP（港湾物流分野）とNACCS間の利用者端末を介した，連携機能が実装されていた。その後，民間事業者の要望を受け，CPとNACCSの利便性向上のため，システム間の自動連携を計画し，2023年3月にCPからNACCS業務の一部を直接実施できる機能を運用開始した（図表5-20参照）。また，NACCS側の情報をCP側へ共有することについても，必要な情報の洗出し，タイミング等について協議中としている68)。

同様に，CP（港湾管理分野）との連携も計画している。これは，国土交通省が推進する港湾統計にかかる調査（港湾調査）電子化にNACCS情報を活用しようとするものである。既存の「港湾調査調査票」に記入すべき情報の多くが，NACCSで取り扱っている情報であり，NACCSが保持するデータの一部を港湾管理者に連携することにより，港湾調査に必要な情報が電子化され，港湾管理者も含めた港湾統計に係る業務の効率化を図ることができると期待され

図表 5-20　Cyber Port（港湾物流分野）と NACCS の連携

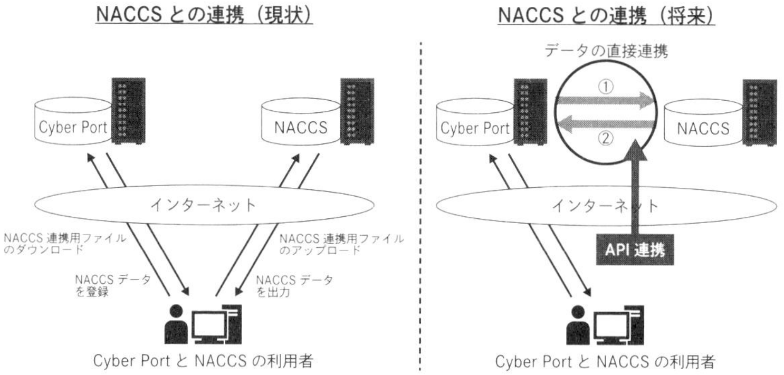
NACCSとの連携（現状）
Cyber Port
NACCS
インターネット
NACCS 連携用ファイルのダウンロード
NACCS 連携用ファイルのアップロード
NACCS データを登録
NACCS データを出力
Cyber Port と NACCS の利用者
NACCSとの連携（将来）
データの直接連携
①
②
Cyber Port
NACCS
インターネット
API 連携
Cyber Port と NACCS の利用者

出典：NACCS社（2023）[68]，p. 28に筆者加筆

るためである。2023年1月には本連携に係るNACCSシステム利用規程を改正し，2023年1〜2月にCPにおける実証実験を実施している。

⑶　TradeWaltz社（貿易プラットフォーム）との連携

2020年4月に設立された，わが国の貿易プラットフォーマーであるTradeWaltz社は，貿易プラットフォーム「TradeWaltz®」を提供，運営する。2021年4月には，「貿易情報連携効率化・普及に向けたコンソーシアム」（以下，貿易コンソーシアム）を設立した。2023年5月には貿易コンソーシアム会員企業が200社[69]，2023年5月には商用版利用企業が，62社に達した。その内訳であるが，商社・メーカー24社，金融機関1社，物流会社・船会社36社，ITベンダー1社となっている[70]。TradeWaltz社は既存の貿易手続について，①所要時間，②取引コスト，③在庫・物流ステータスの不明瞭さ，④通関知識を有する人材の枯渇，の4つの問題点を指摘し，これらを解決するためにTradeWaltz®を開発した[71]。

2020年11月には，NACCS社，TradeWaltz社間で相互連携に関する覚書を締結した[72]。これに基づき，その後，NACCS社，TradeWaltz社，双方の利用者が，TradeWaltz®からNACCS業務を実施可能とすることを計画している（図表5-21参照）。TradeWaltz®から実施可能なNACCS業務は，①船積指図書（S/I）②情報登録（SIR）業務，③インボイス・パッキングリスト

図表 5-21　NACCS 社，TradeWaltz 社間の相互連携イメージ

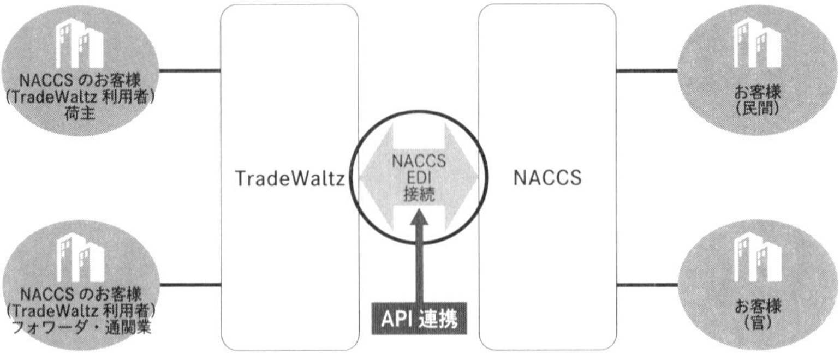
NACCS のお客様
(TradeWaltz 利用者)
荷主
NACCS のお客様
(TradeWaltz 利用者)
フォワーダ・通関業
TradeWaltz
NACCS
EDI
接続
API 連携
NACCS
お客様
(民間)
お客様
(官)

出典：NACCS 社（2023）68)，p. 31 に筆者加筆

情報登録（IVA）業務等の荷主業務を予定している。

Ⅲ．API 連携による貿易金融電子化促進

本章は，貿易金融電子化を進める為に，NACCS との API 連携を提言するものであるが，まず貿易金融電子化に関する先行研究として，Kowalski（2021）73)，Jovanovic（2022）74)，O'Leary（2023）75)，拙稿（2020，2022，2024）76)77)78)，を，調査報告書として，NTT データ（2021）79) を振り返りたい。

まず，①国内外の貿易プラットフォームの事例研究，② BC（DLT）技術への期待と懸念，の 2 点について整理したい。次いで先行研究を踏まえ，いくつか提言を行いたい。

1．国内外の貿易プラットフォームの事例研究

⑴　TradeLends（Maersk）

Jovanovic（2022）74) は，世界最大手の船会社 A.P. Moller-Maersk が主導する TradeLends に注目し，関係者へのヒアリング，調査などを通じて，BC（DLT）技術を活用することにより，以下の 3 点，①効率的に貿易文書のデータ化を実現，②自動化による貿易当事者の業務効率化の実現，③海運業界と貿易当事者間の情報連携（API）による新たなエコシステム（貿易プラット

フォーム）が構築されたことにより，新たなサービスが開発可能となったこと，が期待できると指摘した。他方，貿易プラットフォームは，①貿易プラットフォーム運営に関して中立性を確保する為の戦略的エコシステムガバナンス（Strategic ecosystem governance），② BC（DLT）技術を始めとした技術面での合意形成に関するテクノロジーエコシステムガバナンス（Technology ecosystem governance），③参加する貿易当事者が有する，既存システムとの相互運用性ガバナンス（Interoperability governance），の3つのガバナンスを実装する必要性も指摘した。

続くO'Leary（2023）[75] は，2022年の *Wall Street Journal* による，Maersk社のTradeLends撤退報道（Bousquette 2022 [80]）を引用しながら，その失敗要因として，① TradeLendsは，Maersk社以外の船会社も参加可能であったものの，同業他社からはあくまでMaersk社のプロダクトとして認識されていたこと，②競合他社間の取扱いデータの管理について，BC（DLT）技術の限界が意識されたこと，③ TradeLendsは，多数の企業や国家の協力なくして機能しない宿命を持っていたが，協力が実現することがなかったこと，の3点を挙げている。

⑵　We.trade（欧州）

2017年，欧州の最大手7銀行とIBMが共同で貿易プラットフォームの開発を決定しWe.trade consortiumが発足した。翌2018年には，運営会社としてWe.Trade Innovation DACが設立されると共に，初の貿易決済を実施，実用化段階に入った。更に2019年には，初の銀行による輸出者宛支払確約（Bank Payment Undertaking：BPU）を発行が報じられる等，BC（DLT）技術を活用した貿易プラットフォームの成功事例とされていた。

しかし2022年にWe.Tradeは破産手続きに入ることとなった。O'Leary（2023）[75] はWe.tradeの失敗要因として，同システムが，①貿易当事者全てが，単一の貿易プラットフォームに参加することによる貿易取引の簡素化と効率化の実現，② BC（DLT）技術を活用したスマートコントラクト機能の実装，等期待できる部分があったが，①輸出入者が共に，We.Tradeに参加すると共に，同一の銀行と取引する必要があったことから，規模の拡大が難しかったと指摘した。

(3) MarcoPolo（欧州）

MarcoPoloは，We.trade同様，2017年に，30以上の銀行が参加する銀行業界主導の貿易プラットフォームとして設立されたが，We.trade同様，2022年に破産手続きに入った。O'Leary (2023)[75] は，その失敗要因を，S&P (2022)[81] のレポートを引用しながら，BC（DLT）技術自体の問題ではなく，事業を持続可能な規模に保つ為の顧客獲得ができなかった点を指摘している。

(4) TSU-BPO（SWIFT）

2007年に国際銀行間通信協会（SWIFT）は，単純なデータ・マッチング・システムとして，貿易データ・マッチング・システム（Trade Services Utility：TSU）のスタートしたTSUは，翌2008年に輸入側銀行による輸出者に対する支払保証機能（Bank Payment Obligation：BPO）を追加したTSU-BPO取引として完成した。更に2013年，国際商業会議所（ICC）により『バンク・ペイメント・オブリゲーション統一規則（ICC Uniform Rules for Bank Payment Obligation：URBPO750）が発効し，本格的に信用状（LC）取引等の既存決済方法を代替していくものと期待されていた。しかし，SWIFTは2020年末をもってTSUのサービス提供を終了した。

拙稿（2020, 2022）[76][77] では，TSU-BPO取引の失敗要因を，① FinTechの急速な進展，特にBC（DLT）技術の発展による技術の陳腐化，②同じくSWIFTが開発したgpiとの比較，具体的には4点，(a)既存インフラの活用，(b)取引対象機能の制限，(c)関係当事者の範囲を限定，(d)関係当事者の負担を抑制，することにより導入に対する銀行側の負担感が抑制された点，③ TSU-BPO取引自体の問題，具体的には3点，(a) TSU-BPO取引参加行における与信管理上の問題点，(b) TSU-BPO取引参加行における事務処理体制構築の負担，(c)貿易当事者におけるTSU-BPO取引のデータ作成負担，の3点を指摘すると共に，④イノベーション普及理論やクリティカル・マス理論に基づく検討の必要性も指摘した。

2．貿易金融電子化停滞原因に関する先行研究

(1)　貿易金融におけるBC（DLT）技術と信頼関係

Kowalski（2021）[73] は，BC（DLT）技術を貿易金融に活用する貿易プラットフォームに関する先行研究を纏め，信頼（Trust）の観点から，必要とされる条件，普及阻害要因を指摘した。具体的には，期待できる要素として，信頼できる第三者（a trusted third party）が必要な既存のシステムに対して，BC（DLT）技術はそれを必要としない分散台帳ゆえに，①改ざん不能なデータベース，②取引データ共有による透明性の確保，③暗号鍵による取引情報の保護，等によって，貿易当事者に対して信頼に対する確認の必要性を軽減する効果があると指摘した。

他方，BC（DLT）技術開発関係者やDXコンサルタント，銀行の貿易プラットフォーム責任者等に対するヒアリングを通じて，上述の期待できる要素について概ね首肯するヒアリング結果を得た一方で，①当事者間で営業秘密の取扱い（競合他社への情報漏洩防止）について更に改善が必要，②スマートコントラクトに代表される契約の自動執行に際してエラーとセキュリティについて更なる安全性向上，③参加する貿易当事者数の確保（とりわけ中小企業のアクセスを改善させること），④BC（DLT）技術に対する法令，規制の整備促進，のようなBC（DLT）技術の限界についても指摘，および改善に関する提言を行った。

(2)　わが国の貿易代金決済電子化停滞に関する先行研究

わが国の貿易書類電子化停滞の要因について，八尾（2007）[82] は，①多くの専門業者が介在，②輸入国，物品の種類により関係書類も多岐，③作成に多大な時間と労力が必要，の3点から，これらを標準化し電子データ交換をすることの重要性を指摘している。そしてSWIFTが主導した，①BOLERO（Bill of Loading Electronic Repository Organization）および②TSU，わが国の経済産業省が主導した③TEDI（Trade Electronic Data Interchange）に期待を示した。

奈良（2015）[83] は，貿易書類の電子化が実用化段階には進まなかった理由として，1983年設立のSeaDocs Project（Seaborne Trade Documentation

System）の失敗事例から，①船荷証券の存続を前提とした高コスト，②参加者の責務の不明確さ，③ Registry に対する守秘義務上の懸念，④ Registry による船荷証券原本の取扱に対する不信，⑤ Registry の設立者（チェース銀行，現 JPMorgan Chase Bank, N.A.）の独占的地位への不満，⑥船荷証券に関する権利移転の枠組みの不在，⑦ Registry の情報公開の不十分，⑧テレックス（不十分な通信技術），の８点を指摘している。そして SeaDocs Project の事例検討を踏まえて，電子化の基盤要件として，①通信・技術基盤（デジタル技術の発展），②商用面の受容性（安心安全なシステム，コストに見合う具体的メリットの存在），③利用コスト（回線コスト，システム導入コストおよび利用料金）を指摘し，これらの点につてBOLERO，TSU を取り上げて検討している。

(3)　TSU-BPO 取引失敗に対する先行研究（貿易代金決済方法の９要件）

拙稿（2020, 2022）[76)77)] では，TSU-BPO 取引失敗に対する検討を行い，いかなる貿易代金決済方法も，①迅速且つ確実な資金決済，②銀行間の取扱情報に関する真正性確保，③輸出者に対する取消不能な支払確約，④輸出入者に対するスムーズなファイナンス，⑤統一された規則，⑥銀行への信用補完，⑦ B/L に代わるスムーズな荷物引渡，⑧公的機関も含む貿易当事者の参入が容易であること，⑨マネー・ローンダリング防止等コンプライアンス対策，の９つの要件が必須であると指摘した。

また，これまでの貿易金融電子化の失敗事例を考慮すると，今後も，要件⑥～⑧がこれが普及させる際に，最も困難な課題であり続けると予想されることと，銀行側にとって，要件⑨が今後益々重い負担となると予想した。

筆者の指摘する「貿易代金決済方法の９要件」は，前述の八尾（2007）[82)]，奈良（2015）[83)]，Kowalski（2021）[73)]，Jovanovic（2022）[74)]，O'Leary（2023）[75)] の指摘事項と概ね平仄が合っていると思料する。

３．近時の貿易プラットフォーム開発の方向性

(1)　分散型プラットフォームへのシフト

拙稿（2024）[78)] では，貿易プラットフォーム開発の方向性であるが，①集

図表 5-22　BC（DLT）を活用した海外の主要貿易プラットフォーム

	TradeLens	Marco Polo	Bolero	essDOCS	Contour
主体	IBM Maersk	R3 TradeIX 33企業によるコンソーシアム	Bolero International SWIFT 国際銀行間金融電気通信協会	essDOCS	世界主要銀行12行 R3 Crypto BLT Bain & Company
設立年	2018	2020 Marco Polo Network は，2017	1998 Galileo Trade Finance Platform は，2020	2005	2020
地域	米国を中心に5大陸	5大陸	5大陸 Marco Polo Network の一部	5大陸203か国	17か国・地域 Bolero，essDOCS と連携済
利用者数	175社	50社 Marco Polo Network の参加社数	単体では不明 Marco Polo Network 参加社数約50社	55,000社超	80社超
プラットフォームの種類	サプライチェーン管理	トレードファイナンス	サプライチェーン管理 トレードファイナンス	サプライチェーン管理 トレードファイナンス	トレードファイナンス
役割	貿易書類や貨物情報のリアルタイム・シームレス共有	銀行と顧客の間の商業資本および運転資本の運用を効率化	企業，取引相手の金融機関，およびその重要なロジスティクスパートナーをシームレスに接続して，世界中の金融機関と取引を実現	貿易関係書類の管理 原産地証明手続き	電子信用状による取引効率化・不正防止
主な機能	貨物トラッキング 貿易書類の電子化共有 アラート	売掛債権流動化 支払保証 買掛金に対する融資 ERP 連携	信用状，回収，保証，口座開設取引，および電子船荷証券の作成，編集，および管理 コンプライアンスチェックや原産地証明書，不一致，資金調達，価格見積もり，レポート等の分野で追加の貿易サービスを提供	CargoDocs 貿易関係書類やり取りのためのプラットフォーム essCert 原産地証明関連手続き	貿易書類の作成・検証・共有
ブロックチェーン技術	Hyperledger Fabric IBM Blockchain Platform	Corda R3	Corda R3	Hyperledger Fabric IBM Blockchain Platform	Corda R3
備考	2022年11月事業停止	2023年2月破産報道		2020年12月 SWIFT から TSU 継承	

出典：NTT データ（2021）[79] を基に筆者作成

中・一元的な開発から，②分散・多元的な開発へ移行していると指摘した。

集中・一元的な開発のことを「集中型プラットフォーム」と定義し，その特徴として，SWIFT が主導した，BORELO，TSU-BPO 取引や，前述の，TradeLends，We.trade，MarcoPolo のように，全世界共通のプラットフォームを志向することや，わが国の「TEDI」のように国家的プロジェクトとして開発されると傾向があることを紹介した。また，いずれのケースも普及には至らず，特に9要件の内，要件⑥～⑧が，ネックとなったと指摘した。

他方，②分散・多元的な開発のことを「分散型プラットフォーム」と定義した。

NTT データ（2021）[79] では，開発の潮流として，サプライチェーン管理，トレードファイナンス（貿易金融），あるいはその双方を目的とすると分類されている。また，開発主体の多様化も挙げられる。電子信用状を取り扱う Contour など，金融機関のアライアンスによるものもあるが，欧米では，貿易当事者（業界）主導のものが多く，コモディティートレーダーが中心となって設立された Komgo などもある（図表 5-22 参照）。更に，アジア地区では，政府主導のものが目立つと指摘した。

⑵　TradeWaltz®

拙稿（2024）[78] では，わが国の TradeWaltz® を紹介すると共に，分散型プラットフォームの有効性が，集中型プラットフォームの弱点を克服するカギとなることを改めて整理した。また，集中型プラットフォームは，貿易代金決済電子化の9要件の内，特に要件⑥，⑦，⑧の3つについて大きな困難があると指摘した（図表 5-23 参照）。

これに対して，TradeWaltz® に代表される分散型プラットフォームは，9要件の内，要件③，④の2つについては既に実装済みであり，要件⑤については ICC による URDTT1.0 の発効により整備されている。

加えて，要件⑧については，分散型プラットフォームはそもそも，国ごと，若しくは業界ごとに立ち上がっており，複数の国，または業界に跨る当事者が直接参加することはなく，API 連携によって束ねられる為，参加のハードルは，はるかに低くなることを指摘し，最も難題である，要件⑥，⑦の2つにつ

図表5-23　分散型プラットフォームvs集中型プラットフォーム

項目		集中型プラットフォーム		分散型プラットフォーム	
		実現可能性	主なポイント	実現可能性	主なポイント
貿易代金決済電子化の9要件	①迅速且つ確実な資金決済	○	既に実用の域に達している	○	既に実用の域に達している
	②銀行間の取扱情報に関する真正性確保	○	既に実用の域に達している	○	既に実用の域に達している
	③輸出商に対する取消不能な支払確約	△	概ね実用の域に達しているが，⑤，⑥により難あり	○	既に実用の域に達している（プラットフォームに実装予定）
	④輸出入商に対するスムーズなファイナンス	△	概ね実用の域に達しているが，⑤，⑥により難あり	○	既に実用の域に達している（プラットフォームに実装予定）
	⑤統一された規則	△	URBPOのように，プラットフォーム毎に専用の規則が必要	○	URDTTの発効等，国際規則の整備が進む
	⑥銀行への信用補完	×	専らデータのみを取り扱う為，信用補完面で難点あり	△	⑦，および譲渡担保に対する法整備が進めば対応可能
	⑦B/Lに代わるスムーズな荷物引渡	×	多くの国，当事者にまたがる法令等の整備が必要で困難	△	国毎にプラットフォームを立ち上げた場合，当該国のみの法整備で対応可能
	⑧公的機関も含む貿易当事者の参入が容易であること	×	多くの当事者を一つのプラットフォームで接続する必要があり困難	○	分散型であり，当事者ごとに利用可能なプラットフォーム経由API連携可能である
	⑨マネー・ローンダリング防止等コンプライアンス対策	○	既に実用の域に達している	○	既に実用の域に達している
TSU-BPO取引の失敗要因	①取引参加行における与信管理上の問題点	×	専らデータのみを取り扱う為，信用補完面で難点あり	△	⑦，および譲渡担保に対する法整備が進めば対応可能
	②取引参加行における事務処理体制構築の負担	×	集中型プラットフォームに接続する為，既存の事務処理体制以外に別途体制構築が必要	△	分散型であり，当事者ごとに利用可能なプラットフォーム経由API連携可能である
	③貿易当事者における取引のデータ作成負担	×	集中型プラットフォームに接続する為，既存の事務処理体制以外に別途体制構築が必要	△	分散型であり，当事者ごとに利用可能なプラットフォーム経由API連携可能である

出典：拙稿（2024）[78]

いては，自国法のみを考慮すればよい分散型プラットフォームでは，船荷証券など運送書類電子化に対する法整備が比較的スムーズに進むと期待できると指摘した。

4．情報連携に関する先行研究

(1)　NACCSと金融機関の連携効果

拙稿（2017b）[84]で，NACCS連携強化により，金融庁が推進する，担保・保証に依存しない貸出スキームの実現の可能性を指摘した。具体的には，①貿易金融に対する与信管理能力向上策，② NACCS物流情報等の活用による担保・保証に依存しない貸出スキームの実現，③関税ユーザンス—「事業性評価に基づく融資」増強，等であった。

NACCSの保有する物流情報が，輸出入者の取扱商品を契約上譲渡担保とす

図表 5-24　関税ユーザンス想定図

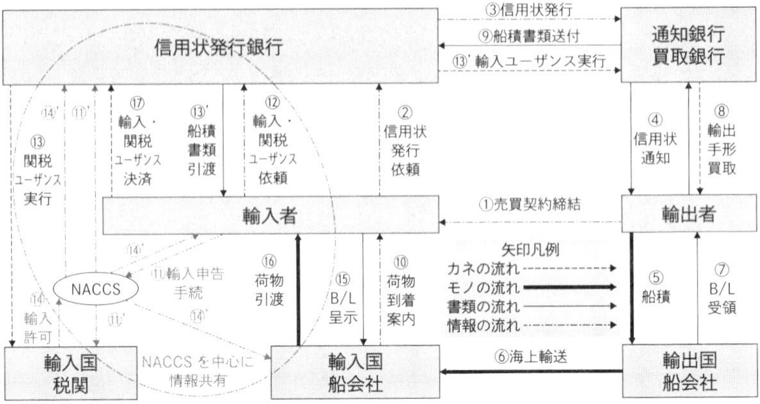
信用状発行銀行
通知銀行
買取銀行
③信用状発行
⑨船積書類送付
⑬' 輸入ユーザンス実行
⑭'
⑪'
⑬
関税
ユーザンス
実行
⑰
輸入・
関税
ユーザンス
決済
⑬'
船積
書類
引渡
⑫
輸入・
関税
ユーザンス
依頼
②
信用状
発行
依頼
④
信用状
通知
⑧
輸出
手形
買取
①売買契約締結
輸入者
輸出者
NACCS
⑪輸入申告
手続
⑭'
⑭'
輸入
許可
⑪'
⑯
荷物
引渡
⑮
B/L
呈示
⑩
荷物
到着
案内
矢印凡例
カネの流れ
モノの流れ
書類の流れ
情報の流れ
⑤
船積
⑦
B/L
受領
⑥海上輸送
輸入国
税関
NACCSを中心に
情報共有
輸入国
船会社
輸出国
船会社

出典：拙稿（2017b）[84]

る貿易金融取引にあたり，銀行の与信管理上有益な情報であることを指摘し，NACCS情報に銀行が積極的にアクセスすることで，これを実現できることを提言するものであった。また，連携により関税納付に関わるファイナンス手法（関税ユーザンス）も提案した（図表5-24参照）。拙稿（2017b）[84] はAPI連携を念頭に置いたものではなかったが，NACCS社とAPI連携を実施した場合も，同様の効果が期待できる。

⑵　アトミック・スワップ（Atomic Swap：AS）技術活用

また，拙稿（2019）[85] では，複数BC（DLT）技術を活用したシステムを，連携するアトミック・スワップ（Atomic Swap：AS）技術に注目した。各貿易当事者による自発的なBC（DLT）ネットワークの構築が行われ，ASによるBC（DLT）ネットワーク間の相互連携が完成すると，あたかも，紙と印刷技術の普及が，書類の集合体である荷為替手形を生んだように，紙に代わる記憶媒体としてのBC（DLT）の集合体である，（仮想）荷為替手形が実現可能となることと，これが貿易金融電子化に資することを指摘した（図表5-25参照）。また，これが貿易当事者の役割変化（Unbundle，Rebundle化），例えば物流業界，保険業界等銀行以外の業界による，貿易金融（輸出入金融，保証業務，保険業務）への進出を促す要因になり得ると指摘した。ASによる複数の

図表5-25　AS活用のイメージ

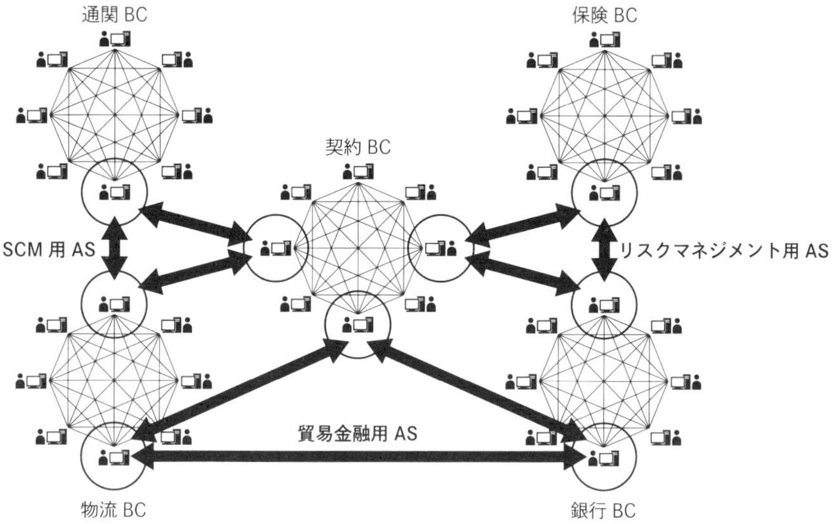
通関BC
保険BC
契約BC
SCM用AS
リスクマネジメント用AS
貿易金融用AS
物流BC
銀行BC

出典：拙稿（2019）[85]

BC（DLT）ネットワーク間の相互連携効果と，複数のシステムをAPI連携する効果は，システム間の情報を相互に活用する点では同様の効果が期待できる。

5．NACCSとのAPI連携効果

これらを踏まえ，本稿では，NACCSシステムと，TradeWaltz社を始めとする貿易PF，銀行，保険会社，ロジスティックス業界等，貿易当事者のシステムを，API連携させることにより，貿易代金決済方法に不可欠な9要件，とりわけ要件⑥～⑩について，貿易金融電子化推進に資することを指摘したい。

⑴　要件⑥（銀行への信用補完）

拙稿（2017b）[84]で指摘した通り，NACCSシステム上の物流情報をAPI連携によって銀行が活用できれば，貿易金融取組み時に，譲渡担保となる荷物の①所在，②通関手続情報，③価格等がリアルタイムで把握することが可能となる。貿易金融実行時の与信管理手法を向上させることが期待できる。

⑵　要件⑦（B/L に代わるスムーズな荷物引渡）

要件⑥同様に，NACCS との API 連携が，荷物引渡情報の管理に有益であり，将来の船荷証券電子化の基盤となり得ることを指摘したい。

⑶　要件⑧（公的機関も含む貿易当事者の参入が容易であること）

拙稿（2024）[78] で指摘した通り，API 連携により，中小企業を含む，参加者の裾野の広がりが期待できる。NACCS，TradeWaltz® 等が，既存の貿易業務用プラットフォーム（貿易書類作成ソフト等）と，API 連携によるネットワークを構成することで，主に中小企業が貿易書類作成ソフトを介して，NACCS，TradeWaltz® と情報連携することができれば，参入ハードルが下がるものと期待できる。これについては，TradeWaltz 社が中心となって，API 連携のネットワークを積極的に構築しており，大いに期待できる。

図表 5-26　TradeWaltz® を中心にした API 接続イメージ

海外プラットフォーム
National Trade Platform-NTP（シンガポール）
National Digital Trade Platform-NDTP（タイ）
TradeWindow（豪州・ニュージーランド）
API 接続
輸出者のプラットフォーム
SAP，BINAL，MINEHUB 等
保険会社のプラットフォーム
電子原産地証明書発行機関
日本商工会議所
2022 年度末接続
物流会社のプラットフォーム
港湾関データ連携基盤
(Cyber Port）2023 年接続
API 接続 ⇔
TradeWaltz
API で
プラットフォーム間接続
ブロックチェーンで
セキュリティ担保
輸入者のプラットフォーム
SAP，BINAL，MINEHUB 等
銀行のプラットフォーム
税関のプラットフォーム
NACCS
2023 年４月許可証連携
船会社のプラットフォーム

出典：TradeWaltz 社（2023）[71] を基に筆者作成

⑷　要件⑨（マネー・ローンダリング防止等コンプライアンス対策）

最近のマネー・ローンダリング防止や，ロシア制裁等に対応する為，銀行は，貿易取引の内容把握を要請されており，本業とかけ離れた情報を独自に収集し，モニタリングする必要に迫られている。これらの情報は，①物流，②価格，等多岐にわたっており，貿易代金決済を行う銀行は，①船積した船舶の所在確認および，瀬取り防止を目的とした航跡追跡や，②貿易取引を化体したマネー・ローンダリング（Trade Based Money Laundering：TBML）防止を目的とした商品価格の確認（モニタリング）を実施している。メガバンクへのヒアリング[59]では，人員，設備投資が追加で必要になり，大きな負担となっていることが判明した。NACCS社へのヒアリングでも，前述の①，②同様のコンプライアンス対策を行っていることが判明しており，両者のAPI連携が実現すれば，その負担削減は勿論のこと，モニタリング精度の向上にも資する点を指摘したい。

6．NACCSシステムとのAPI連携に関する留意点

最後に，NACCSシステムとのAPI連携に際しての留意点をいくつか指摘したい。

(1)　基準となるデータ

NACCSシステムは，船積（Booking Data）が基準であるのに対し，金融システムは，送り状（Commercial Invoice）が基準である。この為，API連携に際しては，物流と金流データを紐付けるにあたり，キーとなるIDを揃える必要がある。この点は，NTTデータ，メガバンクを交えたブレーンストーミングでも議論された。筆者からは，大半の貿易書類が送り状の情報を基に作成されることから，送り状の番号をIDとして利用することを提言した。

(2)　情報管理

税関，NACCS社が有する通関情報の，（銀行を含む）第三者への提供に関する法整備並びに，関係する当事者間の契約関係が必要である。NACCS社は，あくまで通関情報の処理を行うプラットフォームであり，情報は輸出入者，船会社などの当事者および，税関の了承が必要となる。

わが国の外為法で求められるコンプライアンスは，銀行が担う外国為替コン

プライアンス（金流に関するコンプライアンス）および，当事者や税関が担う（安全保障貿易管理を代表とする）外国貿易コンプライアンス（物流に関するコンプライアンス）が車の両輪を構成している。この点，銀行は全く第三者とは言い難く，API連携について大義名分を持つと指摘したい。前述のブレーンストーミングでもこの点は異論がなかった。

(3)　運営主体

本章で取り上げたNACCS，CP，TradeWaltz®は，それぞれ，特別目的会社（NACCS社），（国土交通省（港湾局），民間企業（TradeWaltz社）と運営主体の性格が異なる。また，所管官庁も，税関（財務省，税関），国土交通省，経済産業省と分かれる。3者は貿易手続に関係する点では共通であり，①NACCS社と港湾局のシステム統合，一元化や，②3者のデジタル庁への所管変更（または所管官庁の一本化）による司令塔の一本化，を検討する必要性を指摘したい。

(4)　業務範囲

また，三者はインフラを構成する点でも一致しており，それぞれの業務範囲を，競争領域，協調領域に整理整頓し，官民いずれに主導させるのか検討する必要性も併せて指摘したい。

貿易金融電子化の停滞は，貿易電子化全体のボトルネックとなっている。このような状況下で，NACCSシステムとのAPI連携強化は，貿易金融電子化の推進に際して，困難な課題に対する有効な解決方法の1つであると考える。NACCS社の方針は大変有意義であり，第7次更改以降も更に積極的なAPI連携を展開していくことを期待したい。

今後は，NACCSを始めとした，様々なシステム間のAPI連携について更に検討していく必要があると考える。

注

1）URDTT1.0については，ICCのHPから無償ダウンロードが可能である（https://2go.iccwbo.org/uniform-rules-for-digital-trade-transactions-urdtt-version-1.html, as of August 20, 2022）。

2）URDTT1.0 ARTICLE 2: Definitionsに以下の記載がある。Data Processing System means a computerised or an electronic or any other automated means used to process and manipulate data, initiate an action or respond to data messages in whole or in part.

3）URBPO750「はじめに」の冒頭で，URBPO750の範囲が，ICCとSWIFTとの間で締結された覚書等により合意された内容であることや，TMAについて，「協働的」な領域（the 'collaborative' space）として知られるところで運用されるように作られているとあり，SWIFTのTSUを念頭に起草されたものであることを明示している。

4）UCP600に代表されるURBPO750以前のICC規則では，2大原則とは「独立抽象性の原則」および「書類取引の原則」であった。これは，銀行間で授受される荷為替手形等の書類を利用することから，銀行の支払可否の判断は，書類（Documents）のみで行い，物品（Goods），サービス（Services），履行（Performance）は対象外であることを意味する。URBPO750以降は，データのみを取り扱い，書類も最早対象外となった為，「データ取引の原則」と表現している。

5）URDTT1.0「はじめに（Introduction）」第1段落に以下の記載がある。A variety of technologies are being proactively introduced from Optical Character Recognition（OCR）and Artificial Intelligence（AI）to Distributed Ledger（DLT）and smart contracts.

6）e-UCP，e-URCとは，信用状取引及び，荷為替手形や小切手等の取立に関するICC規則，ICC荷為替信用状に関する統一規則および慣例（The Uniform Customs and Practice for Documentary Credits（ICC Publication No. 600：UCP600），ICC取立統一規則―Uniform Rules for Collections（ICC Publication No.522：URC522），に対して追補された規則である。UCP600に対しては，e-UCP2.0（UNIFORM CUSTOMS AND PRACTICE FOR DOCUMENTARY CREDITS FOR ELECTRONIC PRESENTATION（EUCP）VERSION 2.0），URC522に対しては，e-URC1.0（ICC Uniform Rules for COLLECTIONS Supplement for Electronic Presentation（eURC）Version 1.0）が発効した。尚，両追補規則は，以下よりダウンロード可能である。ICC HP，"The International Chamber of Commerce（ICC）Banking Commission has issued new electronic rules（eRules）to advance the digitalisation of trade finance practices"，https://iccwbo.org/media-wall/news-speeches/icc-banking-commission-releases-new-erules-use-electronic-documents/（as of August 20, 2022）.

7）㈱トレードワルツHP，プレスリリース「デジタル取引の世界統一ルール「URDTT」が国際商工会議所/ICCから発表されました。」2021年10月（https://www.tradewaltz.com/news/826/, as of August 20, 2022）。

8）Marco Polo Network HP，"Launch of the Uniform Rules of Digital Trade Transactions（URDTT）"，Oct.2021，https://marcopolonetwork.com/launch-of-the-uniform-rules-of-digital-trade-transactions-urdtt/（as of August 20, 2022）.

9）ICC HP "ICC and WTO launch first-ever standards toolkit for paperless trade"，Mar. 2022に掲載されている"Standards Toolkit for Cross-border Paperless Trade"についてもURDTT1.0同様，無償ダウンロードが可能である（https://iccwbo.org/media-wall/news-speeches/icc-and-wto-launch-first-ever-standards-toolkit-for-paperless-trade/, as of August 20, 2022）。

10）2022年6月に，対ロシア経済制裁対応に関して，大手金融機関2行に訪問，電話・メールによるヒアリング各1行，関西地区を代表する地域金融機関4行・金庫（地方銀行2行，信用金庫2金庫）に，いずれも電話によるヒアリングを実施した。この中で，大手金融機関2行から海外金融機関からの荷為替手形Pdfファイル化の要請があった旨聴取した。また，同年11月，12月に上記大手金融機関2行を訪問し，改めて本稿に関連したヒアリングを実施した。この中で追加情報として，日本側輸出者の要請で，荷為替手形のPdfファイル化に応じた事例（個別対応且つ，eUCP2.0

には準拠しない取り扱い）があった旨聴取した。ここでヒアリングに協力して頂いた，各金融機関の担当者に対して謝意表明を行いたい。

11）ICC HP, "Guidance paper on the impact of COVID-19 on trade finance transactions issued subject to ICC rules", at https://iccwbo.org/publication/guidance-paper-on-the-impact-of-covid-19-on-trade-finance-transactions-issued-subject-to-icc-rules/ (as of January 3, 2023).

12）ICC『電子呈示に関する〈UCP600〉への追補第2.0版（UCP600 Supplement for Electronic Presentation Version 2.0：eUCP2.0）』（国際商業会議所，2019年），ICCのHPから無償ダウンロードが可能である（https://cdn.iccwbo.org/content/uploads/sites/3/2019/06/icc-uniform-customs-practice-credits-v2-0.pdf, as of January 3, 2023）。

13）ICC HP, "2020 ICC GLOBAL SURVEY ON TRADE FINANCE", at https://iccwbo.org/publication/global-survey/ (as of January 3, 2023).

14）拙稿（2018）「TSU-BPO取引活用による地域金融機関の貿易金融高度化」『国際商取引学会年報』第20号，84-97頁。

15）拙稿「貿易金融に関する共通インフラ設立の提案―業務委託による貿易金融サービス対象セグメントの拡大」『日本貿易学会誌』第57号，2020年3月，19-33頁。

16）長沼健（2015）『国際運送書類の歴史的変遷と電子化への潮流』文眞堂，14-24頁。

17）2015年4月の近畿大学着任以来，年数回金融機関（大手金融機関，地方銀行，信用金庫等）の外国為替取引担当部門にヒアリングに往訪している。その際，①決済方法の選択，②運送書類の選択，③外国為替コンプライアンスについて，欠かさずヒアリングしている。

18）拙稿（2016）「中小企業宛貿易金融取引における海上運送状活用の提言」『港湾経済研究』第54号，137-139頁。

19）拙稿（2017）「貿易取引の技術的発展に伴う信用状統一規則規定の変遷」『商経学叢』第63巻3号，205-234頁（https://kindai.repo.nii.ac.jp/?action=pages_view_main&active_action=repository_view_main_item_detail&item_id=18551&item_no=1&page_id=13&block_id=21, as of January 3, 2023）。

20）ICC (2019), "Commentary on eUCP VERSION 2.0 eURC VERSION 1.0 Article-by-Article Analysis", at https://iccwbo.org/publication/supplement-to-the-commentary-on-eucp-version-2-0-and-eurc-version-1-0-erules/ (as of January 3, 2023).

21）Id., p. 11.

22）ICC（2019）『電子呈示に関する〈URC522〉への追補第1.0版（URC522 Supplement for Electronic Presentation Version 1.0：eURC1.0）』（国際商業会議所），ICCのHPから無償ダウンロードが可能である（https://iccwbo.org/publication/urc-522-icc-uniform-rules-for-collections-supplement-for-electronic-presentation-eurc-version-1-0/, as of January 3, 2023）。

23）ICC, supra note 5-20, p. 11-12.

24）ICC, supra note 5-20, p. 12-13.

25）ICC, supra note 5-11, p. 1.

26）ICC, supra note 5-11, p. 3-5.

27）ICC, supra note 5-11, p. 6-7.

28）ICC, supra note 5-11, p. 7-8.

29）2022年11月にeUCP2.0並びにGPに関するICCの見解について追加の質問を行った。これに対して，2023年1月にICC銀行実務委員会事務局長のTomasch Kubiak氏より回答があった。その内容は以下の通りである。

Q1: I understand that the scanned, faxed or emailed images of paper documents exemplified in 5. (ii) of the Guidance paper include Pdf files. Can I assume that Pdf files are included in "digitalised documents" in Guidance paper 5. (i)?

A1: Correct

Q2: Are Pdf files included in the "Electronic record" in eUCP2.0 ARTICLE e3 b.iii.? If it is not included, does eUCP2.0 not assume the use of Pdf files? Or does it mean a provision prohibiting the use of Pdf files?

A2: A digital record is one that exists in digitised form only, whereas an electronic record may also encompass a copy of an original document that is stored in electronic form, e.g. a scanned copy (pdf). The eUCP definition of 'electronic record' does appear to include a digitised record ('data created...by electronic means') but is broader than that.

Q3: It is my understanding that the Guidance Paper was published with consideration of operations under unusual circumstances, such as responding to COVID19, as stated in the "EXECUTIVE SUMMARY" . Is it correct to assume that the concept of the Guidance Paper is applicable even in normal times?

A3: We are in the process of drafting a Briefing Paper, post-COVID, on the risk of email presentations and file attachments under Documentary Credits subject to UCP 600. I would expect publication, once finalised, some time in the next quarter.

30) 拙稿（2014）「SWIFT-ICC による TSU-BPO が貿易金融に与える影響」『日本貿易学会リサーチペーパー』第 3 号，1-19 頁，日本貿易学会 HP（http://jaftab.org/RP/3-01.pdf, as of September 30, 2023）。

31) 拙稿（2015）「TSU-BPO とフォーフェイティングの融合による新しい貿易金融」『日本貿易学会リサーチペーパー』第 4 号，41-57 頁，日本貿易学会 HP（http://jaftab.org/RP/4-3.pdf, as of September 30, 2023）。

32) 拙稿（2016）「海上運送状の活用による中小企業宛 TSU-BPO 利用促進の提言」『日本貿易学会誌』第 53 号，31-42 頁。

33) 拙稿（2016）「請求払保証取引への TSU-BPO（URBPO）活用提言」『国際商取引学会年報』第 18 号，66-78 頁，国際商取引学会 HP（http://aibt.jp/annualreport/18/18-004.pdf, as of September 30, 2023）。

34) 拙稿（2018）「TSU-BPO 取引活用による地域金融機関の貿易金融高度化」，『国際商取引学会年報』第 20 号，84-97 頁，国際商取引学会 HP（http://aibt.jp/annualreport/20/20-06.pdf, as of September 30, 2023）。

35) 拙稿（2020）「TSU-BPO の失敗が示唆するもの―FinTech 時代の貿易金融への教訓と遺産」『国際商取引学会年報』第 22 号，142-158 頁，国際商取引学会 HP（http://aibt.jp/annualreport/22/22-10.pdf, as of September 30, 2023）。

36) 拙稿（2022）「SWIFT（TSU-BPO 取引）の失敗が示唆するもの―FinTech 時代の貿易代金決済電子化への教訓と遺産―」博士学位論文，近畿大学商学研究科（2022 年 9 月 11 日，商第 26 号，乙 第 761 号）（file:///C:/Users/kindai/Downloads/Thesis_Summary%20Co0026-20220911-0001.pdf, as of September 30, 2023）。

37) 拙稿（2017）「「フィンテック」の発展が外国為替業務に与える影響」『日本貿易学会誌』第 54 号，43-55 頁。

38) 拙稿（2019）「Blockchain 技術の発展が貿易金融に与える影響―Atomic Swap 技術による貿易金

融再編」『日本貿易学会誌』第56号，22-38頁。
39) 拙稿（2023）「新時代の電子商取引国際規則―URDTT 1.0の特徴とその意義」『日本貿易学会誌』第60号，3-15頁。
40) URDTT1.0については，ICCのHPから無償ダウンロードが可能である（https://2go.iccwbo.org/uniform-rules-for-digital-trade-transactions-urdtt-version-1.html, as of September 30, 2023）。
41) 2023年3月に，運営主体である㈱トレードワルツや，関連の深い大手・外資系金融機関等（同社，メガバンク2行，外資系金融機関1行）へのヒアリングを実施した。これに対して，詳細な説明，および資料提供があった。関係各位に，謝意表明を行いたい。
42) エヌ・ティ・ティ・データ経営研究所（2021）『令和2年度　内外一体の経済成長戦略構築にかかる国際経済調査事業（日本の貿易円滑化強化策（FTA活用含む）にかかる国際経済調査事業）調査報告書』(https://www.meti.go.jp/meti_lib/report/2020FY/000680.pdf, as of September 30, 2023)。
43) TRADE FINANCE GROBAL（2023）, "Marco Polo Network runs insolvent with €5.2m debts"（https://www.tradefinanceglobal.com/posts/marco-polo-network-runs-insolvent/, as of September 30, 2023）.
44) A.P. Moller-Maersk（2022）, Press releases, "A.P. Moller-Maersk and IBM to discontinue TradeLens, a blockchain-enabled global trade platform"（https://www.maersk.com/news/articles/2022/11/29/maersk-and-ibm-to-discontinue-tradelens, as of September 30, 2023）.
45) Grobal Trade Review（2022）, "Exclusive: Contour buys we.trade' s rulebook, doubles down on expansion into open account trade finance"（https://www.gtreview.com/news/fintech/exclusive-contour-buys-we-trades-rulebook-doubles-down-on-expansion-into-open-account-trade-finance/）および，Contour（2022）, Press releases, "Contour leads the consolidation in the blockchain trade finance industry with acquisition of we.trade's legal assets"（https://www.contour.network/press-release/contour-leads-the-consolidation-in-the-blockchain-trade-finance-industry-with-acquisition-of-we-trades-legal-assets/, as of September 30, 2023）.
46) ㈱トレードワルツHP，プレスリリース「貿易DXを推進するトレードワルツが事務局を務める「貿易コンソーシアム」会員企業数が200社に到達。」2023年5月（https://www.tradewaltz.com/news/5335/, as of September 30, 2023）。
47) ㈱トレードワルツHP，プレスリリース「貿易情報連携プラットフォーム「TradeWaltz®」2か月で商用利用社数20社増，計60社到達～2022年4月商用版リリース以降，日本市場利用拡大中～」2023年5月（https://www.tradewaltz.com/news/5188/, as of September 30, 2023）。
48) URDTT1.0「はじめに（Introduction）」第1段落に以下の記載がある。A variety of technologies are being proactively introduced from Optical Character Recognition（OCR）and Artificial Intelligence（AI）to Distributed Ledger（DLT）and smart contracts.
49) ㈱トレードワルツ（2023）「トレードワルツが進める貿易デジタル化―2022年度の本格化」㈱トレードワルツ マーケティング&セールス本部。
50) ㈱トレードワルツHP，プレスリリース「国際物流システムシェアNo. 1「TOSSシリーズ」と貿易完全電子化プラットフォーム「TradeWaltz®」のシステム連携・協業について」2021年3月（https://www.tradewaltz.com/news/163/, as of September 30, 2023）。
51) 経済産業省HP，公募情報「貿易DXを通じたレジリエントなサプライチェーン構築・立地競争力の向上を目指します～「貿易プラットフォーム活用による貿易手続きデジタル化推進事業」の公募開始～」2023 年 4 月（https://www.meti.go.jp/information/publicoffer/kobo/2023/k230417001.html）および，同 HP，公募情報「令和 4 年度補正「貿易投資促進事業費補助金（貿易プラットフォーム活用による貿易手続きデジタル化推進事業）」に係る補助事業者の二次公募について」2023 年 7 月（https://www.meti.go.jp/information/publicoffer/kobo/2023/k230703001.html, as of September 30, 2023）。

52）一般財団法人日本貿易関係手続簡易化協会 HP，新着情報＆お知らせ「貿易プラットフォーム活用による貿易手続きデジタル化推進事業ホームページを公開」2023 年 4 月（https://www.jastpro.org/pages/17/detail=1/b_id=1125/r_id=429#block1125-429, as of September 30, 2023）。

53）e-UCP とは，信用状取引に関する ICC 規則，ICC 荷為替信用状に関する統一規則および慣　例（The Uniform Customs and Practice for Documentary Credits（ICC Publication No. 600）：UCP600）に対して追補された規則である。UCP600 に対しては，e-UCP2.1（UNIFORM CUSTOMS AND PRACTICE FOR DOCUMENTARY CREDITS FOR ELECTRONIC PRESENTATION（EUCP）VERSION 2.1）が発効した。尚，両追補規則は，以下よりダウンロード可能である。ICC HP, "eUCP VERSION 2.1 – ICC Uniform Customs and Practice for Documentary Credits", https://iccwbo.org/media-wall/news-speeches/icc-banking-commission-releases-new-erules-use-electronic-documents/（as of September 30, 2023）.

54）拙稿（2023）「信用状取引における荷為替手形の Pdf ファイル化―eUCP2.0・SWIFT 等活用による実現可能性の検討」『国際商取引学会年報』第 25 号，2023 年 2 月受理。本論文では，改訂前の 2007 年版 eUCP1.1 および，2019 年版 eUCP2.0 について解説している。

55）規制改革推進会議（2021）「船荷証券の電子化」『規制改革推進に関する答申～デジタル社会に向けた規制改革の「実現」～』内閣府規制改革推進会議，31 頁（https://www8.cao.go.jp/kisei-kaikaku/kisei/publication/toshin/210601/toshin.pdf, as of September 30, 2023）。

56）Flexport, Inc. HP（https://www.flexport.com/, as of September 30, 2023）.

57）商事法務研究会（2022）「商事法の電子化に関する研究会」『商事法の電子化に関する研究会報告書―船荷証券の電子化について―』法務省（https://www.moj.go.jp/content/001373714.pdf, as of September 30, 2023）。

58）2023 年 8 月に公表された「日 ASEAN 経済共創ビジョン」4　ビジョンの実現に向けた 4 つの取組みの柱，4.3　日 ASEAN を舞台としたイノベーションの推進，社会課題解決を実現する技術・ビジネスモデルの「国境を越えたオープン・イノベーションの推進，に，「そこで，日 ASEAN の経済基盤の整備に向けた「制度的連結性の強化」に関しては，ブロックチェーン技術を活かし，物流・商流・金流全体の貿易手続のデジタル化を推進し，レジリエントで高効率なサプライチェーンを構築する。加えて，関税・非関税障壁の課題解決によるスムーズな日 ASEAN 間の取引の実現，日 ASEAN 間での信頼に基づく幅広いデータ・情報の連携実現，更に，ASEAN の事情を考慮した ASEAN 発の国際的な取引ルール形成を日 ASEAN で協力しながら実施する」と明記された。わが国政府が，相手国政府との連携を通じて，貿易プラットフォームの推進を積極的に支援する方針が明確化された（https://www.meti.go.jp/press/2023/08/20230822005/20230823005-1.pdf, as of September 30, 2023）。

59）ヒアリング内容は，貿易金融電子化に関するもので，2023 年 3 月に，メガバンク 2 行，外資系金融機関 1 行，国際商業会議所日本委員会，㈱トレードワルツに訪問した。また，2023 年 5 月には，輸出入・港湾関連情報処理センター㈱，メガバンク 2 行に訪問した。意見交換は，Trade Based Money Laundering – TBML に関するもので，2023 年 6 月に，㈱ NTT データ，メガバンク 1 行が参加する形で，ブレーンストーミングを目的としてオンライン開催した。

60）NACCS 社 HP，同社説明資料を引用（https://www.naccs.jp/aboutnaccs/brochure/pan/pan.pdf, as of October 29, 2023）。
61）NACCS 社 HP から引用（https://www.naccs.jp/aboutnaccs/naccs_gyoumu.pdf, as of October 29, 2023）。
62）拙稿（2017）「「フィンテック」の発展が外国為替業務に与える影響」『日本貿易学会誌』第 54 号，43-55 頁。
63）John McCarthy（1955），"A Proposal for the Dartmouth Summer Research Project on Artificial Intelligence", August 31（http://www.aaai.org/ojs/index.php/aimagazine/article/view/1904/1802, as of October 29, 2023）.
64）NACCS 社（2020）「第 7 次 NACCS 基本仕様書（案）の概要」（https://www.naccs.jp/archives/7g_naccs/senmon/20200116/02senmon_shiryo02_1.pdf, as of October 29, 2023）。
65）デジタル庁（2020）『デジタル社会の実現に向けた重点計画』6 頁（https://www.digital.go.jp/assets/contents/node/basic_page/field_ref_resources/5ecac8cc-50f1-4168-b989-2bcaabffe870/b24ac613/20230609_policies_priority_outline_05.pdf, as of October 29, 2023）。
66）NACCS 社（2020）「第 7 次輸出入・港湾関連情報処理システム基本仕様書」14 頁（https://www.naccs.jp/archives/7g_naccs/kihonshiyou/00_honshi.pdf, as of October 29, 2023）。
67）CP（港湾物流）運営者（2023）「Cyber Port の概要」（https://www.cyber-port.net/ja/document, as of October 29, 2023）。
68）NACCS 社（2023）「NACCS を巡る動きについて（貿易関連プラットフォームとの連携について）」28 頁（https://www.naccs.jp/archives/unkyou/20230303/sanko1.pdf, as of October 29, 2023）。
69）TradeWaltz 社 HP，プレスリリース「貿易 DX を推進するトレードワルツが事務局を務める「貿易コンソーシアム」会員企業数が 200 社に到達。」2023 年 5 月（https://www.tradewaltz.com/news/5335/, as of October 29, 2023）。
70）TradeWaltz 社 HP，プレスリリース「貿易情報連携プラットフォーム「TradeWaltz®」2 か月で商用利用社数 20 社増，計 60 社到達～ 2022 年 4 月商用版リリース以降，日本市場利用拡大中～」2023 年 5 月（https://www.tradewaltz.com/news/5188/, as of October 29, 2023）。
71）TradeWaltz 社（2023）「トレードワルツが進める貿易デジタル化―2022 年度の本格化」㈱トレードワルツ マーケティング＆セールス本部。
72）TradeWaltz 社 HP，プレスリリース「NACCS® と TradeWaltz® の連携に関する覚書の締結について」2020 年 11 月（https://www.tradewaltz.com/news/94/, as of October 29, 2023）。
73）Michał Kowalski, Zach W. Y. Lee, Tommy K. H. Chan（2021），"Blockchain technology and trust relationships in trade finance", Technological Forecasting & Social Change, Volume 166, May 2021, 120641（https://www.sciencedirect.com/science/article/abs/pii/S0040162521000731?via%3Dihub, as of February 22, 2024）.
74）Marin Jovanovic, Nikola Kostić, Ina M. Sebastian, Tomaz Sedej（2022），"Managing a blockchain-based platform ecosystem for industry-wide adoption: The case of TradeLens", Technological Forecasting & Social Change, Volume 184, Nov. 2022, 121981（https://www.sciencedirect.com/science/article/pii/S0040162522005029, as of February 22, 2024）.
75）Daniel E. O'Leary（2023），"Blockchain: Trouble in the Enterprise?", the ICIS（International Conference on Information Systems）in Hyderabad, India, December 10, 2023（https://papers.ssrn.com/sol3/papers.cfm?abstract_id=4668216, as of February 22, 2024）.

76) 拙稿（2020）「TSU-BPOの失敗が示唆するもの—FinTech時代の貿易金融への教訓と遺産」『国際商取引学会年報』第22号，145-153頁（http://aibt.jp/annualreport/22/22-10.pdf, as of October 29, 2023）。
77) 拙稿（2022）「SWIFT（TSU-BPO取引）の失敗が示唆するもの—FinTech時代の貿易代金決済電子化への教訓と遺産」博士学位論文（商第26号），1-249頁（https://kindai.repo.nii.ac.jp/records/24018, as of October 29, 2023）。
78) 拙稿（2024）「BC（DLT）技術を利用した貿易プラットフォーム—TradeWaltzの挑戦」『日本貿易学会誌』第61号，2023年9月投稿，2024年2月受理。
79) エヌ・ティ・ティ・データ経営研究所（2021）『令和2年度　内外一体の経済成長戦略構築にかかる国際経済調査事業（日本の貿易円滑化強化策（FTA活用含む）にかかる国際経済調査事業）調査報告書』（https://www.meti.go.jp/meti_lib/report/2020FY/000680.pdf, as of October 29, 2023）。
80) Isabelle Bousquette（2022）, "Blockchain Fails to Gain Traction in the Enterprise", THE WALL STREET JOURNAL, December 15（https://www.wsj.com/articles/blockchain-fails-to-gain-traction-in-the-enterprise-11671057528, as of February 22, 2024）.
81) Sanne Wass（2022）, "Trade finance industry remains hopeful on blockchain despite failed projects", S&P Global Market Intelligence, October 27, 2022（https://www.spglobal.com/marketintelligence/en/news-insights/latest-news-headlines/trade-finance-industry-remains-hopeful-on-blockchain-despite-failed-projects-72557910, as of February 22, 2024）.
82) 八尾晃（2007）『貿易取引の基礎』東京経済情報出版社，131-138頁。
83) 奈良順司（2015）「貿易金融電子化の系譜」『日本貿易学会誌』第52号，28-38頁。
84) 拙稿（2017）「NACCSとの連携強化による貿易金融高度化」『港湾経済研究』第55号，45-51頁。
85) 拙稿（2019）「Blockchain技術の発展が貿易金融に与える影響—Atomic Swap技術による貿易金融再編」『日本貿易学会誌』第56号，22-38頁。

参考文献

ICC（2014）, "The ICC Guide to the Uniform Rules for Bank Payment Obligations".
石原伸志・小林二三夫・佐藤武男・吉永恵一（2014）『新貿易取引—基礎から最新情報まで』経済法令研究会。
釜井大介（2013）「BPO統一規則（URBPO）の概要」『金融法務事情』No. 1974。
釜井大介（2013）「BPO統一規則（URBPO）の概要」『金融法務事情』1974号，60-61頁。
釜井大介（2014）「貿易データマッチング基盤への参加により最短3日で決済可能に」『金融財政事情』2014年7月21日号。
釜井大介（2015）「BPO発展に向けた実務面からの考察—商品性，リスクおよびその発展性について—」『金融法務事情』2016号。
佐藤武男（2008）「貿易の電子化で進む新しい貿易決済」『金融法務事情』No. 1846，10-20頁。
佐藤武男（2015）「「電子貿易決済サービス（TSU・BPO）による貿易ビジネスの革新」（上）—貿易円滑化とビジネスの迅速化で日本と世界の貿易発展につなげる—」『貿易と関税』通巻第743号，日本関税協会，42-52頁。
佐藤武男（2015）「「電子貿易決済サービス（TSU・BPO）による貿易ビジネスの革新」（下）—貿易円滑化とビジネスの迅速化で日本と世界の貿易発展につなげる—」『貿易と関税』通巻第744号，

日本関税協会，4-14 頁。
中村中・佐藤武男（2013）『貿易電子化で変わる中小企業の海外進出』中央経済社。
西口博之（2013）「新しい貿易金融サービス―SWIFT/ICC による電子信用状の行方―」『国際金融』1250 号，外国為替貿易研究会，66-73 頁。
西口博之（2013）「貿易取引の変化と代金決済方法の多様化―ICC による銀行支払保証統一規則 URBPO750 に関連して」『NBL』1015 号。
橋本喜一（2015）『荷為替信用状・スタンドバイ信用状各論』九州大学出版会。
檜垣拓也（2013）「L/C に代わる TSU/BPO の動向，有効性，並びに推進課題の考察」『国際商取引学会年報』第 15 号，34-47 頁。
檜垣拓也（2013）「「銀行支払確約」付 TSU の仕組み・現状と SME 利用への考察」『国際金融』1249 号，外国為替貿易研究会，74-81 頁。
檜垣拓也（2014）「TSU/BPO 取引の概要と「銀行支払確約に関する統一規則」」『国際商事法務』Vol. 42，No. 1（通巻 619 号），国際商事法務研究所，49-60 頁。
檜垣拓也（2015）「ICC による銀行支払確約に関する統一規制（URBPO）の特徴とその推進」『国際商事法務』Vol. 43，No. 1（通巻 631 号），国際商事法務研究所，50-59 頁。
山口修司（2013）「平成 25 年度 JASTPRO セミナーより「海上運送書類（B/L と Sea Waybill）の法的問題点と将来の展望について」（前篇）・（後編）」『JASTPRO』第 39 巻，第 5・6 号（通巻第 419・420 号），日本貿易関係手続簡易化協会，1-13 頁・1-15 頁。
渡部吉昭（2012）「SWIFT のサービスとその新展開」『金融ジャーナル』60-63 頁。

終章
今後の研究課題

今後の研究課題であるが，大きく3つを展望している。

1．FinTech時代の貿易代金決済電子化

まず，FinTech時代における貿易代金決済電子化の要件について，引き続き研究を進めることである。TSU-BPO取引の失敗要因は，これらFinTech，BC（DLT）を活用した貿易代金決済電子化スキームの成否にも大きな示唆を与えると考える。なぜなら，第4章で述べたように，いかなる貿易代金決済電子化スキームにおいても普及に必要な要件は共通であると考えられ，TSU-BPO取引の失敗要因は教訓となる為である。

次に，ICCは電子商取引の拡大に対応する為，2019年7月に，信用状統一規則（UCP600）および，取立統一規則（URC522）に追補する形で，eUCP2.0，eURC1.0を制定した。更に2021年10月には，URDTT1.0を制定した。これらの新時代のICC規則について，そのメリット・デメリットを明らかにすることである。これらに加えて，貿易代金決済電子化に関する初の本格的な国際規則であったURBPO750の規定をモデルケースとして，将来の規則制定に活用すべきと考える。

2．貿易プラットフォームに関する継続的フォロー，提言

第5章で紹介した通り，現在，数多くの貿易プラットフォームが試行錯誤されている。これらの最新情報をフォローし，その推進策について提言することは，引き続き意義があると考えている。特にFinTechに代表されるIT技術の進化によって，分散型プラットフォームの緩やかな連携が，今後の開発トレン

ドになると予測する。ついては，輸出入者，物流業界，金融業界，所管官庁，貿易プラットフォームおよびシステム開発企業等，を始めとする貿易当事者と連携して，より具体的な① API 連携による情報連携，② AI による業務自動化，③ BC（DLT）技術を利用した情報管理に関する在り方を検討し，提言していきたい。

また，BC（DLT）技術に関し，ICC も注目する，スマートコントラクト活用の可能性，実証実験プロジェクトのフォローを行っていきたい。更に，第4章で指摘したアトミック・スワップ（Atomic-Swap）技術の可能性についても研究したい。

3．銀行業務全体の解体（Unbundle），再編成（Rebundle）

TSU-BPO 取引推進策として受託専業銀行について提言したが，これに関する詳細な制度設計を行うことは，有益であると考えている。例えば，委託行・受託専業銀行間の債務保証の形態や顧客・委託行・受託専業銀行間の契約関係を整理・検討する必要がある。また，資金決済については，集中決済機関との協働が必要であり，外貨との通貨交換に関しては外国為替市場との関係を検討する必要がある。

また，URDTT1.0 に規定される，FSP の要件について検討する価値がある。具体的には，FSP を果たす当事者の範囲はどこまでか？　というものである。デジタル貿易取引の普及に伴い，新たな金融サービス参入者が出てくるものと考える。また，それがどのような要件を備える必要があるのか研究したい。これは，貿易金融分野における，銀行業務全体の解体（Unbundle），再編成（Rebundle）の可能性を探ることでもある。

歴史を振り返ると，技術的・制度的進歩を契機に，新たな金融の担い手が登場するという事象は何度か発生している。例えば，英国では大商人が，荷為替手形取引を通して商業銀行になった歴史があり，わが国でも船会社であった三菱が，荷主へのサービスとして始めた荷為替買取を通じて金融に参入した歴史がある。これらについて今後も研究をしたい。

更には，本研究が貿易金融以外の銀行業務への応用できるかどうか検討することも，今後の課題としたい。銀行の機能は社会インフラといえ，貿易金融分野に留まらず，これを必要に応じて解体（Unbundle），再編成（Rebundle）することについて検討するのは意義があると考える。これは今後発展が期待されるFinTechとの親和性が高いと考えており，これらについて今後研究を進めて参りたい。

あとがき

本書は，2022年度に執筆した博士学位論文「SWIFT（TSU-BPO取引）の失敗が示唆するもの―FinTech時代の貿易代金決済電子化への教訓と遺産」の一部に，その後2年間に所属学会へ投稿した4論文を追補する形で再構成したものです。

はじめに，博士論文審査の主査，副査をお引き受け頂いた，近畿大学経営学部教授の勝田英紀先生，渡辺泰明先生，稲葉浩幸先生に，厚く御礼を申し上げます。勝田先生は一実務家であった私に，貿易実務に関する研究領域の広さと奥深さについて気づく機会を与えて頂きました。また，長年実務経験を積んだ銀行外国為替業務に関する研究を始めた頃より，学会での研究報告，投稿論文へご指導を賜りました。その後，研究，教育の道に進む際にも，多くのご助言を賜りました。近畿大学へ奉職したのち，これまでの10年間，先生方には親身にご指導，ご助言を賜りました。研究者としての道程をお示し頂いたこと，ここに感謝の意を表したいと存じます。

更に執筆にあたり，学会活動，研究活動を通して様々なご指導を賜りました日本貿易学会，国際商取引学会，日本港湾経済学会の先生方，ヒアリング，意見交換等でお世話になりました，経済産業省，三菱UFJ銀行，みずほ銀行，三井住友銀行，輸出入・港湾関連情報処理センター株式会社，株式会社トレードワルツ，株式会社NTTデータの皆様にも感謝申し上げます。とりわけ，日本大学平野英則先生，麗澤大学中島真志教授，同志社大学長沼健教授，元三菱UFJ銀行の佐藤武男様，水口久仁彦様，後藤守孝様，桧垣拓也様，三菱UFJ銀行の釜井大介様，三井住友銀行の井上泰伸様には，研究に際して多大なご指導，ご助言を賜りました。ここに改めて感謝の意を表したいと存じます。

なお2021年3月にご逝去された，元東京銀行，元大阪商業大学教授の八尾晃先生には20年前に研究を始めた当初，銀行実務家の大先輩として様々なご助言，ご指導を賜りました。八尾先生のご冥福を，心からお祈り申し上げます。

最後に妻敬子に対して感謝をしたいと存じます。26年間の多忙な銀行員時代を通し献身的に支えてくれました。また10年前に，研究者へ転身する際にも快く背中を押してくれました。近畿大学奉職後も変わらず支えてくれました。私事で誠に恐縮ですが，ここに永年の応援に心より感謝します。

2024年12月

花木 正孝

初出一覧

第１章　「SWIFT-ICC による TSU-BPO が貿易金融に与える影響」『日本貿易学会リサーチペーパー』第３号（査読付き論文），2014 年，1-19 頁

第２章　「TSU-BPO とフォーフェイティングの融合による新しい貿易金融」『日本貿易学会リサーチペーパー』第４号（査読付き論文），2015 年，41-57 頁
「請求払保証取引への TSU-BPO（URBPO）活用提言」『国際商取引学会年報』第 18 号（査読付き論文），2016 年，66-78 頁
「TSU-BPO 取引の現状と今後～貿易金融電子化の可能性」『商経学叢』第 63 巻２号，2016 年，85-128 頁
「NACCS との連携強化による貿易金融高度化」『港湾経済研究』第 55 号（査読付き論文），2017 年，45-57 頁

第３章　「海上運送状の活用による中小企業宛 TSU-BPO 利用促進の提言」『日本貿易学会誌』第 53 号（査読付き論文），2016 年，31-42 頁
「TSU-BPO 取引活用による地域金融機関の貿易金融高度化」『国際商取引学会年報』第 20 号（査読付き論文），2018 年，84-97 頁
「貿易金融に関する共通インフラ設立の提案―業務委託による貿易金融サービス対象セグメントの拡大」『日本貿易学会誌』第 57 号（査読付き論文），2020 年，19-33 頁

第４章　「「フィンテック」の発展が外国為替業務に与える影響」『日本貿易学会誌』第 54 号（査読付き論文），2017 年，43-55 頁
「Blockchain 技術の発展が貿易金融に与える影響―Atomic Swap 技術による貿易金融再編」『日本貿易学会誌』第 56 号（査読付き論文），2019 年，22-38 頁
「TSU-BPO の失敗が示唆するもの―FinTech 時代の貿易金融への教訓と遺産」『国際商取引学会年報』第 22 号（査読付き論文），2020 年，142-158 頁

第５章　「新時代の電子商取引国際規則―URDTT1.0の特徴とその意義」『日本貿易学会誌』第60号（査読付き論文），2023年，3-15頁

「信用状取引における荷為替手形のPdfファイル化―eUCP2.0・SWIFT等活用による実現可能性の検討」『国際商取引学会年報』第25号（査読付き論文），2023年，31-46頁

「BC（DLT）技術を利用した貿易プラットフォーム―TradeWaltzの挑戦」『日本貿易学会誌』第61号（査読付き論文），2024年，17-34頁

「NACCSシステムと貿易電子化―API連携による貿易金融電子化推進」『港湾経済研究』第62号（査読付き論文），2024年，33-54頁

索　引

【カ行】

【サ行】

【タ行】

【ナ行】

【ハ行】

【マ行】

著者紹介

花木 正孝（はなき・まさたか）

略歴（※現職）

1989年3月　大阪大学経済学部卒業
1989年4月　住友銀行（現三井住友銀行）入行
住友銀行道頓堀支店，外国業務部，船場支店，備後町支店，備後町法人部，福岡法人部，三井住友銀行福岡中央法人営業部，福岡法人営業第一部，SMBCインターナショナルオペレーションズ株式会社（出向），同社大阪業務統括部研修サポートグループ，三井住友銀行グローバルサービス推進部（大阪）研修サポートグループ
2014年9月　近畿大学経営学部非常勤講師
2015年3月　三井住友銀行退職（グローバルサービス推進部部長代理）
2015年4月　近畿大学経営学部商学科　准教授
2019年10月　同志社大学グローバル・コミュニケーション学部　嘱託講師
その後同大学商学部，全学共通教養教育センター　嘱託講師
2021年4月　近畿大学経営学部商学科　教授※
2022年9月　近畿大学大学院商学研究科　博士（商学）※
2022年10月　近畿大学経営学部商学科貿易・ファイナンスコース主任※

所属学会等（※現職）

2005年3月　日本貿易学会一般会員
2008年5月　日本貿易学会正会員※
2008年6月　国際商取引学会会員※
2014年7月　日本港湾経済学会会員※
2015年6月　日本安全保障貿易学会会員※
2016年2月　大銀協フォーラム会員※
2016年4月　神戸大学金融研究会会員※
2016年5月　日本金融学会会員※
2016年11月　国際商取引学会理事（2023年11月まで）
2017年5月　日本貿易学会理事※
2018年4月　日本港湾経済学会副編集委員長（2020年3月まで）
2020年4月　日本港湾経済学会理事（2023年3月まで）
2022年6月　日本貿易学会西部部会長（2024年5月まで）
2023年4月　日本港湾経済学会常任理事※
2023年9月　多国籍企業学会会員※

公職（※現職）

2023年6月　経済産業省WG委員
2023年8月　経済産業省補助金審査委員会委員長※

講師（※現職）

2012年6月　日本商事仲裁協会「外国為替・貿易決済の実務（大阪）」他，講師
2018年2月　経済法令研究会「銀行業務検定外国為替3級直前対策講座」講師
2019年8月　日本経営協会「為替リスク管理の基礎実務セミナー」講師※
2022年9月　日本ロジスティックスシステム協会「国際物流管理士資格認定講座（第2単元）海外コンプライアンス　貿易取引のデジタル化（FinTech）」講師※
2023年10月　日本関税協会貿易実務研究部会「BC（DLT）技術を利用した貿易プラットフォーム–TradeWaltzの挑戦」講師

FinTech時代の貿易代金決済電子化
──失敗事例からの教訓と示唆──

2024年12月25日　第1版第1刷発行　　検印省略

著　者　花木正孝
発行者　前野　隆
発行所　株式会社　文眞堂
東京都新宿区早稲田鶴巻町533
電　話　03（3202）8480
FAX　03（3203）2638
https://www.bunshin-do.co.jp/
〒162-0041 振替00120-2-96437

印刷・モリモト印刷／製本・高地製本所

定価はカバー裏に表示してあります
ISBN978-4-8309-5275-3　C3033